ullstein

Zum Schutz der Personen wurden Namen, Biographien und Orte zum Teil verändert und Handlungen, Ereignisse und Situationen an manchen Stellen abgewandelt.

Das Buch

Als das Angebot kommt, an der Deutschen Schule Shanghai zu unterrichten, überlegen Marc und Susanne nicht lange, packen die Kinder und ihre Siebensachen, lösen das Haus auf und verlassen ihr beschauliches Leben am Rande von Berlin, um in eines der größten Abenteuer ihres Lebens zu ziehen. Ob das so eine gute Idee war? In einer der aufregendsten Metropolen Chinas tauchen sie in eine völlig neue Welt ein. Motorradrikschas, hektische Taxifahrer, atemberaubende Wolkenkratzer und Reis in allen Variationen sind fortan ihre täglichen Wegbegleiter. Unerschrocken und amüsant erzählt Susanne Vehlow von ihrem turbulenten Familienleben in der fremdartigen Kultur.

Die Autorin

Susanne Vehlow, 1972 in Berlin geboren, ist Sport- und Englischlehrerin. Mit ihrem Ehemann und den gemeinsamen Kindern lebte sie von 2009 bis 2014 in Schanghai, wo sie an der Deutschen Schule arbeitete.

Susanne Vehlow

Manche mögen Reis

Skurriles aus dem Reich der Mitte

Ullstein

Besuchen Sie uns im Internet:
www.ullstein-taschenbuch.de

MIX
Papier aus verantwortungsvollen Quellen
FSC® C014496

Originalausgabe im Ullstein Taschenbuch
1. Auflage Juni 2014

Umschlaggestaltung und Gestaltung des Vor- und Nachsatzes:
Sabine Wimmer, Berlin
Titelillustration: © Isabel Klett
Satz: Pinkuin Satz und Datentechnik, Berlin
Gesetzt aus der Excelsior
Papier: Munken Print cream von
Arctic Paper Mochenwangen GmbH
Druck und Bindearbeiten: GGP Media GmbH, Pößneck
Printed in Germany
ISBN 978-3-548-37533-5

Für
Marc, Johanna und Jonas

Inhaltsverzeichnis

1.

Unverhofft kommt oft

»Mir reicht's! So langsam habe ich echt keine Lust mehr auf diesen ganzen Mist.«

Ich kam vom allabendlichen Ins-Bett-Geh-Ritual hinunter ins Wohnzimmer, wo Marc lang ausgestreckt auf der Couch den Nachrichten frönte. Dabei wackelten seine überkreuzten Füße hin und her – wie immer, wenn er guter Laune war. Heute würde er meinen Frustschwall gut ertragen und wieder einmal die richtigen Worte finden, um mich zu beruhigen.

»Jonas hat heute das siebenundneunzigtausendste Mandala aus dem Matheunterricht mitgebracht. Die Lehrerin war krank.«

Unsere Kinder Jonas, neun, und Johanna, sieben, gingen auf eine »Privatschule« gleich bei uns um die Ecke. Es war eine christliche Grundschule. Als Jonas eingeschult wurde, hofften wir, wenigstens dort wäre die Welt noch in Ordnung und unsere Kinder würden vernünftigen Unterricht erhalten. Die umliegenden staatlichen Grundschulen stellten einfach keine Alternative dar. Unser Bezirk war mittlerweile ein schwieriges Pflaster geworden.

»Und in NaWi hat die Lehrerin einen Film über die Gefahren des elektrischen Stroms gezeigt. Darin trat ein Elefantenbaby auf eine Metallplatte, die plötzlich unter Strom gesetzt wurde. Natürlich kippte es tot um. Die Hälfte der Mädchen heulte, und die Jungs haben sich schlappgelacht. Echt super!«

Kinder, deren Mutter oder Vater Lehrer ist, haben es sicherlich in vielerlei Hinsicht schwer. Akribisch wird der Schultag evaluiert, ständig wird nachgefragt, und Dinge, die dem Kind völlig egal sein mögen, führen zu Aufregung. Unsere Kinder hatten es demnach besonders schwer. Wir beide waren Lehrer – wenn auch von der nicht ganz so schlimmen Sorte. Marc unterrichtete Bio und ich Englisch. Und beide unterrichteten wir auch noch Sport. Am Gymnasium. Nein. Wir kannten uns nicht vom Sportstudium. Wir waren gemeinsam zur Oberschule gegangen. Aber das, das ist wiederum eine ganz andere Geschichte.

»Ich glaube, wir sollten die Kinder umschulen. Ist zwar blöd wegen der Klassenkameraden, aber so kann das wirklich nicht weitergehen. Ich ertrage das nicht. Da macht man sich jeden Tag stundenlang Gedanken darüber, ob die Kinder ANDERER Eltern dem eigenen Unterricht folgen können und vor allem SPASS daran haben. Und die eigenen Kinder müssen permanent im Matheunterricht Mandalas ausmalen oder sich unpassende Filme anschauen.«

Ich tendiere zu Übertreibungen. Aber in diesem Moment war es mir wirklich ernst. Jahrelang hatte ich nun diesen furchtbaren Schulleiter ertragen, der einfach keine Ahnung davon hatte, wie man Personal führte und konstruktiv mit den Eltern zusammenarbeitete. Probleme, bei denen schneller Handlungsbedarf bestand, wurden glattweg ausgesessen. Ich wusste genau, wovon ich sprach, denn ich war aus unerklärlichen Gründen zur Elternsprecherin gewählt worden und hatte deshalb des Öfteren mit der Schulleitung zu tun. Kein anderer hatte es werden wollen. Wie man das so von Elternabenden kennt: Wenn es um die Elternsprecherwahl geht, schauen alle verschämt zu Boden oder starren in die Luft. Plötzlich stand mein

Name an der Tafel, und ich kam aus der Nummer nicht mehr raus. Ich hatte mich breitschlagen lassen. Relativ bald stellte sich heraus, dass es schier unmöglich war, mit der Klassenlehrerin zu kommunizieren. Natürlich hatte sie keinen Anrufbeantworter, und während der einstündigen Sprechstunde am Donnerstagabend war ihre Leitung notorisch besetzt. Es war zum Mäusemelken. Andererseits konnte ich nach dem ersten Elternabend auch verstehen, dass sie den Kontakt mit den Eltern peinlichst vermied. Die Mütter und Väter hatten sie förmlich mit Fragen zerfleischt, hinter vorgehaltener Hand getuschelt, sarkastisch gelacht oder einander vielsagende Blicke zugeworfen, wenn sie sprach. Außerdem wussten sie alles besser. Schließlich waren auch sie selbst einmal zur Schule gegangen, und damals war alles anders und sowieso viel besser gewesen.

»Was sagst du denn nun dazu?« Ich hatte mich neben Marcs Füßen auf die Couch plumpsen lassen. »Sollen wir sie umschulen?« Verzweifelt sah ich ihn an. »Dann müssten wir aber vielleicht auch umziehen. Wegen des Einzugsgebiets.« Ich starrte verdrießlich ins Leere. »Also erst umziehen, dann umschulen.« Ich rüttelte an seinen Füßen. »Sag doch auch mal was!«

Marc schaltete den Fernseher aus. Diese Geste vermittelte mir ein gutes Gefühl. Er wollte sich demnach ausschließlich mir und meinem Thema widmen, was wiederum bedeutete, dass auch er eventuell Handlungsbedarf sah. Was mich wiederum verunsicherte. War die Situation wirklich so prekär? Mir kamen Zweifel. Manchmal war ich einfach zu kritisch.

Marc redet nur, wenn er wirklich etwas zu sagen hat. Ansonsten zieht er es vor, anderen Menschen zuzuhören, wie es wohl ein guter Lehrer tut. Nun schaute er mich mit seinen großen braunen Augen an. Aber nicht besorgt oder kritisch. Eher so, wie er schaut, wenn er etwas plant, etwas im Hinterkopf hat und nur langsam damit herausrücken will. Dies tat er meist auf eine ganze bestimmte Art. In der Lehrerausbildung nannten wir dies »problemorientierten Unterrichtseinstieg«. Der Lehrer wirft zu Unterrichtsbeginn eine Fragestellung oder eine Aussage in den Raum, die die Aufmerksamkeit der Schülerinnen und Schüler weckt und sie zur Diskussion anregt. Meist werden sie unbewusst bereits in eine gewisse Richtung gelenkt und kommen nach einer gewissen Diskussionszeit wie von selbst zum richtigen Ergebnis. Ich kannte dieses Spielchen. Erst warf Marc den Köder aus, dann ließ er mich zappeln. Und am Ende kam die große Auflösung, zu der es dann natürlich keine wirklich überzeugende Alternative gab. Darauf hatte ich jetzt eigentlich nicht so richtig Lust.

Er schaute mich an und sagte: »Vielleicht müssen wir sie nächstes Jahr ja gar nicht mehr umschulen.«

Das war er, der Köder.

Stille. Ich schaute ihn misstrauisch an.

»Wie meinst du das, nicht mehr umschulen? Bekommt Jonas neue Lehrer, und ich habe nichts davon mitbekommen?«

Stille. Fragender Blick des Lehrers in der Hoffnung, dass ein produktiverer Beitrag folgt. Dann das Einhelfen.

»Nein. Vielleicht sind wir dann ja gar nicht mehr hier.«

Ich zog die Augenbrauen zusammen. Verwirrung des Schülers.

»Hä? Wo sollen wir denn sonst sein? Wo willst du hin? Hast du woanders eine Stelle angenommen? Und was ist mit mir? Von einer Lehrerstelle werden wir schließlich nicht satt. Aber wohin denn? Was meinst du? Worum geht es hier eigentlich?«

Wieder mal hatte er mich dazu gebracht, dass ich

doppelt so viel redete wie er, ohne der Lösung im Ansatz näher zu kommen. Andererseits sprach er genau das aus, was ich Momente zuvor selbst vorgeschlagen hatte. Ich war in die Falle getappt.

Die nächste Hilfestellung folgte prompt.

»Na, vielleicht sind wir ja dann ganz woanders.«

Pause.

»Wo die Kinder tollen Unterricht an einer tollen Schule mit netten Lehrern haben.«

Pause.

»Wo wir gutes Geld verdienen und wunderbare Arbeitsbedingungen haben.«

Pause.

Wovon sprach er? War er verrückt geworden? Wollte er im Nirgendwo eine eigene Schule gründen?

»Könntest du dich mal ein bisschen klarer ausdrücken? Was meinst du? Wo sollte das denn sein?«

Pause.

Marc schaute mich an, als wäre alles ganz selbstverständlich. Erstaunt, dass die Schülerin nicht von selbst auf die Lösung kommen wollte.

»Na, in China!«

Mir fiel die Kinnlade runter. Damit hatte ich nun wirklich so gar nicht gerechnet. Völlig unschuldig hatte er auf der Couch gelegen und mit den Füßen gewackelt. Und jetzt sprach er von China?

»Du bist ja total verrückt.« Ich zeigte ihm einen Vogel und verschränkte die Arme vor der Brust. »China? – Kannste gleich vergessen.«

Marc sagte nie etwas, von dem er nicht überzeugt war. Er meinte es ernst. Das war mir in diesem Moment bereits völlig klar, und ich hatte dem nichts entgegenzusetzen. Ich schnappte nach Luft.

»China. Wie kommst du denn auf China? Warum nicht England oder Amerika oder Afrika?«

Das war er nun, der Moment, von dem Lehrer träumen. Der Moment, in dem sie zupacken und die Angel mit einer fetten Beute aus dem Wasser ziehen. An sich widerwillige Schülerhirne konnten sich dem Unabdingbaren nun nicht mehr entziehen und widersetzen. Das Interesse war geweckt, das Gehirn sozusagen geöffnet.

Marc setzte sich energisch auf. Seine Augen funkelten. »Ich habe eine Bewerbung geschrieben. Für uns beide. Und die haben mir schon geantwortet. Wir haben eine Einladung zu einem Vorstellungsgespräch mit dem Schulleiter. In vier Wochen. Hier in Berlin.«

Ich riss die Augen auf und sagte erst einmal nichts.

Marc hatte sich tatsächlich mir nichts, dir nichts für uns beide an einer Schule in China beworben. Hatte sich meinen Lebenslauf aus dem Computer gezogen, meine Zeugnisse eingescannt und mitsamt seinen Unterlagen und einem Familienfoto bei der Deutschen Schule Shanghai eingesandt. Da sage einer, man solle keine Geheimnisse in der Ehe haben.

»Wir wollten doch schon lange mal wieder ins Ausland«, sprudelte es nun aus ihm heraus. »Das ist die Chance. Komm, ich zeig dir mal die Homepage von der Schule. Du wirst begeistert sein.«

Benommen folgte ich Marc ins Arbeitszimmer. Er war Feuer und Flamme.

»Ich habe immer mal wieder auf die Homepage für das deutsche Auslandsschulwesen geschaut und gecheckt, ob irgendwo Stellen frei sind. Da bin ich auf die Deutsche Schule Shanghai gestoßen und hab mir ihre Seite angeschaut.«

Der Computer fuhr hoch. Ich plumpste in den Schreibtischstuhl. Wie kam ich nun aus dieser Nummer wieder heraus? Alles schien plötzlich ganz weit weg. Ja, wir wollten immer mal wieder ins Ausland, nachdem wir schon als Studenten sechs Monate in Kapstadt gearbeitet hatten. Das war eine tolle Zeit gewesen, so vollkommen anders. Aber China? Das war mir in diesem Moment irgendwie »zu« anders. Früher als Kinder hatten wir ein Spiel gespielt. Es hieß »Wildlife«. Man lief auf einer großen Weltkarte Richtung Ziel und kaufte unterwegs Tiere für den heimischen Zoo ein. In Schanghai, das wusste ich noch, gab es Pandabären. Eigentlich fand ich die ja ganz niedlich. Aber was gab es denn da noch? Mir fielen Dschingis Khan und die Mongolen ein. Dann gab es noch das Shaolin-Kloster und Kung-Fu und viele Chinesen, die auf Fahrrädern durch den Regen fuhren. »There are nine million bicycles in Beijing, that's a fact …« Das Lied von Katie Melua summte in meinen Ohren. Ansonsten hatte ich wirklich gar keinen Schimmer.

»Jetzt schau dir mal diese Homepage an.« Marc holte mich aus meinem Tagtraum. »Ist das nicht was Besonderes? Total professionell. Tolle Fotos. Und du findest wirklich alles, was du wissen willst. Was willst du wissen?«

Was wollte ich wissen? Wollte ich überhaupt etwas von all dem wissen? Marc war so begeistert. Ich wollte keine Spielverderberin sein.

Mit jedem Klick, der neue Informationen über die Schule preisgab, wuchs mein Interesse. Ich fragte mich, ob es so eine Schule wirklich geben konnte. Konnte man dieser Homepage wirklich glauben? »Du meckerst doch immer über das viele Korrigieren. Dort hat eine Klasse maximal 24 Schüler. Du hättest also deutlich weniger Schreibtischarbeit!« Marc versuchte mich weiter zu ködern. Mit einem Klick auf die einzelnen Klassen öffneten sich Klassenfotos, von denen uns fröhliche Kinderaugen anlachten. »Die Klassenlehrer sehen ja unfassbar jung aus!«, stellte ich staunend fest.

Mit einem weiteren Klick konnten wir uns die Fotos der Klassen anschauen, die für Jonas oder Johanna in Frage kamen. Auch die Fachbereiche wurden professionell präsentiert, so dass man gleich wusste, welche Schwerpunkte sie setzten und mit welchen Lehrwerken sie arbeiteten. Alle Lehrkräfte und Mitarbeiter waren mit Foto und E-Mail-Adresse aufgeführt. Die Schule hatte eine hochmoderne Schwimmhalle und eine Bibliothek, alle Klassenräume waren mit einem Beamer und Computern ausgestattet. »Hm, das ist auf jeden Fall attraktiv.« Ich lächelte. Mir fiel ein, wie ich mehrmals wöchentlich mit Sack und Pack in der Fünf-Minuten-Pause von der Sporthalle ins Lehrerzimmer hechelte, mir den einzigen fast antiquarischen CD-Spieler, den unsere Schule besaß, unter den Arm klemmte und mich in den dritten Stock zum Englischunterricht schleppte. Wie oft war es mir dabei passiert, dass ich die Kopien im Lehrerzimmer hatte liegenlassen, weil ich einfach keine freie Hand mehr dafür hatte. Wie oft lief dann die vermaledeite Hör-CD nicht, und der ganze Aufwand war völlig umsonst gewesen.

Die Schule in Schanghai hatte außerdem eine Mensa mit einem vielfältigen Menüangebot. Im Außenbereich konnten die Kinder sich auf Klettergerüsten und zwei Sportplätzen austoben. Und am Nachmittag gab es ein buntes Angebot an AGs und Nachmittagsaktivitäten und eine Förder- und Forderschiene für Schüler, die zum einen noch mehr Förderung brauchten, und auch für die Schüler, die zum anderen noch mehr gefordert werden wollten. Kurzum, die Einrichtung schien all das zu bieten, was Eltern und Lehrer sich von einer Ganztagsschule erhofften. »Gemeinsam wagen. Geborgen wachsen«. So hieß das Schulmotto.

»Das klingt doch wirklich alles sehr vielversprechend, oder?« Marc schaute mich an.

Ungläubig klickte ich mich durch das Homepagemenü. »Das kann alles gar nicht stimmen.«

»Da gibt's keinen Haken. Das ist so«, entgegnete Marc. Wir starrten auf den Bildschirm. Dann schauten wir uns an.

»Na, wie sieht's aus? Was sagst du? Gehen wir zu dem Bewerbungsgespräch?«, fragte er.

Ich zögerte. »Na gut. Ein Bewerbungsgespräch heißt ja noch lange nicht, dass wir tatsächlich ein paar Monate später dort arbeiten werden«, sagte ich, immer noch skeptisch. »Aber bis dahin kein Wort zu niemandem. Zu verrückt das Ganze. O Gott, meine Eltern fallen vom Stuhl, wenn sie das hören.«

Marc war glücklich. Wieder einmal hatte er es geschafft, mich geschickt von einer schier unmöglichen Sache zu überzeugen.

»Warum hast du mich nicht gefragt, mir nichts von alldem erzählt?«, fragte ich ihn.

»Der Tag, an dem ich die Stellenausschreibung gesehen habe, war der letzte Tag der Bewerbungsfrist. Ich wollte keine Hoffnungen wecken, die wenige Wochen später wie Luftblasen zerplatzen.«

An dem Abend lag ich noch lange wach im Bett. Mit einem derartigen Ausgang des Gesprächs über Schulfrust hatte ich so gar nicht gerechnet. Tausend Gedanken gingen mir durch den Kopf. Sollten wir uns wirklich auf dieses Abenteuer einlassen? Was würde das alles mit sich bringen? Was würden wir gewinnen, was aufs Spiel setzen? Was würden unsere Eltern und unsere Freunde sagen? Sollten wir wirklich unser Leben hier aufgeben, um irgendwo anders zu arbeiten, an einem Ort, zu dem zumindest mir so wenig einfiel? Über all diesen Gedanken schlief ich schließlich ein.

2.

Von einem anderen Stern

Wir waren mit ihm in einem Café in der Nähe der S-Bahn-Station Bellevue verabredet. Und wir hatten uns schick gemacht. Denn wir wollten einen guten Eindruck machen.

»Weißt du eigentlich, wie er aussieht?«, fragte ich Marc, nachdem er unseren VW-Bus in eine winzige Innenstadtparklücke manövriert hatte. Schweigend und tief in Gedanken versunken waren wir die 20 Minuten in die Innenstadt gefahren. Ich wusste nicht, woran Marc gedacht, welchen taktischen Schachzug er sich überlegt hatte. Mich beschäftigte, ob wir den Mann erkennen würden, und natürlich auch, ob er sympathisch war.

»Na ja – ich hab mir sein Foto angeschaut. Wir werden ihn schon erkennen. Keine Sorge.«

Wir sprachen vom Schulleiter der Deutschen Schule Shanghai, den wir in wenigen Minuten zu einem Bewerbungsgespräch treffen würden.

»Ich hab mir überlegt, dass wir erst einmal ihn reden lassen, bevor wir zu viel erzählen.« Marc spielte auf meine Vorliebe an, mein Gegenüber förmlich mit einem Redeschwall zu übergießen.

Ein wenig gekränkt erwiderte ich: »Willst du mir jetzt Tipps geben?« Eigentlich hatte er recht. Ich schmunzelte.

Bevor wir das Café betraten, schauten wir uns noch einmal an.

»Sei einfach so, wie du bist. Dann wird das schon klappen«, baute Marc mich auf. Er wusste, wie aufgeregt ich war. Woher nahm er nur immer wieder diesen unglaublichen Optimismus? Dafür liebte ich ihn. Frohen Mutes betraten wir das Café.

Es dauerte keine Minute und schon kam uns ein sympathischer Mann mittleren Alters entgegen. »Sie müssen das Ehepaar Vehlow sein«, begrüßte er uns. »Ich freue mich, Sie kennenzulernen.« Wache, freundliche Augen schauten uns an. »Setzen Sie sich doch. Möchten Sie einen Kaffee oder ein Stück Kuchen? Ich würde Sie gerne einladen.«

Ein wenig ungläubig schauten wir uns an. Wir hatten viele Schulleiter und Vorgesetzte erlebt. Oft waren wir uns wie Klinkenputzer vorgekommen. Wie Bittsteller, die auf Milde und Güte im Umgang hoffen. So viel Zuvorkommenheit und Wertschätzung waren wir einfach nicht gewohnt.

Kurze Zeit später lauschten wir gespannt einem Vortrag über die Schule, über ihre Philosophie und Arbeitspraxis und über die Stadt Schanghai.

Wir kamen aus dem Staunen nicht mehr heraus. Immer wieder trat ich Marc unter dem Tisch auf den Fuß, um an seiner Reaktion zu sehen, dass diese Begegnung kein Traum war. Mit jedem Satz des Schulleiters schrumpften meine Zweifel, und es wuchs meine Lust auf dieses spannende Abenteuer. Dann kamen seine Fragen.

»Gemeinsam wagen. Geborgen wachsen. Das ist unser Schulmotto. Haben Sie eine Vorstellung, was diese Worte bedeuten könnten?«

Wir unterhielten uns über das Wagnis, das viele Familien auf sich nahmen, so weit weg, in die Ferne zu ziehen. Es bot sicherlich Chancen, aber auch Herausforderungen, die gemeistert werden wollten. Die Schule böte einen Ort der Zusammenkunft, ein Gefühl von Gemeinsamkeit und Geborgenheit.

Er fragte weiter.

»Warum sollte sich die Deutsche Schule Shanghai freuen, Lehrer wie Sie zu haben?«

Diesmal trat Marc mir auf den Fuß, um mich aus meinem Tagtraum wachzurütteln. Ich sollte die Frage des Schulleiters beantworten. »Wissen Sie, wir beide arbeiten außerordentlich gern und sind recht belastbar«, versuchte ich, es auf den Punkt zu bringen. »Wir lieben unseren Beruf, mögen Schüler und die Zusammenarbeit mit deren Eltern. Wir reisen gern und sind neuen Kulturen gegenüber aufgeschlossen. Eigentlich passt das doch ganz gut, oder?« Der Schulleiter lächelte mich an.

»Was halten denn Ihre Kinder von der Idee, nach Schanghai zu gehen? Könnten Sie sich vorstellen, mit welchen Problemen Sie zu rechnen haben, wenn Sie Ihre Kinder aus dem gewohnten Umfeld in einen Moloch wie Schanghai umpflanzen?«

Das hörte sich schon nicht mehr ganz so gut an. Nun übernahm Marc.

»Eine so tolle Chance, in eine andere Kultur einzutauchen und an eine deutsche Auslandsschule gehen zu dürfen, wo sie Kinder mit ganz unterschiedlichen Biographien kennenlernen – das kann Johanna und Jonas nur bereichern. Ich bin mir sicher, dass sie das zu schätzen lernen.«

Marc hatte wieder einmal die richtigen Worte gefunden. Ich hatte den Eindruck, dass wir gut zu der Schule in Schanghai passten und dass dies auch der Schulleiter dachte.

Nach einem einstündigen intensiven Gespräch über

Didaktik und pädagogische Ansichten, über die Vor- und Nachteile eines Lebens in einer Metropole wie Schanghai sagte er schließlich: »Wissen Sie, als Schulleiter kann ich nicht ohne die Zustimmung des Vorstandes über die Einstellung von Lehrern entscheiden. Wir sind ein Team, das gemeinsam Entscheidungen fällt. Ich kann Ihnen jedoch so viel sagen: Ich werde mich stark dafür einsetzen, dass Sie bereits im nächsten Schuljahr zu unserem Kollegium gehören.«

Marc und ich strahlten um die Wette. Mit diesen netten Worten in den Ohren verließen wir wenig später beschwingt das Café. Ich schaffte es gerade noch, die Beifahrertür unseres VW-Busses zuzuschlagen, bevor ich mir mit einem lauten »Ahhhhhh« Luft machte.

»Also, in vier Wochen werden wir wissen, ob sie uns nehmen oder nicht. Bis dahin reden wir mit keinem darüber, okay?« Marc schaute mich warnend an. »Erst was sagen, wenn es spruchreif ist.«

Wer mich kannte, der wusste, was für eine Tortur das für mich bedeutete.

Am 10. Dezember erhielten wir endlich die Zusage, dass wir beide für zwei Jahre mit voller Stelle Lehrer und unsere Kinder Schüler an der Deutschen Schule Shanghai werden würden.

Nun galt es, unser Umfeld und vor allem unsere Kinder einzuweihen. Seit dem Bewerbungsgespräch hatten wir immer wieder mit ihnen über die Möglichkeit gesprochen, ins Ausland zu gehen, um zu testen, wie sie reagierten. Stets hatten beide die Idee ganz interessant gefunden. Wahrscheinlich erschien sie ihnen wie ein Gedankenspiel: ganz lustig, aber nicht sehr wahrscheinlich.

»Ich glaube, es ist nicht gut, wenn wir sie mit entscheiden lassen. Das würde sie überfordern. Sie können ja gar nicht abschätzen, was das alles bedeutet und welchen Gewinn sie dadurch haben. Wahrscheinlich sehen sie nur, was sie alles aufgeben und zurücklassen«, sagte ich am Abend der Zusage zu Marc.

»Das glaube ich auch. Wir sollten ihnen die Vorzüge häppchenweise schmackhaft machen. Dann ist es nicht wie ein Schock für sie, wenn wir ihnen verkünden, dass wir tatsächlich weggehen.«

Wir beschlossen, das Gespräch beim Abendbrot auf das Thema zu lenken.

»Wenn ihr einmal ins Ausland gehen wolltet, wohin wäre das?«

Kauend sagte Jonas: »Ich finde Amerika ganz cool.«

»Nein, Afrika, denn da leben Elefanten. Und Affen. Und Löwen«, warf Johanna ein.

»Aber da ist es viel zu heiß. Spielen die da denn auch Fußball? Ich gehe nur dahin, wo sie auch Fußball spielen. Und wo man Judo machen kann«, entgegnete Jonas.

»Und ich will reiten«, forderte Johanna.

Marc und ich schauten uns an. Das Gespräch lief irgendwie anders, als wir es uns gedacht hatten. Also ließen wir es erst einmal darauf beruhen. Abends im Bett sagte ich zu ihm: »Wir müssen irgendwie den Fokus auf China lenken. Was gibt es denn Tolles an diesem Land?«

»Na, die Chinesische Mauer, die Reisfelder, Olympische Spiele in Peking.«

»Das ist es«, rief ich. »Die Olympischen Spiele. Sport.«

»Ja, aber es ist ja vielmehr die Andersartigkeit, die das Ganze so spannend macht. Die Natur, die Sprache, das Tempo, mit dem sich China von einem Dritte-Welt-Land zur Industrienation mausert«, erwiderte er.

Entgeistert schaute ich ihn an. »Wie willst du das denn den Kindern vermitteln? Das hört sich ja furchtbar langweilig an: Das Tempo, mit dem sich China von einem Dritte-Welt-Land zur Industrienation mausert«, äffte ich ihn in Oberlehrermanier nach. »Damit lockst du die beiden doch nicht hinter dem Ofen hervor.«

Wir schwiegen.

»Pandas! Dort gibt es Pandas. Das finden sie bestimmt toll«, rief ich und merkte, schon während ich sprach, dass auch mein Vorschlag nicht der Hit war.

»Weißt du was?«, sagte ich schließlich. »Ich glaube, wir müssen einfach mit offenen Karten spielen. Ihnen erklären, dass wir unzufrieden sind mit ihrer Schule und dass wir gerne etwas mehr Geld verdienen wollen, um schöne Reisen mit ihnen zu machen. Und dass wir mal an einer Schule arbeiten wollen, die gut ausgestattet ist und wo es viele junge Lehrer gibt. Wir müssen ihnen die Homepage zeigen und Fotos von Schanghai und ihnen begreiflich machen, wie sehr wir dorthin möchten.«

Marc schwieg. Dann sagte er: »Wahrscheinlich hast du recht. Es muss ja vielleicht nicht gleich morgen sein.«

Dann kam die Mail mit den Arbeitsverträgen. Und mit ihr die schwierige Aufgabe, den Kindern von unseren Plänen zu erzählen. Wir mussten ihnen vermitteln, dass wir keine Zweifel hatten, dass alles gut würde – obwohl wir selbst nicht so recht wussten, worauf wir uns eigentlich einließen. Der leiseste Zweifel unsererseits hätte sie noch mehr verunsichert. Nun mussten wir uns also noch einmal selbst befragen, ob wir das alles wirklich wollten.

Nachdem wir uns mit letzter Konsequenz für Schanghai entschieden hatten, holten wir die Kinder an den Esstisch und versuchten, ihnen die Neuigkeiten möglichst diplomatisch zu übermitteln.

Nachdem wir geendet hatten, schaute Jonas zu Boden. Er hatte Tränen in den Augen.

Johanna fragte: »Wo ist China? Ist das weit weg von Oma und Opa? Kann Frieda mich da besuchen kommen?«

Marc und ich schauten uns an. Sie hatte tatsächlich sofort den wunden Punkt gefunden.

»China liegt in Asien und ist auf der anderen Seite der Welt«, schrie Jonas, »und da essen sie immer Reis. Ich hasse Reis.«

Er rannte nach oben in sein Zimmer.

Nachdem wir Johanna einiges über China erzählt und sie von Jonas' Reaktion abgelenkt hatten, gingen wir zu ihm. Er wimmerte: »Ihr könnt alleine nach China gehen. Ich ziehe zu Oma.« Sein ganzer Körper bebte. Marc konnte ihn schließlich überreden, sich einmal die Schulhomepage anzuschauen. Die Tränen waren getrocknet. Zu viert saßen wir wenig später vor dem Computer und redeten über all die wunderbaren Dinge, die in China auf uns warteten. Die vielen Schüler, die ihre Heimat verlassen hatten und nun offensichtlich sehr glücklich in der Ferne lebten. Der Anblick der Sportanlagen ließ unsere Kinder staunen. Und so spannen wir Luftschlösser darüber, was es in Schanghai zu erleben und zu entdecken galt. Schließlich schliefen die Kinder ruhig in unserem Bett ein. Die aufregenden Neuigkeiten hatten sie förmlich umgehauen.

Diesen Part hatten wir also einigermaßen erfolgreich gemeistert.

In den folgenden Tagen erzählten wir endlich auch Freunden und Familie von unseren Plänen. Dabei erschien es mir, als ob ich nicht von meinem eigenen Leben sprechen würde. Das Ganze klang zu exotisch und verrückt. Oft schauten mich fassungslose Gesichter an. Und immer wieder hörten wir, wie mutig wir seien. Immer wieder begegneten wir Vorurteilen, kritischen Bemerkungen und der Frage, wie wir es mit unserem Gewissen vereinbaren konnten, in einem solchen Unrechtsstaat zu leben.

Über diesen Diskussionen und den vielen Vorbereitungen für unseren Umzug vergingen die folgenden sechs Monate wahnsinnig schnell. Alles, was nicht in einem Container um die halbe Welt geschickt werden sollte, musste aufgelöst, abgemeldet, verkauft oder gegebenenfalls irgendwo untergebracht werden. Für Grübeleien blieb gar kein Raum. Und plötzlich standen die Sommerferien und damit unser Abschied vor der Tür.

3.

Wir sind dann mal weg

»Habt ihr eigentlich ein wenig Chinesisch gelernt?«

Wie oft hatte man mir diese Frage schon gestellt. Mittlerweile trennten uns nur noch wenige Tage von unserer Abreise. Da wollte ich von derlei Dingen eigentlich nichts mehr hören. Insgeheim wusste ich jedoch, dass wir diesen Aspekt ein wenig außer Acht gelassen hatten. Sprachen lernte man nun mal am besten vor Ort. Und Chinesisch erschien mir so schwierig, dass ich mich allein einfach nicht daranwagte. In den ersten Wochen würden wir uns schon durchschlagen. Wenn nicht auf Chinesisch, dann auf Englisch. Das sprach man ja weltweit.

»Nein, aber Englisch«, hatte ich daher meist geantwortet. »Und außerdem werden wir ja an der DEUTSCHEN Schule arbeiten!«

Mantraartig hatte ich diesen Satz wiederholt. Hatte mir damit Mut zugesprochen, obwohl auch ich den einen oder anderen Gedanken daran verloren hatte, wie wir wohl im Alltag über die Runden kommen würden, ohne Chinesisch. Und immer wieder hatte ich diese Sorge erfolgreich verdrängt. »Kommt Zeit, kommt Rat.« Einer dieser Sprüche, die mich durch manche Krisensituation begleitet und sich oftmals bewahrheitet hatten. Er würde auch in Zukunft ein weiser Begleiter sein.

Der letzte Schultag in Berlin näherte sich mit großen Schritten und mit ihm die Auflösung unseres Heims.

Daher galt unsere Aufmerksamkeit ganz anderen Dingen als der Frage, ob ich mich in China verständigen könnte. Alles, wirklich alles musste aufgelöst, abbestellt, weggeworfen oder eingepackt werden. Wir hatten mit Berlin abgeschlossen. Der Frust über die Schulen saß tief und half uns, den Abschied leichter zu nehmen.

»Sag mal, wo wollt ihr eigentlich danach hin?«, fragte mich eines Tages meine Freundin Claudia. »Kommt ihr wieder nach Berlin?« Ihr und mir war klar, dass die Antwort auf diese Frage im Ungewissen lag. »Wenn sich die Situation an den Berliner Schulen nicht ändert, geht es für uns nicht mehr hierher zurück«, sagte ich. »Wir würden versuchen, woanders unterzukommen und uns verbeamten zu lassen.« Ich lächelte sie an, obwohl ich eigentlich sehr traurig über das war, was ich gerade gesagt hatte. »Vielleicht geht's ja dann nach Baden-Württemberg. Dann kommt ihr uns besuchen, und wir fahren mit der Eisenbahn über die Schwäb'sche Alb«, witzelte ich. »Und wer weiß, vielleicht geht ihr ja unterdessen an eine deutsche Schule nach Dänemark. Unsere Freundschaft wird daran schon nicht zerbrechen, es gibt ja Skype.« Aber so ganz überzeugt war ich selber nicht. Selbstverständlich würde sich unsere Freundschaft in den kommenden Jahren verändern. Sie war dann keine Alltäglichkeit mehr. Und die Zeitverschiebung würde das Skypen auch nicht erleichtern. Schnell schob ich den Gedanken beiseite. Der Abschied von Freunden und Verwandten, das war schon immer das Schlimmste an Auslandsaufenthalten gewesen. »Erst einmal behalte ich ja meine Stelle hier in Berlin. Und Marc seine. Ihr angestellten Lehrer geht mal schön streiken, damit sich was in der hiesigen Bildungslandschaft verändert. Dann können wir auch wieder nach Berlin zurückkommen.« Ich lächelte sie wehmütig an.

Obwohl wir einen Arbeitsvertrag für nur zwei Jahre unterschrieben hatten, ließ mich das Gefühl nicht los, dass es ein längerer Abschied werden würde. Was, wenn es nach dieser Zeit in Berlin nicht besser für angestellte Lehrer aussah? Ich war mir wirklich nicht sicher, ob wir jemals wieder hierher zurückkehren würden. Womöglich würden wir von China aus gleich in ein anderes Land oder Bundesland ziehen.

Der Arbeitsvertrag an der Deutschen Schule Shanghai war in Sack und Tüten, die Beurlaubung von dem Berliner Schuldienst bestätigt, sämtliche Verträge, Abonnements und überflüssige Konten gekündigt, der Umzugscontainer bestellt. Es gab nun wirklich kein Zurück mehr. Über das Danach müssten wir uns zu einem anderen Zeitpunkt Gedanken machen.

In Momenten, in denen ich Marc gegenüber leichte Zukunftsängste äußerte, hatte er mich immer beruhigt: »Mein Schatz, das ist DIE Chance. Du wirst sehen, alles wird gut. Willst du hierbleiben und weiter unter diesen Bedingungen arbeiten, wenn es anderswo ganz anders geht? Und außerdem: Du wolltest doch immer noch einmal ins Ausland!«

Schließlich stand das große Packen unmittelbar vor der Tür. Wegwerfen oder aufheben. Der Dachboden meiner Eltern bot zwar noch etwas Platz für die eine oder andere Kiste, aber den Großteil mussten wir mitnehmen, verschenken oder eben wegwerfen. Nach kurzer Zeit war uns bereits klar, dass wir auch einen Müllcontainer bestellen mussten. Zu viel war es schlicht nicht wert, einmal über die Weltmeere und wieder zurück geschippert zu werden. Während Marc die letzten Behördengänge übernahm, fing ich also an, unser Hab und Gut zu sortieren und einzupacken. Wir wollten Geld sparen und den Container selbst beladen. »Sie wissen aba schon, woruff Se sich da einlassen?«, hatte der Mann vom Containerverleih am Telefon gefragt. »Ein mutijes Unterfangen. Ick sag Ihnen, schreim Se bloß allet uff, wat Se in die Katongs packen, uff 'ne Liste und legen Se diese in den betreffenden Katong, sonst konfisziern die beim Zoll allet«, legte er noch nach. »Am besten, Se packen in die einzeln' Kisten nur Dinge von eener Sorte. Also zum Beispiel nur Bücher oda nur Gläser oda nur Bilder oda … na, Sie wissen dit schon, wa?«, führte er weiter aus. »Jaja, schon klar«, war ich ihm genervt ins Wort gefallen. Aber er setzte erneut an: »Mischkatongs wirken imma verdächtig und werden beim Zoll in China uffjemacht. Dit verzögert dann wieder den Weitertransport zu Ihrm Haus. Ick wollt it Ihnen nur jesacht ham.« – »Hab's verstanden«, erwiderte ich. Mehr fiel mir nicht ein zu dieser präzisen Erläuterung, die mich keinesfalls beruhigte.

Ich machte mich optimistisch an das Einpacken und Aussortieren unserer Habseligkeiten. Eigentlich sah es gar nicht nach so viel Arbeit aus. Doch Tage vergingen, und ich begann zu verzweifeln. Wie sollten wir das innerhalb der nächsten fünf Tage schaffen? Im ganzen Haus türmten sich Kartons und Dinge, die in keine Kategorie passten. Ich versuchte gerade in der Küche der vielen Tassen, Töpfe und anderen Küchenutensilien Herr zu werden, als es plötzlich an der Tür klingelte. »Wir dachten, ihr könntet ein paar helfende Hände gebrauchen?« Eine ganze Kompanie Freunde stand vor mir. Sie wollten mit anpacken. Ich war ehrlich gerührt: »Euch schickt der Himmel!«

Nach vier Tagen mit geballten Kräften war schließlich alles entweder in Kisten verstaut oder im Müllcontainer auf der Straße gelandet. Alle Überreste unseres Studentenhaushaltes in Form von Ivar, Sten oder Billy hatten ein jähes Ende genommen. Der Container konnte kommen. Er war für den darauffolgenden Tag bestellt.

Den ganzen Tag über warteten wir auf den LKW, der das Ungetüm vorbeibringen sollte. Wie groß musste ein Container sein, in dem dies alles verstaut werden konnte? Und vor allem, wie sollte er durch die engen Straßen unserer Siedlung passen? Am Nachmittag schließlich hörten wir von fern ein Dröhnen. »Das muss er sein. So ein Geräusch habe ich hier noch nie gehört«, rief ich. Marc und ich liefen zum Gartentor und sahen den Koloss, der schwerfällig in unsere Straße einbog. Dieses Spektakel würde interessierten Anwohnern unserer Straße Gesprächsstoff für mindestens eine Woche bieten. Lautstark hielt der LKW vor unserem Haus. Das Motorengeräusch verstummte, und ein junger Mann sprang aus der Fahrerkabine. »Aspenweg 47?«

»Ja, da sind Sie hier richtig.«

»Jut. Denn unterschreim Se mal hier, dass ick Ihnen dit jute Stück och vorbeijebracht habe.« Er hielt Marc ein Formular entgegen. Marc unterschrieb brav. Unterdessen konnte ich eine furchtbar dringende Frage nicht mehr zurückhalten. Sie mochte eigentümlich klingen, aber sie brannte mir nun mal unter den Nägeln.

»Sagen Sie, na, wie soll ich sagen, also, das klingt vielleicht etwas komisch …« Beide Männer schauten mich an. Marc eher misstrauisch, der Containermann kaugummikauend. »Würden Sie uns empfehlen, unsere Gitarre auch in den Container zu packen oder sie lieber mit ins Bordgepäck zu nehmen?« Kaum hatte ich diese Frage ausgesprochen, fand ich sie selber vollkommen überflüssig. Der musste uns ja für bekloppt halten. Ich wollte nachsteuern. »Wissen Sie, sie bedeutet meinem Mann sehr viel, denn er hat sie mal von seinem alten Lehrer bekommen.« Marcs Augen weiteten sich. Er schaute mich entgeistert an. Wahrscheinlich konnte er nicht glauben, was ich gerade gesagt hatte. Der Containermann kaute mit offenem Mund Kaugummi. Auch er schaute mich an. Anscheinend wartete er noch auf mein tatsächliches Anliegen.

»Na ja, es wird doch so heiß in dem Container, und dann wieder kalt. Das ist bestimmt nicht gut für den Resonanzkörper.« Plötzlich fing Marc laut an zu lachen. »Also, wenn die Gitarre das Einzige ist, worum du dich bei diesem Unterfangen sorgst, kann ich dich beruhigen. Ich werde es überleben, wenn sie danach kaputt ist.« Ich kam mir einfach nur doof vor. Mich quälte eine weitere Frage, die mich bereits schlaflose Nächte gekostet hatte, aber ich hielt mich zurück.

»So, nun zeig ick Ihnen, wie Se die Kiste vaplomben. Einmal zu, imma zu. Wird erst wieder in China uffjemacht. Also überlegen Se sich dit jut, ob Se wirklich fertich sind, wa?« Wir folgten ihm. Marc verstand alles. Ich brütete noch immer über meiner Frage und vor allem darüber, ob ich sie stellen sollte oder nicht. Schließlich machte der Fahrer Anstalten, den Container abzukoppeln und loszufahren. »Warten Sie«, rief ich. »Ich hätte da noch eine Frage.« Marc stöhnte. »Was denn noch?« Mutig fragte ich: »Also, ich habe mal gehört, dass ab und an Container über Bord gehen. Wie oft kommt so etwas denn vor? Ich meine, das ist doch schrecklich, dann ist ja alles weg. Nicht, dass ausgerechnet unser Container …« Marc verkniff sich ein Lachen. Fachmännisch übernahm der Fahrer. »Also, davon hab ick noch nie wat jehört. Aber warten Se«, er griff sich ans Kinn und schaute grübelnd zu Boden, »ick hab da ma wat von ’ner Jitarre gehört, die über Bord jespült worden sein soll.« Er zwinkerte Marc zu und schwang sich in seinen LKW. Eh wir uns versahen, hatte er den Container abgekoppelt und war davongefahren. In sich hineinlachend ging Marc zurück zum Haus. »O Mann, du stellst Fragen.« Ich trottete ihm hinterher. So richtig hatte der Mann meine Frage eigentlich nicht beantwortet.

Am Sonntagabend um kurz vor Mitternacht verplombten wir den Koloss. Und am Montagmorgen um 5.00 Uhr kam der LKW-Fahrer wieder, hängte ihn sang- und klanglos an seinen LKW und fuhr damit davon. Ob wir unsere Sachen wohl je wiedersehen würden? Ich hatte sehr wohl gehört, dass bei hohem Seegang des Öfteren die oberen Container von Bord gespült wurden ...

Wir blickten dem LKW nach, der am Ende der Straße abbog und dann nicht mehr zu sehen war. Ich fühlte mich, als ob ich mich soeben für immer von einem alten Freund verabschiedet hätte. Ein letztes Mal schlossen wir die Tür unseres Mietshauses auf. Still gingen wir noch einmal durch alle Räume und überprüften, ob wir auch wirklich nichts vergessen hatten. Plötzlich war ich wehmütig. Wir nahmen gerade nicht nur Abschied von dem Haus, sondern von einem Lebensabschnitt.

Danach fuhren wir zu meinen Eltern, wo wir bereits seit ein paar Tagen Unterschlupf gefunden hatten. Heute noch sollte Marc nach Schanghai fliegen, bevor wir zwei Wochen später nachkämen. Marc lächelte mich an. »Hat doch alles gut geklappt. Ich suche uns jetzt noch ein schönes Haus in Schanghai, und wenn ihr dann kommt, kann's losgehen! Alles wird gut.«

»Schon komisch«, erwiderte ich. »Jetzt stell dir mal vor, der Container verschwindet wirklich. Dann wäre unsere gesamte Vergangenheit weg. Wir müssten ganz von vorn beginnen.« Aber neben der Wehmut verspürte ich ein Gefühl unglaublicher Leichtigkeit. Für mindestens acht Wochen besaßen wir faktisch nichts außer den Klamotten, die sich an unseren Körpern und in ein paar Koffern bei meinen Eltern befanden.

4.

Abheben

Marc hob schließlich in Richtung China ab. 26 Stunden später klingelte es bei Skype. Etwas müde, aber sehr zufrieden saß Marc am anderen Ende der Welt vor seinem Laptop. Er war in einem Service-Apartment untergekommen. »Morgen muss ich zum Gesundheitscheck für das Arbeitsvisum und treffe mich mit einem Makler, der mir ein paar Häuser zeigt. Ich mache ganz viele Fotos und schicke sie euch dann. Nun muss ich aber erst mal schlafen.«

Von nun an versorgte er uns via Skype mit ersten Eindrücken von der Stadt, von der Schule und von verschiedenen Mietshäusern. Er hatte sich ein Fahrrad gekauft und fuhr damit viele Strecken ab. Es musste wahnsinnig heiß und schwül sein, denn auf den Fotos, die er schickte, trieften seine Shirts, und Schweißperlen standen auf seiner Stirn. Im Hintergrund sah man Menschen, die mit Regenschirmen und Gummistiefeln durch riesige Wasserlachen wateten. »Hier regnet es einmal täglich, aber so, als ob es die Sintflut wäre.« Die Kinder fanden das spannend.

Bereits nach einer Woche hatte Marc ein schönes Haus gefunden. Nun konnte ich ein paar Ängste über Bord werfen und Vorfreude entwickeln. Auf den Fotos sah unser neues Zuhause wirklich richtig toll aus. Gespannt saßen wir jeden Tag um 15 Uhr vor dem Computer, lauschten Marcs spannenden Erzählungen und freuten uns immer mehr.

Schließlich war auch der Tag unseres Abflugs gekommen. Unzählige Male hatten wir wieder und immer wieder Abschied von Freunden und Verwandten genommen. Nun war es an der Zeit, diesen wehmütigen Teil unseres Weggangs hinter uns zu lassen. Endlich saßen auch wir im Flieger und freuten uns auf die bevorstehende Familienzusammenführung.

An Bord des Flugzeugs waren die Kinder furchtbar aufgeregt. »Boah Mama, schau mal, wie viele Filme wir angucken können. Da reicht ja der Flug gar nicht.« Jonas strahlte. Die Kinder waren bisher noch nie geflogen. Wieder bekam ich das Gefühl, total verrückt zu sein. Warum musste es so weit weg sein? Es hätte doch auch England oder Schweden oder Spanien sein können. Meine Gedanken schweiften ab, zurück zu der Zeit, als Marc und ich in Kapstadt in einem Township gearbeitet hatten. Auch damals hatten alle gefragt: »Müsst ihr so weit weggehen?«, und es war die schönste Zeit unseres Lebens geworden. Womöglich hatten wir uns damals mit dem Fernweh-Virus infiziert. Als wir heimgekehrt waren, hatten um uns herum nach und nach alle Freunde begonnen, Häuser zu bauen und sich niederzulassen. Allein der Gedanke daran schnürte uns die Kehle zu. Das konnte es doch noch nicht gewesen sein. Die Welt bot doch noch so viel. Tja, und da saßen wir nun im Flieger und waren in Richtung Unbekannt unterwegs. War es nicht genau das, was ich so liebte? Aus dem Alltag auszubrechen, sich neuen Herausforderungen zu stellen? Nur waren wir diesmal nicht allein unterwegs, wie damals in Südafrika. Einen Absturz im übertragenen Sinne mussten nun nicht nur wir beide überleben. Wir hatten die Kinder dabei, die gerade einmal sieben und neun Jahre alt waren und bisher lediglich Europa per Auto kannten. Während ich zwischen

Spannung und Besorgnis schwankte, schauten die Kinder einen Film nach dem anderen. Ihre Wangen glühten. So verlief der zehnstündige Flug nach Peking problemlos. Die Kinder starrten auf ihre Bildschirme und tauchten in andere Welten ein. Mir jedoch gingen zu viele Dinge durch den Kopf. Das Grübeln machte mich allmählich müde. Schließlich schlief ich doch ein.

5.

Ankunft

Wir landeten pünktlich. Ich erinnerte mich an Marcs Worte. »Ihr müsst in Peking erst einmal komplett auschecken. Und dann noch einmal einchecken für den Flug nach Schanghai. Ist aber alles easy. Das schaffst du!«

In Peking mussten wir zunächst durch die Passkontrolle. An achtzehn Passkontrollschaltern, durch dicke Scheiben von den Reisenden abgeschirmt, saßen Kontrolleure und checkten die Pässe und Visa der *Chinese Citizens, Hongkong Citizens* und der *Foreigners*. Als wir an der Reihe waren, strahlte uns eine Passkontrolldame an. »Beautiful!« Sie zeigte auf die Kinder. Ich drehte mich um. Sie meinte wohl Jonas und Johanna. Erst da fiel mir auf, wie die blonden Haare unserer Kinder in der Masse der Schwarzhaarigen leuchteten. Das war ja ein netter Empfang. Wenig später hoben wir unser Gepäck vom Rollband und versuchten es auf drei Wagen zu verstauen. Fünf Koffer, fünf Handgepäckstücke und eine Geige. Die Gitarre war doch im Container gelandet.

Nun hieß es, einen klaren Kopf zu bewahren, das Umsteigemanöver weltgewandt zu meistern und den Kindern das Gefühl zu geben, Herr bzw. Frau der Lage zu sein. Gleich sollten uns ja ohnehin die Damen der Fluglinie in Empfang nehmen. Bald schon standen wir in der großen Wartehalle, in der gefühlte Tausende ihre Lieben in Empfang nahmen. Nirgends konnte ich die

Farben unserer Airline entdecken. Ich schaute mich um. Überall Schilder und Leuchtschriftbanner. Doch nichts, wirklich nichts von alldem konnte ich lesen. Chinesische Schriftzeichen.

»Mama, wo müssen wir denn jetzt hin?«, fragte Johanna in genau dem Moment, als sich bei mir leichte Panik breitmachte.

Ich sagte: »Na, zu dem Hainanflieger nach Schanghai!«

Ich dachte: »Woher um Himmels willen soll ich das wissen?«

Johanna schaute mich skeptisch an. Kinder haben ein Gespür dafür, wenn man sich einer Sache nicht besonders sicher ist. Ich hatte wirklich keinen blassen Schimmer, wohin wir mussten.

»Alles kein Problem, mein Schatz«, beruhigte ich mehr mich als sie und ging weiter. Mir wurde etwas flau im Magen.

Wir irrten in der riesigen Flughafenhalle hin und her. Ich voran, die Kinder hinterher. Man konnte sie kaum sehen hinter den hochbeladenen Wagen. Schließlich rang ich mich dazu durch, einen Mann in Uniform anzusprechen. Er sah ein wenig beängstigend aus. Er trug eine blaue Uniform und einen weißen Helm. An seinem Gürtel hingen ein Schlagstock und eine Pistolentasche. Seine Hände hielt er hinter dem Rücken verschränkt. Er blickte finster drein. Aber der musste mir doch weiterhelfen können.

»Excuse me, where can I find the Hainan flight to Shanghai?«

Der Behelmte schaute mich mit unveränderter Miene an.

»Debutschi. Te pudong« (Entschuldigung, ich verstehe Sie nicht), war seine Antwort.

Ich verstand kein Wort. Ich schaute die Kinder an,

sie mich, wir ihn, er uns. Dann drehte er sich weg und ging.

»Na, das klappt ja super!«, brabbelte ich vor mich hin. War das die feine Art? Uns hier einfach so stehenzulassen?

Die Kinder schwiegen und schauten mich erwartungsvoll an. Sie wussten nur zu gut, wann sie besser nichts sagten. So irrten wir weiter hin und her. Kreuz und quer schob ich immer schneller meinen Trolley durch die Wartehalle und meckerte vor mich hin.

»Das kann doch nicht wahr sein. Das hier ist schließlich die Hauptstadt. Wie kann es sein, dass an dem Flughafen keiner Englisch spricht und überall nur Hieroglyphen stehen?« Panik machte sich in mir breit. Was, wenn wir den Anschlussflug verpassten? Wie sollte ich mich hier verständigen? Ich hatte nicht einmal chinesisches Geld in der Tasche. Wo sollten wir schlafen? Oje, ich begann mich aufzuregen. Warum stellte ich mich so blöd an? Marc hatte es doch auch geschafft.

»Kannst du eigentlich Chinesisch?« Diese Frage flog wie ein Echo durch mein Hirn. Wie naiv war ich gewesen! Vielleicht hätte ich wenigstens ein paar Worte Chinesisch lernen sollen …

Nach mehrmaligem Nachfragen mit Händen und Füßen konnte mir endlich jemand weiterhelfen.

»Terminal 1. That way along the long corridor.«

Wir hetzten durch den nicht enden wollenden Tunnel. Schließlich tat sich erneut eine riesige Halle auf. Hier gab es nur Gates zu Flügen der Hainan Airline. Wir hatten es geschafft. Ende gut, alles gut.

»Kinder, ich glaube, wir haben es gefunden«, verkündete ich stolz.

»Endlich, Mama, ich dachte schon, du wüsstest nicht, wo wir hinmüssen.« Johanna lächelte mich an.

Ich musste schmunzeln. Mir rann der Schweiß an Stirn, Armen und Beinen herunter. Irgendwie war es sehr warm geworden. Oder war es Angstschweiß? Die Kinder schwitzten auch. Schnell öffneten wir die Koffer, holten Sommersachen heraus und zogen uns in der nächsten Toilette um. Nun sollte es nicht mehr lange dauern, bis wir Marc treffen würden. Vorfreude machte sich breit. Bald wäre es geschafft.

Mit leichter Verspätung starteten wir nach Schanghai. Mehr und mehr kreisten meine Gedanken nun darum, wie es wohl dort aussehen würde, wo wir aussteigen müssten. Wir landeten um 17.50 Uhr, und bereits wenige Minuten später hatten wir abermals unsere Trolleys beladen. Mittlerweile waren wir 26 Stunden unterwegs.

»Da ist Papa!«, rief Jonas. »Schaut mal, er wartet auf uns!« Die Kinder rannten Marc entgegen.

Leider blieb kaum Zeit für eine herzliche Begrüßung, denn der Fahrer der Deutschen Schule Shanghai, den Marc organisiert hatte, stand schon in den Startlöchern. Anscheinend waren wir nur ein kleiner Punkt auf seiner Agenda.

»Wir haben gar keine Zeit«, rief Marc uns bereits entgegen. »Der Fahrer muss sofort zurück zur Schule.«

Mein »Hallo« verstummte in meiner Kehle. Dann begann der schier endlose Ritt mit unseren Trolleys durch die riesige Eingangshalle des Hongqiao-Flughafens. Der Fahrer lief voran, und wir hechelten im Gänsemarsch hinterher. Unser Weg war ein Slalom durch Menschenmassen, in der Hoffnung, niemanden umzufahren und nicht an irgendeinem Pfeiler kleben zu bleiben. Er schien gar kein Ende zu nehmen. Endlich hatten wir die riesige Eingangshalle durchquert und traten durch eine automatische Schiebetür ins Freie. Noch bevor ich darüber nachdenken konnte, was uns draußen erwarten würde, waren wir gegen eine unsichtbare Wand gerannt. Mir stockte der Atem. Den Kindern schien es ähnlich zu ergehen. Jonas hüstelte. Die feuchte tropische Hitze verschlug uns den Atem und kroch uns in alle Poren. Es roch tropisch-schwülmuffig.

»Einfach weiteratmen«, dachte ich.

»Es ist schwül hier, aber man gewöhnt sich dran. Ihr werdet sehen«, beruhigte uns Marc.

Er hatte berichtet, dass es heiß und schwül war. Diese plötzliche Luftveränderung haute uns dennoch förmlich um. Aber es blieb keine Zeit, diesen Schock zu verarbeiten. Nein. Es wurde weiter gerannt. Vorbei an Millionen von hupenden Taxis über eine vielbefahrene Straße. Vor und hinter uns bretterten Autos vorbei. Nach der halsbrecherischen Überquerung der Straße landeten wir endlich auf dem Parkplatz des Flughafens. Unzählige Reihen parkender Autos taten sich auf. Im Hintergrund war das Hupen der Taxis zu hören. Am diesig gelben Himmel versteckte sich die Sonne hinter einer Dunstglocke. Sie schien bereits am Ende ihres Tageslaufs angekommen zu sein – dabei war es erst kurz nach 18 Uhr.

»Kommt. Beeilt euch. Da vorne ist schon der Wagen«, rief Marc.

Endlich. Eh ich michs versah, waren die Koffer in den Kofferraum hinein gewuchtet, und wir saßen auf der Rückbank des Wagens. Kaum hatte ich meine Handtasche auf den Schoß gezogen, knallte der Fahrer bereits meine Tür zu. Der nächste Höllenritt begann. Der Fahrer der deutschen Schule hatte es eilig. Angstvoll klammerte ich mich an den Vordersitz. Sekunden später besann ich mich und suchte den Sicherheitsgurt. Da war nichts. Meine Blicke trafen Marcs. »Zum Glück hat der Wagen eine Klimaanlage. Da könnt ihr euch ein wenig abkühlen.« Er lächelte mich an. »Schön, dass ihr da seid!«

Meine Vorstellungen prallten mit einer Wirklichkeit zusammen, von der ich in diesem Moment nicht wirklich begeistert war. Die Luft war diesig, alles wirkte grau. Wir fuhren an zahllosen Baustellen vorbei, rumpelten über riesige Schlaglöcher.

Verzweiflung stieg in mir auf. Ich wollte auf der Stelle zurück nach Berlin. Dennoch versuchte ich, mir meine innere Zerrissenheit nicht anmerken zu lassen. Mit Mühe gelang es mir, die Tränen zurückzuhalten.

Über alldem entstand eine kurze Stille. Ich schwieg. Die Kinder schwiegen. Sie bestaunten aus dem Auto heraus das, was in den nächsten Jahren ihre Heimat sein sollte. Auch der Fahrer schwieg. Aber er fuhr. Anscheinend um sein Leben. Ich erkannte verblasste Fahrspurmarkierungen auf der Straße. Ihren Sinn verstand ich in diesem Moment jedoch nicht. Mit der Hupe bahnte sich der Fahrer in Slalomlinien den Weg.

»Mit den Verkehrsregeln nehmen sie es hier nicht so genau«, erläuterte Marc fachmännisch.

Verkrampft hielten wir uns an unseren Sitzen fest. Nichts von dem, was sich hinter dem Auto abspielte, schien den Fahrer zu interessieren. Nur der Vordermann zählte. Also setzte sich unsere Slalomfahrt fort, vorbei an Hochhäusern und unzähligen Baustellen, Mofas, Mopeds, Motorrollern, Fahrrädern und Fahrradrikschas. Ein Mopedfahrer hatte einen riesigen Kühlschrank auf den Gepäckträger geladen. Plötzlich kam uns ein Vehikel auf unserer Spur ENTGEGEN. Es war eine blaue Moped-Rikscha. Vorn saß ein Mann auf seinem Moped, und hinten in einer winzig kleinen Kabine saßen zusammenquetscht zwei Frauen und zwei Kinder. Ich kniff die Augen zusammen und wartete auf den Zusammenprall. Geschickt wich unser Fahrer aus und folgte unbeirrt der mehrspurigen, endlos erscheinenden grauen Straße voller Schlaglöcher. Müllberge und armselige Hütten säumten unseren Weg.

Hierbei konnte es sich nur um einen Vorort handeln. Just in dem Moment, als mir dämmerte, dass wir noch eine weite Fahrt vor uns haben mussten, sagte Marc euphorisch: »Es ist nicht mehr weit. Eigentlich wohnen wir schon in dieser Straße.«

Es schnürte mir die Kehle zu.

Leise murmelte ich: »Aha.«

Das konnte nicht wahr sein. Auf den Fotos hatte die Umgebung doch ganz anders ausgesehen. Die Kinder lächelten mich betreten an. Ich lächelte zurück.

Wenig später waren wir da. Ein freundlicher Mann in Sicherheitskleidung begrüßte uns am Eingang des Compounds, unserem zukünftigen Wohnort. Marc hatte erzählt, dass die meisten Einwohner Schanghais in sogenannten Compounds wohnten. Das waren eingezäunte oder ummauerte Wohnblocks, bestehend aus mehreren Einfamilienhäusern oder Hochhäusern. Diese Blocks wurden bewacht und konnten nur betreten oder befahren werden, wenn man eine bemannte Schranke passierte. Erleichtert stellte ich beim Anblick der gepflegten Rasenflächen und Hecken fest: Hier war es schön!

»Die Guards passen auf, dass nur diejenigen in den Compound hereinkommen, die auch hereindürfen. Hier ist es absolut sicher. Und schaut mal, da vorn ist ein Indoor-Pool, da könnt ihr gleich reinspringen. Er ist zwar nur winzig, aber immerhin.«

»Voll cool. Johanna, wollen wir da gleich hin?«

»Vorher zeige ich euch das Haus.« Marc war euphorisch.

Der Fahrer lud uns in Windeseile ab. Ehe wir uns versahen, war er weg, und wir standen mit unseren Taschen, Tüten und Koffern da. Es war unglaublich heiß und schwül.

Wir betraten das Haus, in dem wir nun zwei Jahre wohnen sollten. Der Vorgarten war schön – klein, aber fein. Vor dem Eingangsportal standen zwei üppige Hortensien. Kleine bunte Blümchen säumten die Hecken. Marc zückte den Schlüssel. Mein Puls stieg.

»Ich bin total aufgeregt.«

»Es wird dir gefallen«, beruhigte mich mein Mann.

Erfrischende Kühle empfing uns.

»Ich habe den ganzen Tag die Klimaanlage laufen lassen, damit es angenehm für euch ist«, hörte ich Marc sagen und folgte ihm ins Haus. Mit allen Sinnen nahm ich unser neues Heim wahr. Die Kinder stürmten durch die riesigen und hohen Räume. Sie waren überwältigt von der Größe des Hauses.

»Ist das riesig, Mama!«, rief Jonas.

»Wo ist mein Zimmer, Papa?«, fragte Johanna.

Alles war genau wie auf den Fotos, nur noch größer und schöner. Langsam entspannte ich mich. Nur meine Nase blieb sensibel. Hier roch es einfach anders. Schimmelig? Faulig? Nach feuchtem Holz?

»Hier könnte dein Schreibtisch stehen. Und das könnte Jonas' Zimmer sein. Möchtest du oben schlafen, Johanna? Was meint ihr?«

Dankbar fiel ich Marc um den Hals.

»Das Haus ist super, Schatz!«

Uns blieben sechs Wochen, bis der Container ankommen sollte – wenn er denn ankam –, mit oder ohne Gitarre. Sechs Wochen in einem leeren Haus. Marc bestellte Pizza und Cola für alle – wir waren angekommen!

6.

Gesundheitscheck

Marc hatte für den Anfang Geschirr und schönes Bettzeug für die Kinder bei IKEA Shanghai besorgt. Bettzeug für uns hatte er in all der Aufregung vergessen – aber es war ja ohnehin sehr heiß. Am nächsten Morgen klingelte der Wecker erbarmungslos um 7 Uhr, da ich zur Gesundheitsuntersuchung musste, um mein Arbeitsvisum zu bekommen. Mir war ein wenig flau im Magen. Wie sollte ich mich dort bloß verständigen? Wenn schon am Flughafen keiner Englisch sprach? Ich hätte doch im Vorhinein etwas Chinesisch lernen sollen!

Hals über Kopf hatte ich mich auf ein Abenteuer eingelassen, ohne mich wirklich gründlich darauf vorzubereiten. Ich hatte nicht einmal einen Reiseführer über Schanghai gelesen. Typisch für mich.

»Mach dir keine Sorgen! Ich hab das auch geschafft!«, versuchte Marc mich abermals zu beruhigen. Dennoch lag da so ein bestimmter Unterton in seiner Stimme. »Ich habe hier zwei Visitenkarten. Auf einer steht die Adresse des Gesundheitsamtes, auf der anderen unsere Adresse – für nachher, wenn du wieder zurückkommen willst.« Er hielt mir die Karten hin. Ich konnte nichts entziffern. Es waren ausschließlich chinesische Schriftzeichen darauf zu erkennen. »Soweit ich das mitbekommen habe, können die meisten Taxifahrer hier unsere Schrift nicht lesen. Zumindest habe ich noch keinen getroffen«, fügte er hinzu. Ich starrte ihn an. »Das heißt, ich kann weder mit dem Fahrer sprechen noch etwas für ihn aufschreiben? Die Straßenschilder sind wahrscheinlich auch chinesisch, oder? Was um Himmels willen soll ich denn tun, wenn ich verlorengehe? Du kennst mich. Ich habe null Orientierungssinn.« Unter keinen Umständen wollte ich allein vor die Tür. »Ich schaff das nicht! Kannst du nicht mitkommen?« Verzweifelt ließ ich mich in einen Sessel plumpsen, eines der wenigen Möbelstücke, die der Vermieter ins Haus gestellt hatte. Ich starrte an die Decke, an der sich hoch oben ein Ventilator drehte. Mir stiegen Tränen in die Augen.

»Schau mal. Ich denke ja mit. Du kennst mich doch.« Marc blinzelte mir zu und schaute mich aufmunternd an. »Hier ist ein Handy mit einer chinesischen SIM-Karte. Die ist aufgeladen und einsatzbereit. Wenn alle Stricke reißen, rufst du mich an.«

Das beruhigte mich zumindest ein wenig. Nun malte ich mir aus, wie ich irgendwo auf der Straße stand und versuchte, Marc begreiflich zu machen, wo ich mich befand. Ich beschloss, dass dieser Fall einfach nicht eintreten DURFTE. Schließlich war ich nicht die erste Nichtchinesin, die zum Gesundheitsamt musste.

Kurze Zeit später stand ich abmarschbereit vor der Tür. »Hier, Geld fürs Taxi.« Marc steckte mir ein paar rote Hunderterscheine in mein Portemonnaie. »Du zeigst dem Taxifahrer einfach die Visitenkarten, dann fährt er dich hin«, wiederholte Marc, während er mich sanft aus der Haustür schob. »Du gehst jetzt nach vorne zum Compound-Eingang, stellst dich an die Straße und winkst dir ein Taxi ran. Dann zeigst du dem Fahrer die Karte. Alles wird gut.« Zögerlich trottete ich den Weg entlang Richtung Ausgang. Die Grillen zirpten in ohrenbetäubender Lautstärke, die Sonne brannte bereits jetzt erbarmungslos heiß. Sofort begann ich zu schwitzen. Plötzlich hörte ich Marc. »Auf dem Rückweg musst du dem Fahrer sagen, dass er nach links in unseren Compound einbiegen soll«, rief er mir hinterher. »Und mit den Hausnummern haben die es hier nicht so. Wir wohnen in D6.«

Hä? Nach links in unseren Compound? Wie hieß unsere Straße denn überhaupt? Und von wo in der Welt würde ich hierher zurückkommen? Ich hatte bereits vergessen, wo der Flughafen lag. Wie so oft ärgerte ich mich über meinen katastrophalen Orientierungssinn. Aber was blieb mir anderes übrig?

Am Eingang wurde ich von den Guards mit einem Lächeln begrüßt. Ich stellte mich an den Straßenrand und hob zögerlich meinen Arm, um das Taxi, das gerade angebraust kam, anzuhalten. Und es funktionierte. Eh ich michs versah, saß ich auf der Rückbank eines uralten roten VW Santana. Von dort aus zeigte ich dem Taxifahrer, der verbarrikadiert hinter einer riesigen zerkratzten Plexiglasscheibe saß, die erste Visitenkarte. Was in aller Welt hatte das nun zu bedeuten? Waren die Menschen hier gemeingefährlich und bedrohten Taxifahrer? Konnte ich mich überhaupt allein auf die Straße wagen? Der Fahrer murmelte mürrisch irgendetwas Unverständliches und stieg in die Eisen. Der nächste Höllenritt begann. Warum waren hier alle Autofahrer so fürchterlich gehetzt? Verzweifelt suchte ich den Sicherheitsgurt. Fehlanzeige. Doch kaum hatte ich das realisiert, lag ich bereits beinahe auf der Straße. Die Tür war nicht ins Schloss gefallen und wieder aufgesprungen. Erschrocken wollte ich sie zuziehen, leider ohne Erfolg. Irgendetwas klemmte da. Mit stockendem Atem, den Türgriff in der Hand, fuhr ich völlig verkrampft irgendwo in Schanghai durch die Gegend, ohne dass mein Taxifahrer auch nur eine Miene verzog oder sich im Geringsten für mich interessierte. Mit Adleraugen verfolgte ich unsere Fahrt, um mir Gebäude oder Straßenverläufe zu merken – obwohl ich ahnte, dass das ein zweckloses Unterfangen war. Irgendwann gab ich auf. Alles, wirklich alles sah gleich aus: graue Häuser, an denen riesige Schilder mit chinesischen Schriftzeichen in Rot, Blau oder Schwarz prangten. Aber ich hatte die tröstliche Hoffnung, mich im Fall der Fälle wenigstens schnell aus dem Wagen werfen zu können, da die Tür ja schon offen war.

Nach einer schier endlosen Fahrt hatte das Grauen schließlich ein Ende. Das Taxi hielt. Wieder nuschelte der Fahrer etwas vor sich hin. Ich begriff, dass er mit mir sprach und den Betrag nannte, den ich zu zahlen hatte. Blindlings streckte ich ihm einen Hunderter entgegen. Hundert Yuan waren auf jeden Fall zu viel, aber ich wollte einfach nur aus diesem Gefährt heraus. Mit einem Puls von 180 und wackeligen Knien stand ich kurze Zeit später vor einem grauen Gebäude. Anscheinend handelte es sich dabei um das Gesundheitsamt. In Sekundenschnelle düste das Taxi davon, und es war still um mich herum. Die Sonne brannte. Ich schaute mich um. Ein Gebäude glich dem anderen. Eigentlich sahen sie aus wie zahlreiche andere, die wir auf dem Weg hierher passiert hatten. Aus welcher Richtung war ich noch mal gekommen? Egal, dieses Problem würde ich später lösen müssen.

Zögerlich betrat ich ein Haus, aus dem mir einige Nichtchinesen entgegenkamen. Langnasen, »Lauweis«, das hatte ich mir gemerkt, so nannten die Chinesen uns Westler. Während ich über meine Nase nachdachte und zu dem Schluss kam, dass sie doch gar nicht so lang war, lief ich zur Empfangsdame und legte ihr, die ebenfalls von einer dicken Glasscheibe abgeschirmt war, das Formular hin, das mir Marc mitgegeben hatte. Im Gegenzug erhielt ich eine Wartenummer und ein

Formblatt, das ich ausfüllen musste. Zum Glück war es auf Englisch! Die Dame zeigte in Richtung Wartezimmer. Also dackelte ich dorthin.

In der Mitte des Wartezimmers befand sich ein riesiges Aquarium, in dem große Karpfen umherschwammen. Ein merkwürdiges Gefühl der Verbundenheit machte sich in mir breit. Ich fühlte mich auch wie ein Fisch, der irgendwo hineingeraten war und nun stumpfsinnig das tat, was ihm zu tun blieb. Ich füllte also den Bogen aus und wartete darauf, was kommen mochte.

Schließlich war ich an der Reihe. Eine Schwester in weißem Kittel mit Mundschutz zeigte auf mich und danach auf den Raum, in den ich gehen sollte. Ein Lauf begann, der mit dem chaotischen Slalom auf den Straßen nicht viel zu tun hatte. Mit mechanischen Gesten wiesen mir die Mitarbeiterinnen, die an jeder Ecke, an jedem Gang, an jeder Tür zu stehen schienen, den Weg. Lächeln meinerseits war zwecklos. Es hatte keine Wirkung auf sie. Ob das an ihrem Mundschutz lag? Ihnen war keine Gefühlsregung von den Gesichtern abzulesen.

»Plies go tu rum wan o tu end tscheinsch jo klos.«

Ich begriff, dass sich eine der Damen an mich wandte. Ich schaute sie hilflos an. »Excuse me?«, fragte ich.

»Plies go tu rum wan o tu end tscheinsch jo klos.«

War das jetzt Chinesisch? Es hörte sich mit viel Phantasie auch irgendwie englisch an. Ich entdeckte den Umkleideraum. An der Tür stand die Zahl 102. Nun dämmerte es mir: »Please go to room one – o – two and change your clothes.« Das musste sie gemeint haben. Ich schmunzelte. Aber immerhin: Sie sprachen hier anscheinend Englisch. Dann gab es Rettung.

Ich machte das, was alle um mich herum stumm taten. Wieder einmal galt das Motto: schnell, schnell,

schnell. Warum wirkten hier alle bloß so hektisch? Es half nichts: Kleider vom Leib reißen und in einen Spind stopfen. Kaum drehte ich mich in meinem Krankenhauskittel um, wurden mir wortlos komische blaue Minimülltüten in die Hand gedrückt. Ich schaute mich hilflos um. Da sah ich, dass alle anderen Langnasen mit diesen Dingern an den Füßen durch die Räume schlurften. Also: blaue Plastiktüten über die Flipflops gestülpt, weißen Kittel über die nackte Brust, das offene Ende hinter dem Rücken zugehalten, so stürzte ich mich in das nächste Abenteuer – diesmal amüsiert. Schließlich war ich nicht die einzige Langnase hier. Und alle hatten ein süffisantes Lächeln auf den Lippen. Sie fanden die Situation wohl genauso amüsant wie ich.

Gewicht, Größe, Sehtest, Kardiogramm, Ultraschalluntersuchung des Unterleibs und der Nieren, Blutdruck messen und Abtasten, Blutabnahme, Röntgenaufnahme der Lunge – eine Fülle an Untersuchungen, für die man in Berlin vermutlich Monate brauchen würde. Hier wurde das alles in knapp einer Stunde, gefühlten 20 Minuten, abgehakt.

Zunächst ging es zum Sehtest. »Plies hold sis spoon inflont of yo left eye.« (Bitte halten Sie diesen Löffel vor Ihr linkes Auge.) Der Arzt hielt mir ernsthaft einen Löffel entgegen. Ich musste abermals schmunzeln und tat, worum er mich bat. »Now tell me what you can see.«

Als Nächstes wurde ich in den Röntgenraum geleitet. Eh ich michs versah, stand ich bei offener Tür nackt vor dem Röntgengerät und sah draußen Menschen in ihren Kitteln und blauen Manschetten vorbeischlurfen. Zum Glück kannte ich keinen von ihnen.

Schließlich landete ich bei der Blutabnahme. Zögerlich betrat ich den Raum, der aussah wie eine Quarantäne-Station. Mehrere braune Ledersessel standen in Reih und Glied, auf denen Langnasen in ihren weißen Krankenhaushemden barbeinig saßen, bereit für den Aderlass. Ihre rechten Arme hingen, mit einer Kanüle versehen, über schäbigen Eimern. Das Blut tropfte. Keiner von den Lauweis sah wirklich zufrieden aus. Schließlich drückte eine Schwester auch mich in einen solchen Sessel und legte mir eine Kanüle an. Als ich mein Blut durch diese Kanüle tropfen sah, stellte sich mir die Frage, was diese Untersuchung eigentlich zu Tage bringen sollte. Vielleicht würde unter meinem Gutachten wie bei Marc, der äußerst fit und gesund war und noch nie eine Zigarette oder ein Schlückchen Alkohol angerührt hatte, mit einem roten Stempel besiegelt stehen: »You must change your lifestyle.« (Sie müssen Ihren Lebensstil ändern.) Ihm hatte man deswegen nicht das Arbeitsvisum verwehrt. Ich schloss die Augen und dachte an die bevorstehende Heimfahrt zum Compound.

7.

Geschafft

»Qu nali?« (»Wohin soll es gehen?«) Der Fahrer des Taxis, das ich mir vor dem Gesundheitsamt herangewunken hatte, schaute mich durch die Plexiglas-Trennwand an. Unsicher kramte ich meine Visitenkarte hervor und hielt sie ihm hin. Er starrte auf die Karte. Schließlich sagte er: »Huqingping Gong Lu Zhuguang Lu.« (Die Straßennamen der beiden Hauptstraßen, die sich in der Nähe unseres Compounds kreuzten.) Der Fahrer schaute mich an. Ich verstand kein Wort. War das eine Frage? Verängstigt nickte ich und stammelte: »Hmm.«

Wieder zeigte ich ihm die Karte. »Wo zhi dao. (Ich weiß.) Huqingping Gong Lu Zhuguang Lu.«

Ich riss die Augen auf und zuckte mit den Schultern. »Hmmm.«

Ich fühlte mich wirklich total meschugge. Mir wurde heiß und kalt. Was wollte der Mann denn nur von mir? Es stand doch alles auf der Karte. Hoffte ich. Der Fahrer wandte sich grummelnd von mir ab und trat aufs Gaspedal. Ich wurde in den Sitz gepresst und krallte mich am Türgriff fest. Diesmal fand ich einen Sicherheitsgurt. Aber das Gestänge, an dem das Plexiglas befestigt war, machte es mir schier unmöglich, an das Gegenstück für die Schnalle zu gelangen. Ich ließ den Gurt zurücksurren und hielt mich mit beiden Händen am Türgriff fest. Nach einer gefühlten Ewigkeit bogen wir tatsächlich in die Einfahrt zu unserem

Compound ein. Ich erkannte die Guards und begann mit den Armen herumzuwedeln.

»Stop«, rief ich.

Der Taxifahrer machte keine Anstalten anzuhalten. Er guckte stur nach vorn und fuhr weiter.

»Stop. Here. Stop«, schrie ich.

Mein Herz begann zu rasen. Warum blieb er denn nicht stehen? Ich schrie nochmals »Stop!« und fuchtelte mit dem Zeigefinger herum. Im nächsten Moment klebte ich beinahe an der Windschutzscheibe. Nach einer Vollbremsung war der Wagen endlich zum Stehen gekommen. Leider etwas unsanft. Ich machte, dass ich aus dem Gefährt herauskam, und knallte die Tür hinter mir zu. Ich holte tief Luft und versuchte mich zu sammeln. Mei, mei, mei! Nie hätte ich gedacht, dass das alles so schwierig werden würde. »Stop« musste man doch auch hier verstehen! Erleichtert darüber, dass ich heil nach Hause gekommen war, schlappte ich mit meinen Flipflops zu unserem Haus. Ich war beinahe ein wenig stolz, diese Odyssee allein bewältigt zu haben.

Mittlerweile war es unerträglich heiß und schwül geworden. Kein Wunder, dass sich keine andere Menschenseele hier draußen herumtrieb. Schweiß lief mir die Beine herunter. Ich hörte die Grillen grell in den Hecken zirpen. Schließlich stand ich erleichtert vor unserer Haustür und freute mich darauf, Marc bei einer Erfrischung in Ruhe von meinem Abenteuer zu berichten und mich den Rest des Tages von diesem Erlebnis zu erholen. Gerade wollte ich die Tür öffnen, als diese vor mir aufsprang. Beinahe wurde ich von einem kleinen Männlein im blauen Arbeitsoverall umgerannt. Ich riss die Augen auf. Der Mann lächelte mich an und sagte: »Ni hao.« Konsterniert stammelte ich »Ni hao« zurück. Eine chinesische Schülerin hatte mir in Berlin wenigstens noch diese beiden Wörter beibringen können. Sie bedeuten: »Guten Tag.«

Schwups, war das Männchen an mir vorbeigehuscht. Irgendwie waren hier alle winzig klein und dünn. Ich fühlte mich wie Madame Maxime aus *Harry Potter*, eine Riesin, die bei weitem mehr als zwei Zentner wog.

Das Haus war voll! Es wimmelte von kleinen Menschen in Arbeitskitteln mit – da waren sie wieder – Minimülltüten an den Füßen. Die Chinesen redeten wild durcheinander.

»Was ist denn hier los?«, rief ich. »Wer in aller Welt ist das?«

Ich erblickte Marc, der mit Händen und Füßen mit einem Mann kommunizierte.

Er schaute hoch und sah mich. »Ach, hallo. Hallo, mein Schatz«, hörte ich ihn rufen. »Alles klar? Ich möchte dir Frain vorstellen. Er ist unser Makler.«

Der Mann, der anscheinend Marcs Gebärdensprache verstanden hatte, machte sich nun an unserem Fernseher zu schaffen.

»Frain hat das Haus an uns vermittelt und hat nun ein paar Leute vorbeigeschickt, die alles in Gang setzen.«

Wie aus dem Nichts kam ein gutgekleideter junger Chinese auf mich zu und lächelte mich an. »Hi, Frain. This is my wife Susanne«, stellte Marc mich vor. Frain schüttelte meine Hand und sagte in fast akzentfreiem Englisch: »Good morning. My name is Frain. These people are repairing people. Everything will be fixed soon. If you have any problem please contact me. You have a very nice landlord. He wants you to be happy in his house.« (Guten Morgen, ich heiße Frain. Diese Leute sind Handwerker. Alles wird bald repariert sein. Wenn Sie irgendwelche Probleme haben sollten, kontaktieren Sie mich. Sie haben einen sehr netten Vermieter. Er möchte, dass Sie sich in seinem Haus wohl fühlen.)

Was für eine Wohltat. Es gab anscheinend auch Leute, die uns ohne Pantomime-Einlage verstanden. Aus der Küche kam eine Frau mittleren Alters dazu. Auch sie war winzig und lächelte. Sie redete auf mich ein. Ich verstand kein Wort, lächelte aber freundlich zurück. Eindringlich schaute sie mich an. Was wollte sie denn nur von mir? Plötzlich kam eine noch kleinere Frau aus der Küche. Auch sie lächelte mich verlegen an. Hilfesuchend wandte ich mich an Frain. »Was wollen sie?« Frain begann zu lachen. Hatte ich etwas Falsches gesagt? »Sie ist eine Ayi, eine Putzfrau. Sie möchte für Sie arbeiten«, erklärte er. Ich fand die Idee eigentlich sehr nett, nur ging mir hier alles ein wenig zu schnell. Im Hintergrund redeten die Handwerker lautstark durcheinander. Frain begann ausführlich mit den beiden Damen zu sprechen. Worüber redeten sie denn so lange? Na ja. Vielleicht kannten sie sich ja privat. Ich stand ein wenig nutzlos herum und beäugte das Spektakel in unserem Haus. Das alles erschien mir surreal. Schließlich setzte Frain an: »Sie kann acht Stunden am Tag für Sie arbeiten. Das wäre kein Problem.«

Acht Stunden? Am Tag? Meinte er vielleicht in der Woche? Ich schaute sie erstaunt an.

Wieder redeten sie ausführlich miteinander. »Sie möchte 2000 RMB«, fügte er hinzu. Marc kam dazu. Sofort deutete er die Lage, in der ich mich befand, richtig und sagte: »Das hört sich doch gut an. Hier haben alle eine Ayi.« Dennoch war ich misstrauisch. »Warum reden sie stundenlang miteinander, und dann übersetzt Frain nur einen Satz? Finde ich komisch. Wie viel Geld ist das überhaupt, Marc?« Unnötigerweise flüsterte ich. In diesem Raum gab es ganz offensichtlich niemanden, der uns verstand.

»200 Euro«, sagte Marc. »Das ist doch okay. Die reden hier immer sehr lange miteinander. Das sind anscheinend Höflichkeitsfloskeln. Du musst dir keine Gedanken machen.« Dennoch fragte ich Frain: »Ist das ein angemessener Preis?« Wieder lachte Frain laut los. »Ja, es ist ein guter Preis. Wirklich! Und Sie können diesen beiden Frauen vertrauen. Ich kenne sie.«

Irgendwie ging hier alles so schnell und unkompliziert. Das kam mir einfach komisch vor.

Ich wandte mich an Marc. »Ist ja schön und gut, wenn Frain sie kennt. Aber ich kenne weder Frain noch die Ladies.«

»Jetzt entspann dich. 200 Euro für fünf mal acht Stunden Arbeit in der Woche mal vier im Monat. Das ist doch nun wirklich nicht viel.« Marc versuchte mich zu überreden.

»Aber acht Stunden? Was will sie denn acht Stunden jeden Tag hier putzen? Wir haben ja noch nicht einmal Möbel. Und dann wuselt sie den ganzen Tag um uns rum? Ich finde das irgendwie komisch.«

Ich wandte mich nochmals an Frain: »Kann sie nicht nur vier Stunden am Tag putzen?«

Wieder ging es zwischen Frain und den beiden Frauen hin und her.

»Nein. Sie würde nur für acht Stunden am Tag arbeiten. Vier Stunden bringen nicht genügend Geld ein, und es ist schwierig, eine weitere Familie zu finden, die sie halbtags beschäftigt.« Frain lächelte.

»Komm schon. Jetzt lass uns das machen. Dann musst du nichts mehr im Haushalt tun. Ist doch super.« Begeistert schaute Marc mich an.

»Na gut. Okay«, stimmte ich schließlich zu. Mir war nicht ganz klar, worauf ich mich da einließ.

»Ist das nicht alles verrückt hier?«, wandte ich mich an Marc. Ich setzte ein Lächeln auf und schüttelte die Hand unserer zukünftigen Ayi.

Zu guter Letzt kam ein zahnloser alter Mann in

unser Haus hereinspaziert. Wie selbstverständlich zog er seine Schuhe aus. Und – da waren sie wieder – die blauen Minimülltüten. Lachend und redend stapfte er durch das Wohnzimmer direkt auf mich zu.

»Marc! Wer ist das? Und was will er von mir?« Der Alte nahm meine Hand und tätschelte sie. Er lächelte und redete ununterbrochen. Dabei lugte ein einzelner Zahn schief aus seinem Mund hervor.

Frain erklärte, der Fremde sei der Vater des Hausbesitzers. Er komme, um die Arbeiter zu bezahlen. In dem Moment zückte der Alte mehrere Bündel von roten Geldscheinen, zählte das Geld und drückte es Frain in die Hand.

»Xie xie ni«, sagte dieser. (Danke schön.)

Die Kinder kamen vom Pool zurück. Sie wollten wissen, worum es sich bei diesem Menschenauflauf handelte. Ohne Berührungsängste humpelte der zahnlose Alte auf sie zu und umarmte sie, drückte sie so fest an sich, als wären es seine verloren geglaubten Kinder. Er redete und redete auf sie ein. Und lachte und lachte.

Um 17.00 Uhr hatte das Treiben im Haus ein Ende. Internet und Fernseher liefen. Wir hatten eine Ayi eingestellt, die fortan acht Stunden am Tag das momentan noch leere Haus putzen würde. Das alles war absurd.

8.

Tschallefu

Der Kühlschrank glänzte durch Leere, und unsere Ayi war hilflos abgedampft, weil wir noch nicht einmal einen Lappen hatten, mit dem sie das an sich saubere Haus putzen konnte. Wir beschlossen, zum Supermarkt zu fahren, um dort einen Großeinkauf zu machen. Marc strahlte mich an: »Der wird dir gefallen. Ich war schon da. Der Laden ist riesig und hat auch eine Abteilung mit Westprodukten.« Erwartungsfroh fuhren wir los. Zu Carrefour, sprich: Tschallefu im Chinesischen, ansonsten wusste hier kein Mensch, wovon man sprach.

»Wir müssen mit dem Taxi fahren. Zu viert auf einem Fahrrad, das macht sich nicht gut«, stellte Marc fest. »Und zu Fuß ist es zu weit.« Also winkten wir uns ein Taxi herbei. »Huqingping Tschallefu«, teilte Marc dem Taxifahrer souverän mit, und schon düsten wir die breite graue Straße entlang, um dann auf eine noch viel breitere graue Straße abzubiegen. Unser Taxifahrer jagte los und fuhr im Slalom auf vier Spuren vorbei an Lastwagen, vollbeladenen Kleintransportern, Mopeds und Dreirädern. Die Sonne ging bereits am diesigen Horizont unter und tauchte den Himmel in ein nebeliges Gelborange. Nach etwa vier Kilometern wandte sich Marc zu uns um. »Da links. Könnt ihr das Gebäude sehen? Decathlon, das ist ein riesiges Sportgeschäft, und daneben ist Carrefour.« Man konnte die großen Lettern auf dem Dach des Gebäudes lesen. »Der

Supermarkt befindet sich in einer Art Shoppingmall. Es gibt unzählige kleine Nippes-Läden mit buntem Chinaramsch und verschiedene Schnellrestaurants.«

Kaum hatten wir die Einkaufsmall betreten, fühlte ich mich wieder latent gestresst. Aus Lautsprechern dröhnte und schnarrte chinesische Elektromusik, und aus verschiedenen Ecken ertönte eine schrille, quäkende Stimme. »Ist das laut.« Am liebsten hätte ich mir die Ohren zugehalten. Jonas und Johanna taten dies bereits. »Papa, warum sind hier so viele Leute?«, schrie Jonas. »Hier sind nur Chinesen! Keiner sieht so aus wie wir«, rief Johanna. Marc und ich stachen durch unsere Größe hervor, und Johanna und Jonas leuchteten förmlich mit ihren weißblonden Haaren in dem Gewimmel von schwarzen Köpfen. »Warum müssen denn ausgerechnet jetzt noch so viele andere Menschen hier sein?«, fragte ich Marc. »Ist heute irgendetwas Besonderes los?«

»Ich glaube, daran werdet ihr euch gewöhnen müssen. In China ist es immer voll.« Er lächelte uns an.

Im Gegensatz zu mir schienen die Chinesen ganz entspannt zu sein. Beinahe schlendernd schoben sie sich durch die Gänge, als ob sie sich gerade in einem Park zum Sonntagsspaziergang verabredet hätten. Sie redeten und lachten. Auf jeden Fall wirkten sie gut gelaunt.

»Mama, die haben aber komische Klamotten an«, raunte Johanna mir zu. Die Frauen und Mädchen trugen lustige bunte Kleidung mit glitzernden Pailletten, Schleifchen und Rüschen oder großen »Hello Kitty«-Aufdrucken.

»Die sind ja alle winzig. Ich fühle mich wie ein Storch«, sagte ich zu Marc. »Ich bin eindeutig unübersehbar.«

Meine Größe verschaffte mir jedoch auch einen Vorteil. Ich hatte einen guten Überblick. So konnte ich wenigstens die Produkte hinter den vielen Köpfen sehen. »Mannomann. Ist ja Wahnsinn! So viele Menschen.« Ich kam aus dem Staunen nicht mehr heraus. Schweißgeruch machte sich breit.

Marc erklärte: »Der Laden ist so sortiert wie bei uns Kaufland. Zunächst kommen die Elektronikwaren, dann die Haushaltswaren und Klamotten. Oben gibt es Kosmetika und Lebensmittel.«

Wir betraten den Supermarkt, wo wir abermals mit wahnsinnig lauter chinesischer Musik in Empfang genommen wurden. Am Ende des Ganges entdeckte ich eine schöne große Wok-Pfanne.

»So eine Pfanne wollte ich schon immer haben. Was kostet die denn? Umgerechnet 25 Euro? Das ist ja superbillig. Toll!« Ich war beglückt. »Und mit einer Pfanne kann man wenigstens Spiegeleier braten. Verhungern werden wir also nicht.«

Dann kam die Putzabteilung. Nun wurde es schon schwieriger. »Hm, die Reinigungsmittel sehen irgendwie alle gleich aus. Lass uns mal schauen, was draufsteht.« Mein Glücksgefühl schwand. »Ist das nun Möbelpolitur oder Entkalker? Wäre vielleicht ganz hilfreich zu wissen.« Es dauerte seine Zeit, bis wir eine Grundausstattung für die Haushaltspflege zusammenhatten. Viel schwieriger als das Erraten, was sich in den Flaschen befand, war jedoch die Kommunikation mit den Mitarbeiterinnen, die zu Dutzenden in gelben Poloshirts herumstanden. Sie beäugten uns lächelnd, drehten sich verschämt weg, wenn wir sie ansahen, und tuschelten hinter vorgehaltener Hand. Sekunden später lachten sie lauthals los.

»Ich werde das Gefühl nicht los, dass die über uns lachen, Papa, was meinst du?«, fragte Jonas.

Mir war unbehaglich zumute. Was war denn an uns

so komisch? Plötzlich kamen zwei Mitarbeiterinnen auf uns zu und fragten uns etwas. Zwar wollten sie uns helfen, aber unser Einkauf zog sich durch sie nur unnütz in die Länge, da wir ja kein Chinesisch sprachen. Wir kommunizierten mit Händen und Füßen. Woraufhin sie sich wieder anschauten und loslachten. Als wir begriffen, dass unsere Pantomime wirklich gar nichts brachte, gingen wir schnellen Schrittes weiter, um sie abzuschütteln. Sie dackelten uns jedoch hinterher und redeten auf uns ein. Nach einer Weile folgten uns fünf Mitarbeiterinnen. Sie redeten und kicherten. Immer wieder berührten sie die Haare unserer Kinder und kicherten erneut. »Boah, so langsam stresst das, Mama«, beklagte sich Jonas. Johanna fand das Spektakel anscheinend ganz lustig und fühlte sich geschmeichelt, dass andere sie so für ihr Haar bewunderten. Schließlich gelangten wir zu einer Rolltreppe. Dort wurden wir unsere Verfolger endlich los. Als wir jedoch nach vorne blickten, sahen wir am Ende der Rolltreppe schon die nächsten auf uns lauern. »Haben die sich abgesprochen?« Unaufhaltsam näherten wir uns der Armada. Jeweils zwei Männer zogen einen Kunden-Einkaufswagen von der Treppe. »Warum machen die das?«, fragte ich Marc. »So schwer ist es auch nicht, mit dem Wagen von der Rolltreppe zu kommen.« »Vielleicht eine Arbeitsbeschaffungsmaßnahme«, überlegte Marc laut. »Ist ja jetzt auch nicht so wichtig. Gleich wird's spannend. Passt auf!«, rief er.

Unbehelligt gelangten wir in die Kosmetikabteilung. »Hey, hier gibt's ja auch El-Vital-Produkte! Und Duschdas, Colgate, Oil of Olaz. Super!« Ich war erleichtert. Beim näheren Betrachten der Produkte fragte ich mich allerdings, was genau sich in den Dosen und Tuben befand. »Alle Beschreibungen sind auf Chinesisch«, sagte ich enttäuscht.

»Ist ja irgendwie auch klar, wir sind schließlich in China! Oder?« Marc zwinkerte mir zu. So griffen wir nach Tuben und Dosen, die uns nicht allzu suspekt erschienen. Erst Wochen später begriff ich, dass fast alle Pflegeprodukte sogenannte »Whitener« beinhalteten, um die Haut »schön weiß« werden zu lassen …

Plötzlich sagte Johanna: »Irgendwie riecht es hier komisch. Oder?« In der Kosmetikabteilung machte sich ein ganz eigentümlicher Geruch breit. Süßlich, säuerlich, fischig, faulfleischig. Es war schwer zu beschreiben. Marc wurde immer euphorischer. »Jetzt kommt gleich die spannende Abteilung!« Die Kinder und ich rümpften die Nase. Wir passierten endlose Regalreihen mit Trockenpilztüten, Ölflaschen, Reissäcken und Zuckertüten. Alle möglichen getrockneten Dinge, die sich in Vakuumverpackungen befanden: Hühnerköpfe, Hühnerfüße, Entenzungen, Schweineköpfe, geräucherte Schweinefüße und viele andere Absurditäten. Wer sollte beziehungsweise wollte das essen? Ich konnte mir nicht vorstellen, dass dies alles Produkte des Alltags waren. Wieder stellte ich fest, dass ich mich zu wenig über chinesische Bräuche und Essgewohnheiten informiert hatte.

Die Musik, die in einer Dauerschleife im Hintergrund lief, wurde nun von lautem Geschrei aus verschiedenen Richtungen übertönt. Frauen priesen mit Flüstertüten Waren an. »Mama, schau mal!« Johanna zog mich am Arm. Ich drehte mich um und sah, wie eine Mutter ihr kleines Kind hochhob, so dass es bequem auf den Boden pinkeln konnte. Daran schien sich aber keiner zu stören. Die Menschen schlenderten gut gelaunt an dem pinkelnden Kind vorbei. Plötzlich tauchte eine Putzkraft auf, wischte mit ihrem Wischmopp die Pfütze weg und verteilte die Brühe auf dem Gang. Danach ging sie seelenruhig weiter und wischte im nächsten Gang. Mit demselben Wischmopp. Ohne ihn vorher ausgespült zu haben. Angewidert schauten wir uns an. Die Musik schnarrte. Hinter uns begann ein Pärchen lautstark zu streiten. Sie schrien sich an – aber auch das schien niemanden zu interessieren. Wir gingen weiter, vorbei an riesigen Wannen mit Reis, an denen Kinder Reiskörner durch ihre Finger rieseln ließen.

»Hey, Mama, da gibt's Reis. Wollen wir heute Reis kochen? Ich kann den ja in so eine Tüte füllen. Wie viel brauchen wir?« Johanna hielt schon die Schaufel in der Hand. In Sekundenschnelle stellte ich mir vor, wer heute oder in den vergangenen Tagen womöglich schon seine Finger in dem Reis gehabt hatte, und vor allem, was er davor damit angefasst hatte.

»Nein!«, rief ich. »Nein! Diesen Reis nehmen wir nicht. Lieber schleppe ich so einen Zehn-Kilo-Sack nach Hause und esse die nächsten Monate jeden Tag Reis.«

Enttäuscht ließ Johanna die Schaufel in die Reiskörner zurück fallen.

»Marc. Was sollen wir denn nun heute Abend essen? Ich habe noch keine Eier gesehen, aus denen wir Spiegeleier machen könnten. Trockener Reis ist irgendwie auch nicht so lecker. Wir könnten natürlich Trockenpilze oder Mondkuchen essen, Schweinefüße oder diese Schildkröten hier.« Ich zeigte auf einen Plastikbottich, in dem Schildkröten übereinanderkrabbelten. Verzweiflung machte sich in mir breit. Daneben schnappten noch lebende Krabben mit ihren Zangen um Hilfe. Sie waren mit einer Schnur in Bündeln zusammengebunden und lagen auf Eis.

»Schaut euch doch mal um. Wo sieht man so etwas in Deutschland im Supermarkt? Und die Früchte! Drachenfrüchte, Mangos, Litschis, Papayas. Und das alles zu diesem Preis«, erwiderte Marc, meine Frage ignorierend. »Ganz ruhig«, fügte er hinzu. »Da hinten ist die Feinkostabteilung für Europäer. Da gibt's auch Spaghetti und Tomatensoße!«

Endlich waren wir in der kleinen Abteilung angelangt, wo man ein paar Westprodukte kaufen konnte. Zügig griff ich in die Regale und warf Spaghetti, Tomatensoße und Müsli in den Wagen, als ob Schlussverkauf wäre. »Kinder, das Frühstück ist gerettet. Es gibt Nutella«, rief ich freudig aus und griff nach dem Glas. Da entdeckte ich den Preis. »Umgerechnet 8,50 Euro?« Marc schaute mich mitleidig an. »Egal«, sagte ich. »Zur Not ernähre ich mich zwei Jahre lang von Spaghetti und Nutella, bevor ich an einer Schweinenase oder an Hühnerfüßen nage.«

Zwei Jahre. Nachdem ich es ausgesprochen hatte, wurde mir klar, dass es zwei lange Jahre werden konnten.

9.

Unsere Ayi

Ayis hatten in China sehr vielfältige Aufgaben. »Ayi« hieß wörtlich »Tante«, machte aber im Sprachgebrauch unmissverständlich klar, dass es sich um eine Person handelte, die für alle möglichen Arten von Hilfsdiensten angestellt war. In Schanghai gab es viele Ayis. Putzayis in öffentlichen Gebäuden. Straßenayis, die die Gehwege fegten und sauber hielten. Kinderayis, die Kindermädchen waren. Busayis, die in Schulbussen darauf achteten, dass die Mädchen und Jungen auf ihren Plätzen sitzen blieben.

Viele dieser Ayis kamen nicht direkt aus Schanghai, sondern aus anderen Provinzen Chinas. Dort lebten ihre Kinder und Männer. In regelmäßigen Abständen schickten sie Geld nach Hause, und einmal im Jahr fuhren sie heim. Als ich zum ersten Mal von ihrem Leben hörte, konnte ich es kaum glauben. Es erschien mir zu unmenschlich. Oftmals waren auch die Männer nicht bei den Kindern, sondern blieben, wo immer sie Arbeit fanden. Als Wanderarbeiter zogen sie durch das Land und lebten unter erbärmlichen Bedingungen. Ihre Kinder wuchsen dann bei den Großeltern auf.

Unsere Ayi mit Namen Ke war nicht so glücklich über unsere Einkäufe. Sie wollte auch so einen schrecklichen Wischmopp haben und andere Lappen und Putzzeug. Mit Händen und Füßen versuchten wir uns zu verständigen. Dabei lachte sie ununterbrochen. »Ich hole jetzt einfach einen Zettel, und dann male ich es ihr auf«, rief ich Marc zu, der sich galant zurückgezogen hatte und sich von fern über unsere Konversation in der Küche amüsierte. Lang ausgestreckt lag er auf der Couch, das Gesicht in einem Schanghai-Reiseführer vergraben, und wackelte mit den Füßen. Für ihn gab es eindeutig Interessanteres als eine Pantomime über Putzutensilien. Nachdem die Ayi und ich verzweifelt versucht hatten, auf einen Nenner zu kommen, schlug ich vor, gemeinsam zu Carrefour zu fahren. Ich zeigte auf sie und auf mich und tat dann so, als ob ich ein Auto lenken würde. »Tschallefu«, sagte ich. Wieder lachte sie. »Okela« (okay), erwiderte sie dann. Also gingen wir zur Straße und saßen dann schweigend nebeneinander im Taxi. Immerhin konnte die Ayi mit dem Taxifahrer sprechen. Sie hatten ihren Spaß und lachten und lachten. Plötzlich fühlte ich mich stumm und taub. Ich beschloss, so schnell wie möglich Chinesisch zu lernen.

Bei Carrefour kommunizierten wir beide dann wie Taubstumme, mit Lauten und Zeichen. Das Ganze war so unendlich komisch, dass uns nichts anderes übrigblieb, als darüber zu lachen. Wir beluden den Einkaufswagen, bis nichts mehr hineinpasste, und schleppten die Sachen zum Parkplatz. Da standen wir nun. Es hatte angefangen zu regnen, und weit und breit war kein Taxi in Sicht. Wenn es regnete, das erfuhr ich viel später, war es in Schanghai so gut wie unmöglich, ein Taxi zu bekommen. Plötzlich fuhr ein eigentümlich aussehendes älteres Männlein mit einer blauen Elektromoped-Rikscha vor. Er stammelte irgendetwas. Ganz offensichtlich war er etwas zurückgeblieben und auf einem Auge blind. Die Ayi handelte anscheinend einen Preis für die Fahrt zu unserem Compound aus. Es blieb mir nichts anderes übrig. Ich musste wohl mit diesem winzigen skurrilen

Gefährt und dem noch skurrileren Fahrer nach Hause fahren. Es hieß also: zusammenquetschen und übereinanderstapeln. Wir beide saßen aneinandergepresst nebeneinander, ein Berg Utensilien stapelte sich vor unseren Füßen: Wäscheständer, Staubsauger, Eimer, Wischmopp, Weichspüler, Waschmittel und so weiter. Mit Tempo zwei begaben wir uns auf unsere Reise. Schon wieder dachte ich: »Wie absurd das alles ist. Wo bin ich? Was mache ich? Und wer um Himmels willen chauffiert mich gerade durch den wilden Verkehr von Schanghai?« Es ging nicht anders. Ich musste einfach ganz laut lachen.

Nach 20 Minuten kamen wir unversehrt zu Hause an. Nachdem unsere Einkäufe verstaut waren, machte sich die Ayi mit ihrem winzigen Elektroroller, Hello-Kitty-Helm und rotem Regenponcho auf den Heimweg. Ich sank auf die Couch. »What a day«, sagte ich zu Marc. »Wenn schon das normale Einkaufen zu einem solchen Stress ausartet, wie um Himmels willen sollen wir Betten für Jonas und Johanna finden? Sie können ja unmöglich zwei Jahre in einem Ehebett schlafen.«

»Wir können doch zu IKEA fahren, da hab ich ja auch das Geschirr und das Bettzeug geholt«, schlug er vor.

»Stimmt, daran hatte ich gar nicht gedacht. Na, dann ist ja alles geritzt. Am besten machen wir das gleich nächstes Wochenende«, sagte ich und schloss die Augen, bereit zu einem wohlverdienten Mittagsschlaf.

In Expat-Kreisen hatte sich herumgesprochen, dass Ayis zwar oft wirklich gute Seelen waren, es jedoch nicht wenige unter ihnen gab, die das eine oder andere einsteckten, die ein Nickerchen hielten, wenn die Dame des Hauses nicht daheim war, oder Freundinnen einluden, wenn das Haus in den Ferien leer stand, um mit ihnen fernzusehen oder Partys zu feiern.

Insgesamt erhielten Ayis einen sehr geringen Lohn,

ganz gleich, ob sie nun bei Expats oder bei Chinesen arbeiteten. Gewiss war dies auch der Grund, warum einige von ihnen von heute auf morgen nicht mehr erschienen, wenn sie woanders einen besseren Lohn angeboten bekamen. Man erzählte sich viele Geschichten über Ayis, und leider haftete ihnen nicht unbedingt ein ehrbarer Ruf an.

Es dauerte sehr lange, bis ich unserer lieben Ayi gegenüber meine Skepsis abgebaut und begonnen hatte, mit ihr über ihre und meine Familie zu sprechen. Natürlich war die Sprache der größte Hemmschuh. Also zeigte ich ihr Fotos von unserer Heimat und von Freunden und Verwandten und versuchte, das minimale gebrochene Chinesisch, das ich bis dahin gelernt hatte, anzuwenden. Das Wörterbuch lag immer griffbereit. Sehr geduldig wartete Ke stets, bis ich das passende Wort gefunden hatte, und versuchte zu erraten, was ich ihr sagen wollte. Eines Tages fragte ich sie kurz entschlossen, ob wir sie nicht einmal besuchen dürften. Ich wollte sehen, wie sie lebte. Ich konnte nicht mit dem Gedanken daran leben, dass sie womöglich in einer Bretterbude hauste und jeden Tag in unser Haus kam, das ihr wie ein Palast vorkommen musste. Sie war etwas erstaunt, aber zu höflich, um diese Anfrage abzulehnen.

Ich freute mich sehr, als ich sah, dass sie mit ihrem Mann und ihrem Sohn in einer gemütlichen Wohnung wohnte. Wir hatten nach deutschem Höflichkeitsempfinden Blumen mitgebracht, wofür sich Ke überschwänglich bedankte.

Ihr Mann hatte für uns gekocht, und so saßen wir gemeinsam am Esstisch und knabberten Hühnerbeine, aßen Reis und mehrere sehr schmackhafte Gerichte, die ziemlich scharf waren, wie es in der chinesischen Küche üblich war. Und wir schwiegen. Denn wir konnten ja überhaupt nicht miteinander kommunizieren. Wir sprachen kein Chinesisch und sie kein Englisch oder Deutsch. Aber wir alle gaben uns Mühe, unserem Gegenüber ein gutes Gefühl zu geben. Es war eine äußerst skurrile Situation. Zufrieden war ich abends mit Marc und den Kindern wieder nach Hause gefahren. Ich wusste nun, dass es Ke und ihrer Familie gutging.

Inzwischen hatte ich gelernt, dass es schwer war, persönliche Beziehungen zu Chinesen aufzubauen. Es war also etwas Besonderes, dass wir bei Ke und ihrer Familie essen durften. In der Regel war es auch unter Chinesen nicht üblich, sich gegenseitig nach Hause einzuladen. Man traf sich eher außerhalb der Wohnung, in Restaurants oder in Parks. Dort konnte es dann sehr herzlich zugehen.

Die Beziehung zu Ke blieb auch nach diesem Treffen distanziert, obgleich freundlich. Sie erzählte mir immer mal wieder von ihren Verwandten und ich ihr von meinem Leben in Deutschland.

Ich begriff zusehends, dass nicht nur die Sprache und das Essen in China ganz anders war als in Deutschland. Auch die zwischenmenschlichen Beziehungen wurden anders geführt und spielten eine gänzlich andere Rolle im Leben der Chinesen. Prinzipiell war man sich selbst stets am nächsten. Das ließ sich etwa beim Anstellen in Schlangen oder im Straßenverkehr beobachten, wo jeder den für sich schnellsten Weg suchte, ohne die anderen zu beachten.

Die Familie spielte aber auch hier eine große Rolle. Die Familie und das Wohl der Familienmitglieder standen über allem. Hier musste sich jeder einzelne der eigenen Position innerhalb der Familie entsprechend unterordnen, ohne Rücksicht auf eigene Interessen zu nehmen. Innerhalb der Familie sprach man sich mit der Familienposition an, etwa so: »Älterer Bruder der Mutter, könntest du mir das Wasser geben?«

Ich hatte unsere Ayi ganz zu Beginn nach ihrem Namen gefragt, weil ich sie gerne so ansprechen wollte. Erst viel später erfuhr ich, dass es absolut unüblich, wenn nicht anstößig war, Ayis bei ihrem Namen zu nennen. Zunächst rief ich sie also oft »Ke«. Ich habe nie herausgefunden, ob es sich dabei um ihren Vor- oder Nachnamen handelte. Schließlich rief ich sie dann nur noch »Ayi«, was sie ganz eindeutig als angenehmer und angemessener empfand. Andersherum sprach sie mich auch stets mit »Taitai« an, was so viel wie »Dame des Hauses« hieß.

Immer wieder machte ich mir Gedanken über ihren geringen Lohn. Würde ich ihr das Doppelte zahlen, könnte ich sicher sein, dass mir bereits am folgenden Tag Expat-Taitais und chinesische Taitais die Tür einrennen und mich lynchen würden. Also machte ich, was viele Expat-Taitais taten: Ich schenkte ihr ausrangierte Kleidung und Schuhe und schickte sie nach Hause, wenn sie ihre Arbeit erledigt hatte.

So schön es auch war, jemanden zu haben, der alles sauber hielt, ich konnte mich nicht daran gewöhnen, permanent jemanden im Haus zu haben, der nicht zur Familie gehörte. Mit dieser Haltung näherte ich mich dem chinesischen Verständnis von einem Zuhause an. Vielleicht passte ich doch besser in dieses Land als gedacht.

10.

Idscha

Ja, selbst in China gibt es IKEA. Aber die schwedische Möbelkette wird wie das Wort Carrefour anders als überall auf der Welt ausgesprochen, nämlich »Idscha«.

Die chinesische Sprache besteht aus Silben, die jede für sich eine Bedeutung haben. Jede Silbe kann vier verschiedene Betonungen haben und bedeutet demnach auch viermal etwas anderes. Wörter oder Namen, die aus der westlichen Hemisphäre stammen und in die chinesische Sprache aufgenommen werden, erhalten eine Lautung, in der jeder Silbe eine eigene Bedeutung zukommt. Chinesen sind sehr kreativ und geben Menschen, Dingen, Gebäuden oder Parks gerne Namen, die zum einen schön klingen und zum anderen etwas über das Bezeichnete aussagen. So bedeutet IKEA, Idscha, »angenehmes Zuhause«.

Die Preise bei Idscha entsprachen nach chinesischem Empfinden einem Möbelhaus der sehr gehobenen Preisklasse. Das konnte ich nun so gar nicht nachvollziehen. Ohne IKEA hätten wir in Studententagen in Pappkartons gehaust.

Jedenfalls brauchten wir ein Bett. Vielmehr zwei. Also machten wir uns auf den Weg. So wie viele, viele andere Menschen an einem Wochenende in Schanghai.

»Sieht es da aus wie in unserem IKEA?«, fragte ich Marc.

»Es sieht haargenau so aus wie bei uns«, erwiderte er.

»Ich kann's nicht fassen. Gibt es da auch Kötbullar mit Kartoffeln und Preiselbeeren?« Das Wasser lief mir im Mund zusammen. Seit unserer Ankunft hatten wir noch nichts wirklich Leckeres gegessen. »Ich will dahin.« Die Kinder stimmten zu, waren jedoch nicht allzu begeistert, da sie mittlerweile wussten, dass Unternehmungen solcher Art immer in stundenlange Ausflüge und anstrengende Taxifahrten ausarteten. »Aber wie machen wir dem Taxifahrer verständlich, wo wir hinwollen?«

»Ich zeig dir mal was.« Marc machte den Computer an. »Es gibt eine Seite, die heißt *Smart Shanghai*, und da findest du alle möglichen Adressen. Und das Beste: Da gibt es dann auch immer einen Taxi-Printout mit den chinesischen Zeichen zum Ausdrucken.« Fasziniert beobachtete ich Marc dabei, wie er die Adresse auf Chinesisch ausdruckte. Als ich den Zettel in der Hand hielt, verspürte ich große Erleichterung. Im selben Moment wurde mir klar, dass es hier wohl nie ein einfaches Drauflosfahren geben würde. Es sei denn, ich wollte mich auf eine Abenteuerfahrt einlassen. Oder ich lernte im Handumdrehen Chinesisch.

Mit dem Taxi-Printout gewappnet, bestiegen wir schließlich einen Wagen, der uns wieder kreuz und quer durch die Stadt fuhr.

Unsere T-Shirts klebten uns bereits nach kurzer Zeit am Körper. Beide Kinder schauten apathisch aus dem Fenster. Wieder einmal standen wir im Stau.

»Egal, wo wir hinfahren, immer ist Stau. So langsam nervt das«, stöhnte Jonas.

»Sie bauen eben für die Expo im nächsten Jahr. Da soll alles fertig sein. Es gibt dann sogar neue Taxis, VW Tourans. Und die U-Bahn-Linie wird bis zu unserem Compound ausgebaut. Dann können wir auch mit der U-Bahn in die Stadt fahren«, erläuterte Marc.

»Schon Wahnsinn, was die bauen. Ich habe den Eindruck, die bauen die ganze Stadt neu. Meinst du, die werden überhaupt bis zur Expo fertig?«, fragte ich meinen Mann.

»So wie ich das einschätze, ja. Schau mal, in Pudong stand vor fünfzehn Jahren noch gar nichts. Das war Sumpffläche. Und jetzt stehen da die höchsten Gebäude der Welt. Man wird sehen.«

»Papa, wann sind wir endlich da?«, jaulte Johanna. Schweiß troff von ihrer Stirn.

»Es ist nicht mehr weit.«

Zehn Minuten später erkannten wir die blauen Lettern auf gelbem Untergrund. Ein großes IKEA-Gebäude. Freude machte sich breit. Nach diesen Tagen der Exotik und Andersartigkeit, der Hektik und des Gedränges freute ich mich auf etwas Normalität.

»IKEA – wir kommen!«, rief ich, als ich aus dem Taxi sprang. Ich dachte an all die schönen Betten und die kuschelige Bettwäsche, die Sofas und lauschigen Ecken zum Probesitzen und natürlich an das Restaurant, wo man entspannt plaudern und die Kinder in der Spielecke toben lassen konnte.

Diese Vorstellung zerplatzte innerhalb weniger Sekunden, als ich die Menschenmassen vor dem Eingang sah, die sich in das Gebäude hineinschoben. Es war Samstag, 11.30 Uhr. Die Zeit, zu der auch Chinesen zu IKEA zu gehen schienen.

Während wir die Rolltreppe hochfuhren, die Haare der Vorderfrau in der Nase, dämmerte mir langsam, warum so viele Menschen zu IKEA wollten. Das Möbelhaus war eben gemütlich und lud zum Sitzen, Liegen, Lümmeln und Schlafen ein. Und die Klimaanlage sorgte für eine angenehme Temperatur.

Kaum hatten wir die Rolltreppe verlassen, erstarrte ich. Wenn sich die Chinesen nicht in den Gängen drängten, saßen, lagen oder schliefen sie auf Stühlen, Sofas und Betten. Kein Platz war frei, die Möbel unter all den Menschen kaum noch sichtbar.

Wir schoben uns durch die Massen und entdeckten nichts, was uns gefiel – völlig untypisch für einen IKEA-Besuch. Ich glaube, wir befanden uns in einer Art Schockzustand. Schließlich kamen wir zum Restaurant. Leichte Hoffnung flackerte auf, die jedoch wenig später verpuffte.

Die Kötbullar zerbröselten in meinem Kopf zu Hackfleisch, verschwanden schließlich ganz aus meinem Vorstellungsvermögen.

»Raus hier, Marc! Ich will einfach nur raus«, rief ich.

Wir ließen die SB-Halle hinter uns. Keiner von uns wagte etwas zu sagen. Zu sehr konzentrierten wir uns darauf, einen Weg hinaus zu finden.

»Endlich! Da vorne! Raus!«, rief ich erneut.

Wir setzten uns ins nächste Taxi und fuhren schweigend nach Hause.

»Dieser Ausflug hat sich ja echt gelohnt«, stöhnte Jonas.

***

Wir gaben nicht auf. Es half nichts. Wir brauchten Betten und eigentlich auch Schreibtische für die Kinder.

»Ich hab da was im Internet gefunden«, rief Marc am Abend des erfolglosen IKEA-Tages. »Hier gibt es ein Möbelhaus. Es heißt Maccaline. Das hat zwölf Stockwerke und ein riesiges Sortiment. Da muss es doch was für uns geben.« Marc scrollte über die Homepage. »Was ist das denn?«, fragte ich ihn. »Ein ›indoor djungle for kids‹? Über drei Stockwerke?« Ich schaute ihn entgeistert an. »Allein deswegen müssen wir schon dahin. Das klingt total abgefahren.«

Am nächsten Morgen wollten wir früh losziehen, in der Hoffnung, dass es ein wenig kühler sein würde.

Um neun Uhr morgens zeigte das Thermometer 37 Grad.

»Kühlt diese Stadt jemals ab?«, fragte ich hoffnungslos und schaute gequält aus dem Fenster.

Kaum standen wir vor der Tür, rann uns bereits der Schweiß herunter. Es war wieder einmal drückend schwül. »Na los. Es hilft nichts. Wir brauchen nun mal zwei Betten, und außerdem wollen wir zum Indoor-Dschungel«, köderte Marc die Kinder und mich.

Wieder im Taxi, wieder ging es im Slalom vorbei an Baustellen und auf die Hochstraße, wieder standen wir im Stau.

»Am besten, wir halten jetzt einfach ein kleines Nickerchen. Dann vergeht die Fahrt schneller«, schlug ich vor. Dies wurde fortan unser Rezept für Endlostaxifahrten. Wer wusste schon, was einen am Ziel erwartete? Für Überraschungen war es gut, erholt und wach zu sein.

Nach einer Stunde waren wir endlich da und kletterten schweißgebadet aus dem Taxi. Vor uns erhob sich ein gigantisches Gebäude.

»Ob wir das an einem Tag schaffen?«, fragte ich Marc etwas eingeschüchtert. »Aber wenigstens treiben sich hier nicht so viele Menschen herum. Das lässt hoffen.«

Wir betraten den Möbelpalast.

Er bestand aus Tausenden von winzig kleinen Einzelgeschäften mit einem sehr speziellen Sortiment. Die Angebote waren absurd: ausladende Sofas mit utopisch hohen Lehnen im Vintage Style in den fürchterlichsten Farben und Mustern. In diesen Polstern mussten die kleinen Chinesen doch versinken. Die meisten Geschäfte hatten sich auf Möbel im Barockstil spezialisiert. Verschnörkelte Rahmen, Blumenstoff, Plüsch, Samt.

»Mama? Ich glaub, hier finden wir kein Bett für mich«, warnte Johanna.

»Denkst du, für mich?«, warf Jonas sofort ein. »Das ist alles einfach superkitschig und – tut mir leid, Papa – total HÄSSLICH!!!«

So fuhren wir schneller als gedacht ein Stockwerk nach dem anderen hinauf. Da entdeckten wir den Dschungel. Pinkfarbene Bäume und glitzernde Pflanzen blinkten um die Wette. »Komm, Johanna. Lass uns da mal reingehen. Cool«, rief Jonas. Und schon waren sie weg. »Na gut«, riefen wir den beiden hinterher, »wir holen euch dann in einer Stunde wieder hier ab.« Die Kinder verschwanden im Glitzerdschungel, und wir machten uns auf die verzweifelte Suche nach Betten.

Nach fünf weiteren Stockwerken und drei weiteren Stunden hatten wir endlich zwei Betten bestellt. Sie waren ein Kompromiss. Johanna hatte zusätzlich noch eine Schlafcouch und einen Schreibtisch abgestaubt.

Wieder schwangen wir uns ins Taxi und machten uns erschöpft, aber auch zufrieden auf den Heimweg.

Während die anderen drei auf der Heimfahrt wieder ein Nickerchen machten, schaute ich etwas betrübt aus dem Fenster. Alles erschien so unendlich mühsam. Und draußen war es wieder einmal diesig grau. Und so heiß. Am liebsten hielt man sich im Haus auf. Wie lange würde das noch so gehen? Wann würden wir draußen sitzen und grillen oder einen Kaffee trinken können, ohne dahinzuschmelzen oder von Moskitos zerstochen zu werden? Ich fühlte mich wie ein Vogel im goldenen Käfig. Ich versuchte mir Mut zuzusprechen. Bestimmt würde in ein paar Wochen die Welt schon ganz anders aussehen. Hier war einfach nichts, wie ich es kannte. In meinen kühnsten Träumen hätte ich mir das so nicht ausmalen können. Ich brauchte einfach ein wenig Eingewöhnungszeit.

11.

Es geht los

Die Galgenfrist war abgelaufen. Die freien Tage waren vorbei. Zumindest für Marc und mich. Nun war es so weit. Alles, was wir bis zum heutigen Tage nicht erledigt hatten, musste erst einmal warten. Denn heute sollten wir zum ersten Mal an die Schule, um neue Kollegen zu treffen und mit Informationen überhäuft zu werden. Eine Menge Einführungsveranstaltungen standen auf dem Plan. Treffen mit dem Schulleiter, mit seinem Stellvertreter, mit dem pädagogischen Koordinator und dem Mittelstufenkoordinator, mit dem Grundschulleiter und der Kita-Leitung, mit dem Verwaltungschef und dem Chef der PR-Abteilung, mit dem Leiter der AGs am Nachmittag und mit dem Küchenchef. Die Liste nahm kein Ende. Die Deutsche Schule Shanghai schien ein Großunternehmen zu sein. Tausend Kinder aus Kita, Grund- und Oberschule tummelten sich auf dem Schulhof und teilten sich das Gebäude mit weiteren tausend Kindern der Französischen Schule. Daher hatte der Schulkomplex auch den Namen Eurocampus erhalten.

Gesellige Höhepunkte der Einführungstage würden eine Stadtrallye und ein Grillabend auf dem Schulbalkon sein. Wenn das kommende Schulhalbjahr geplant und die Stundenpläne verteilt waren, würde die Schule ihre Pforten zum Tag der offenen Tür öffnen, und die Familien der neuen Schüler bekämen die Möglichkeit, das Gebäude, Mitarbeiter, Mitschüler und Lehrer kennenzulernen. Das Ganze hörte sich zwar sehr umfangreich, aber auch sehr durchdacht an. Auf diese Weise konnte das Schuljahr entspannt beginnen, da viele organisatorische Dinge und auch Unterrichtsinhalte im Vorhinein geplant und festgelegt waren. Das alles kam Marc und mir sehr entgegen. Aus Berlin waren wir chaotische Schuljahresanfänge gewöhnt, bei denen die Schule stets unterbesetzt ins neue Halbjahr startete – mit der Folge, dass es am ersten Schultag nur provisorische Stundenpläne gab. Oft gab es die Stundenplan-Varianten 1, 2, 3, und erst nach drei Wochen wusste man endlich, in welchen Lerngruppen man was unterrichtete.

Bauchschmerzen bereitete mir lediglich die Tatsache, dass die Kinder in den kommenden Tagen auf sich allein gestellt waren. Sie mussten bei der Ayi im leeren Haus bleiben. Mit schlechtem Gewissen verkündete ich also am Morgen unseres ersten offiziellen Arbeitstages: »Ich habe Nudeln vorgekocht. Wenn ihr Hunger habt, stellt ihr die in die Mikrowelle, ja? Tomatensoße steht im Kühlschrank.«

»Ja, Mama! Das hast du nun schon mindestens dreimal gesagt«, erwiderte Jonas. Er stand bereits in Badehose und mit Schwimmflossen im Flur, die Taucherbrille auf dem Kopf.

»Und schön vorsichtig im Schwimmbecken. Du passt auf Johanna auf, okay?«, mahnte ich.

»Und wenn was ist, ruft ihr uns an. Hier sind unsere Handynummern«, erklärte Marc. »Gegen 17 Uhr sind wir wieder da.«

»Also, bis dann. Und bleibt auf dem Compound-Gelände!«, fügte ich noch hinzu.

Schließlich zogen Marc und ich die Haustür hinter uns zu. Die Kinder winkten aus dem Fenster. Neben ihnen stand die Ayi und lachte und winkte ebenfalls.

»Schon komisch, die beiden hier so allein zu lassen, acht Stunden in einem leeren Haus mit einer Frau, die sie nicht verstehen und die ich gerade mal ein paar Tage kenne.« Ich schaute Marc besorgt an.

»Hast du einen besseren Vorschlag? Komm schon! Die beiden sind doch keine Babys mehr. Und was gibt es Besseres als acht Stunden Pool?« Er holte das Fahrrad aus der Garage. »Darf ich bitten?« Er bot mir seinen Gepäckträger an. Ich schmunzelte und setzte mich seitwärts darauf. Kreischend setzten wir uns in Bewegung. Das war ein Spaß.

Als wir den Compound verließen, winkten uns die Guards hinterher und lachten uns an. Ich musste grinsen. Wir gaben bestimmt ein komisches Bild ab. »Ist ja wie damals in der Grundschule«, rief ich nach vorn, während ich mich an Marc festklammerte, um nicht vom Gepäckträger zu fallen. Ich spürte seine Bewegungen, roch seinen Körper und seinen Duft. Ein Glücksgefühl durchströmte mich. Ich fühlte mich frisch verliebt wie ein Schulmädchen. Wir fuhren die Hauptstraße entlang. »Zhu Guang Lu«, sagte ich. »Was?« Marc drehte sich zu mir um. Er musste ganz schön strampeln. Sein Hemd klebte bereits an seinem Körper. Es war erst 7.30 Uhr, aber schon unglaublich schwül. »Zhu Guang Lu. Wir wohnen jetzt in der Zhu Guang Lu«, sagte ich noch einmal. »Wer hätte gedacht, dass wir mal in einer Straße wohnen, deren Namen ich kaum aussprechen kann. Das ist alles verrückt.« Ich grinste und schmiegte mich ganz fest an ihn. Ich konnte förmlich spüren, dass er auch grinste.

»So! Angekommen. Das ist sie. Die Deutsche Schule Shanghai.«

Ich stieg ab und bestaunte den Koloss aus gelben Backsteinen. Es war ein modernes, relativ verwinkeltes Gebäude mit vielen großen Fenstern. Hatte man das Wachhäuschen passiert, gelangte man durch Drehkreuze auf das Gelände. Über der breiten Treppe thronte ein riesiger Balkon. Daran war ein Banner befestigt worden: »Willkommen. Bienvenue. Welcome.«

»Ganz schön imposant«, entfuhr es mir. Beide betrachteten wir das Gebäude, in dem wir von nun an tagtäglich ein und aus gehen würden. Die Drehkreuze neben dem Wärterhäuschen waren überspannt von einem riesigen weißen Segeltuch. Es blendete und funkelte in der Sonne. Die Treppe nach oben war gesäumt von bunten Blumenkübeln. Ein großes Schild verkündete: »Deutsche Schule Shanghai. Eurocampus«. Darunter stand: »Lycée Français de Shanghai«.

Wir traten ein in eine angenehme Kühle. Klimaanlagen summten. Wir befanden uns in einer riesigen verglasten Halle, durch die man zum Schulhof gelangte. Auf dem Schulhof standen Kicker und Holzbänke. In der Halle führte zur Linken eine breite dunkle Holztreppe nach oben in den ersten Stock. Anscheinend wurde sie auch als Tribüne genutzt. Zur Rechten führte ebenfalls eine Holztreppe nach oben. Überall gab es lederbezogene Sitzmöglichkeiten. Im ersten Stock gab es eine Cafeteria, aus der es bereits lecker nach Kaffee roch. »Na komm!«, riss Marc mich aus meinen Gedanken. »Lass uns erst mal nach oben ins Lehrerzimmer gehen. Wir wollen ja nicht gleich am ersten Tag zu spät kommen.«

Das Lehrerzimmer glich einem Gewächshaus: Glasscheiben trennten es vom großen sonnendurchfluteten Lichthof, in dem viele Bambussträucher angepflanzt waren. Von hier aus ging es direkt auf den großen Balkon, den wir zuvor gesehen hatten. Von dort aus hatten die Lehrer den besten Überblick, was sich vor dem Schulgebäude so abspielte. Ich war überwältigt. So ließ es sich arbeiten.

»Das ist echt noch schöner als auf den Bildern.« Staunend schaute ich mich um. »Und sieh mal, da ist ein Strandkorb. Das wird mein Kaffeepausenplatz.« Ich lächelte Marc an. Er lächelte zurück.

Aus dem Lehrerzimmer drang Lachen und Plaudern. Wir betraten den Raum. Es dauerte keine Minute, und wir waren beide in nette Gespräche verwickelt. Die neuen Kollegen kamen aus Thüringen, Bayern, Baden-Württemberg, Berlin, Rheinland-Pfalz – eigentlich von überall in Deutschland, auch aus der Schweiz und aus Österreich.

Immer wieder musste ich mich kneifen, um mich zu vergewissern, dass ich nicht träumte. Wie sehr freute ich mich nun auf das Arbeiten mit diesen netten Kollegen und an diesem schönen, freundlichen Ort, wo alles möglich schien und ganz offensichtlich die Arbeit der Lehrer wertgeschätzt wurde. Schließlich wurden wir vom Schulleiter begrüßt und willkommen geheißen.

»Gemeinsam wagen, geborgen wachsen. Ich wünsche Ihnen und Ihren Familien, dass Sie Ihr gemeinsames Wagnis, ins Ausland, nach China, zu gehen, nicht bereuen werden. Dass Sie sich geborgen fühlen können an der Deutschen Schule Shanghai und in der deutschen Community. Scheuen Sie sich nicht, auf uns zuzukommen. Jeder von uns weiß, mit welchen Schwierigkeiten die Ankunft in diesem fremden Land verbunden ist, dessen Sprache die meisten von uns nicht verstehen. So, wie uns einmal geholfen wurde, helfen wir Ihnen. Wir sind ein Team. Und nun wünsche ich Ihnen und Ihren Familien einen guten Start in einen spannenden Lebensabschnitt und freue mich auf die Zusammenarbeit mit Ihnen.«

Nach dieser sehr motivierenden und freundlichen Ansprache wurden wir durch alle Räume geführt: Wir waren überwältigt von der Größe und Ausstattung der Sporthalle. Es gab ein eigenes Schwimmbad, ein Theater mit modernster Bühnentechnik, bestens ausgestattete Kunst- und Musikräume, eine riesige bunte Mensa und einen nigelnagelneuen Sportplatz. Eh wir uns versahen, war der erste Schultag vorbei, und ich saß wieder auf dem Gepäckträger von Marcs Fahrrad und ließ mich nach Hause strampeln. Während dieser Fahrt schwiegen wir. Wir waren ganz einfach überwältigt von den vielen Eindrücken.

Der Tag war nicht nur für uns vergangen wie im Flug. Als wir zu Hause ankamen, verputzten die Kinder gerade Nudeln mit Tomatensoße. Noch immer in ihren Badesachen, saßen sie mit ihren Tellern auf der Couch. Ihre nassen Haare klebten an ihren Köpfen. Unsere Ayi stand neben ihnen und lachte.

Marc schaute mich an. »Siehst du, alles halb so schlimm. Den Kids geht es doch super.«

Ich ließ mich neben sie auf die Couch fallen. Nun war ich doch ganz schön erschöpft.

»Und?«, fragte Jonas. »Wie war's?« Beide Kinder brannten darauf, alles über die neue Schule zu erfahren.

»Das wird bestimmt ganz toll. Da waren nur nette Lehrer. Bei denen hätte ich auch gerne Unterricht«, schwärmte ich. Die Kinder waren zufrieden.

»Wir waren den ganzen Tag schwimmen«, erzählte Johanna stolz. »Da waren auch noch andere Kinder aus England und Frankreich. Die waren echt nett.«

»Und wie habt ihr euch verständigt?«, wollte ich wissen.

»Das ging irgendwie. Und weißt du was? Der eine hat ein riesiges Trampolin im Garten. Da waren wir hüpfen. Ich kann jetzt einen Salto«, brüstete sich Jonas.

»Wie sieht's aus?«, fragte Marc. »Wollen wir noch einmal in die Stadt reinfahren?«

Wie aus einem Munde riefen wir anderen drei: »O nein!«, und schauten Marc entgeistert an.

Diese Frage war also geklärt. Zufrieden lächelte ich meinen Mann an, streckte mich bequem auf der Couch aus und fiel in einen tiefen Schlaf.

***

Nach zwei Stunden erwachten meine Lebensgeister wieder. Nun war es langsam Zeit für die Kinder, ins Bett zu gehen. Als die beiden zufrieden in ihren Betten schliefen, setzten Marc und ich uns noch einmal zusammen und plauderten über den Tag. Wir redeten hier so viel miteinander wie lange nicht mehr. Kein Computer, kein Telefon, kein Fernseher lenkte uns ab.

»Alle sind so aufgeschlossen und enthusiastisch«, hielt ich fest. Auch Marc war sichtlich zufrieden. »Und alle duzen sich, das ist auch ungewohnt. Wolfgang, der stellvertretende Schulleiter, und seine Frau Menia haben uns übrigens morgen zum Essen eingeladen«, berichtete er.

»Echt? Gleich nach der ersten Begegnung? Irgendwie ticken die Uhren hier echt anders«, entgegnete ich.

»Und weißt du was? Sie sind erst vor ein paar Tagen mit ihrer Tochter von einer vierwöchigen Südseereise zurückgekommen.«

»Wie aufregend! Ob wir so etwas auch mal machen können?«

Allmählich dämmerte mir, dass wir tatsächlich in eine ganz andere Welt eingetaucht waren. Eine Welt, in der plötzlich vieles möglich zu sein schien.

Meine Gedanken fingen an zu kreisen. »Vielleicht könnten wir sogar mal nach Thailand oder nach Bali? Das wäre so toll.« Ich kuschelte mich an Marc.

Vielleicht würden die zwei Jahre ja doch nicht so lang werden.

»Ich denke da noch an ganz andere Ziele«, erwiderte er. Wieder hatte seine Stimme diesen bestimmten Unterton. Diesmal aber beunruhigte er mich nicht. Ich spürte, wie glücklich Marc war. Ich genoss den Augenblick. Die Anstrengungen der letzten Wochen und Monate schienen sich gelohnt zu haben. Noch ein paar Tage, und dann ging die Schule so richtig los. Wie wohl die Schüler waren? Und wie die Eltern? Wie die restlichen Kollegen, die wir bald kennenlernen sollten?

Ich freute mich auf die nächsten Tage.

12.

Der erste Auftritt

Nun war es so weit. Am »Tag der offenen Tür« sollten die Klassenleiter, unter anderem Marc und ich, den neuen Schülern erzählen, wo der Hase hier so langlief. Sehr witzig! Wahrscheinlich hatten wir genau dieselben Fragen wie die Kinder.

Doch zuvor mussten wir uns dringend mit der Ayi verständigen, denn im Laufe des Tages sollte die Schlafcouch für Johannas Zimmer geliefert werden. Schwierigkeiten bei der Übermittlung dieser wichtigen Information waren vorprogrammiert. Wir probierten es zunächst mit Hilfe eines *Communication Guide with your Ayi* mit beigefügter Audio-CD, den Marc in einem Buchladen entdeckt hatte. Ich hatte mir die CD bereits angehört und kam über die ersten zwei Minuten nicht hinaus. Eine sanfte Stimme sprach Wörter vor, die man nachsprechen sollte. Die Ayi hatte mir zugehört und wieder einmal gelacht. Auch ich hatte lachen müssen, denn weder hörte sich mein Gestammel im Ansatz so an wie das auf der CD, noch wusste ich, was ich da eigentlich nachplapperte. Aus dem buch erfuhr ich, wie man sagte, mit welchem Lappen welcher Schrank geputzt, ob das Obst im Supermarkt oder beim lokalen Straßenmarkt gekauft oder ob der Herd von innen oder außen geschrubbt werden sollte. Nirgendwo stand etwas von einer Schlafcouch.

Also versuchte ich es auf meine Art. Erst ging ich ins Wohnzimmer, zeigte auf die Couch. Dann hielt ich die

Hände wie zum Schlafen an die Ohren und schloss die Augen, sagte »Johanna« und zeigte nach oben in den ersten Stock. Ich ging vor die Haustür, schloss die Tür und klingelte. Die Ayi machte mir auf, ich sagte »Ni hao«, zeigte auf ein Auto, machte »Brumm«, zeigte auf die Couch, ging nach oben in Johannas Zimmer und deutete auf die Stelle, wo die Couch stehen sollte.

Ich fand, dass ich eine sehr anschauliche Erklärung abgeliefert hatte.

Unsere Ayi schaute mich allerdings etwas entgeistert an.

Irgendwann klappte es dann mit der Verständigung. Auch, was sie einkaufen sollte, konnten wir klären. In dem Buch waren Früchte und viele andere Lebensmittel abgebildet.

Nach dieser Pantomime-Darbietung war ich völlig fertig.

Gemeinsam mit den Kindern machten wir uns auf den Weg zur Schule.

Alle Schüler und Eltern, die Marc und ich im Laufe des Tages kennenlernten, waren sehr nett. Es traten nicht nur neue Schüler in den Klassenräumen an, sondern auch alte, die darauf hofften, endlich ihre Mitschüler wieder zu treffen und von den Ferien berichten zu können.

Zu mir kamen im Wesentlichen ältere Schülerinnen und Schüler, da ich eine 11. Klasse unterrichten sollte. Nach und nach stellte sich heraus, dass die meisten von ihnen bereits seit Jahren hier zur Schule gingen und dass sie mir mehr über den Schulalltag erzählen konnten als ich ihnen.

Schließlich war der Vormittag um. Wir hatten uns mit den Kindern in der Mensa verabredet, um gemeinsam Mittag zu essen.

»Also, ihr beiden«, sagte Marc, »vergesst nicht, dass

wir um 15 Uhr, wenn alle Schüler und Eltern gegangen sind, noch einmal zu einer Sportfachkonferenz müssen. Ihr könnt dann in der Eingangshalle bleiben oder draußen bei den Klettergerüsten. Wir kommen so schnell wie möglich, und dann gehen wir nach Hause. Versprochen.« Die Kinder nickten. Eigentlich hatten sie jetzt schon genug. Aber was blieb ihnen anderes übrig?

Um 18 Uhr war die Konferenz endlich beendet, und ich stürmte in die Eingangshalle, wo Jonas und Johanna auf uns warten sollten. Ich hatte so ein schlechtes Gewissen. Fast den ganzen Tag hatten sie sich irgendwo im Schulgebäude mehr oder weniger allein beschäftigt. Ich fühlte mich wie eine Rabenmutter. Gemeinsam traten wir in der Dunkelheit den Heimweg an. Zu Fuß. Hier wurde es leider so fürchterlich früh dunkel.

Johanna und Jonas waren begeistert von der Schule, von den Lehrern und den Mitschülern, die sie an diesem Tage getroffen hatten. Ununterbrochen erzählten sie von ihren Begegnungen. Sie freuten sich auf ihren ersten echten Schultag. Und ich war beruhigt, dass es ihnen so gut ergangen war.

13.

Stadterkundung

Am Wochenende wollten wir nach Downtown Shanghai und die Skyline, die wir bisher nur von Marcs Fotos kannten, selber bestaunen. Ein Grauschleier lag in der Luft. Hier prallten zwei Welten aufeinander: einfache, beinahe altertümlich wirkende Waschstellen für Menschen, die zu Hause anscheinend kein Badezimmer hatten; Rikschas mit riesigen Bergen von zusammengefalteten Pappkartons und Styroporboxen, die irgendwo aufgesammelt worden waren, um ein wenig Geld dafür zu erhalten; Kleinkinder, deren Hosen im Schritt zerschnitten waren, damit sie ihre Notdurft verrichten konnten. Offenbar konnten sich ihre Eltern keine Windeln leisten. Überall schliefen Menschen – vielleicht wohnten sie so dicht gedrängt, dass Schlafen zu Hause schwierig war, oder sie hatten schlicht bis zur Erschöpfung gearbeitet. Andererseits war die Moderne sichtbar in protzigen Autos, unzähligen Wolkenkratzern und riesigen Shoppingmalls, wo es vermeintlich alles zu kaufen gab und wo man im klimatisierten Starbucks einen Caramel-Latte-macchiato schlürfen konnte. Den ganzen Tag über wurden wir immer wieder mit diesen krassen Gegensätzen konfrontiert. Und uns erdrückten förmlich die Menschenmassen. Bei Kaiser's Heiligabend um 12 Uhr einkaufen war ein Zuckerschlecken dagegen. Überall waren sie. Auf den Gehwegen, auf den Rolltreppen, in den Läden, im Aquarium, auf dem Klo – überall kleine schwarzhaarige Menschen in den schrillsten Klamotten. Wir wurden mitgerissen vom Strom der Massen, und nicht selten landete ein fremder Ellenbogen in meinen Rippen. Und es war so unglaublich heiß und schwül. Der Schweiß lief pausenlos an Hals, Armen und Beinen herunter wie in einer Sauna. Den Chinesen schien es genauso zu gehen. Das bekam man zu spüren, wenn man auf der Rolltreppe, im Fahrstuhl, an der Ampel dicht gedrängt aneinanderklebte. Jeglicher Fluchtinstinkt war zwecklos, denn es gab kein Entkommen. Man musste mit dem Strom laufen. Dabei wurden die Kinder permanent wegen ihrer blonden Haare angestarrt, angesprochen oder angefasst. Für Abkühlung sorgten die klimatisierten Shopping Malls – aber dort beschallte uns unerträglicher Lärm. Das Rauschen der Klimaanlagen, laute Konversationen und Telefonate, das schnarrende Geschrei aus Megaphonen, die irgendetwas anpriesen, und das Wummern der Bässe in den Bekleidungsgeschäften. Überall war es einfach laut. Zumindest lauter als auf den Straßen in Berlin, in Deutschland und eigentlich überall, wo wir bisher gewesen waren.

Kulturschock.

Unser Weg führte uns auch in eine Grünanlage, den Fuxing Park. Hier war uns ein kurzes Verschnaufen und Verdauen des gerade Erlebten vergönnt. Das war ein Erlebnis! Groß und Klein schien sich hier an der Freizeit zu laben. Ohne die Hektik, die wir gerade eben noch draußen verspürt hatten. Hier wurde Federball gespielt, dort ließ man Drachen steigen. Vorwiegend ältere Leute liefen rückwärts durch den Park und klopften sich dabei mit ihren Fäusten auf den Arm. Das sollte zum einen die Durchblutung anregen und zum anderen dem Training koordinativer Fähigkeiten dienen. Andere standen im Spagat an Baumstämmen.

Aus verschiedenen Ecken ertönte Musik. In einer Ecke wurde getanzt, in der anderen Karaoke gesungen. Flötenmusik erklang und die fremdartigen Klänge eines traditionellen Saiteninstruments, der chinesischen Geige Huqin. Hier hatten die Menschen Spaß. Hier trafen sie sich, um gemeinsam ihre Freizeit zu verbringen. Hier wurde Mahjong, Schach oder Karten gespielt, mit Bändern getanzt und meditiert. Eh ich michs versah, hatte mich ein älterer Herr zum Tanzen aufgefordert. Herrlich! Er wirbelte mich durch die Gegend und lächelte mich an. Die Zuschauer applaudierten. Und schon war auch Johanna aufgefordert worden und amüsierte sich königlich. Marc und Jonas standen schmunzelnd am Rand. Wir wurden entführt in eine ganz andere Welt. Das gefiel mir. Was war das für ein Kontrast zu der hektischen Welt außerhalb des Parks!

Am Abend waren wir schließlich am Ziel. Dem Pearl Tower. Er war das neue Wahrzeichen der Stadt. Irgendwie erinnerte er mich an den Fernsehturm am Alexanderplatz. Die Sonne ging am diesigen Himmel unter. Der Turm und seine riesigen Kugeln blinkten neonfarben und sahen aus wie ein überdimensionales Babyspielzeug. Unzählige graue Hochhäuser verschwanden am Horizont in einer Dunstglocke. Riesige Containerschiffe schipperten den schlammig gelben Huangpu entlang.

»Hey, stellt euch mal da hin. Ich mache ein Foto von euch vorm Pearltower«, rief Marc freudig. »Das schicken wir dann nachher nach Berlin.«

Wenig später saßen wir alle völlig erschöpft von den vielen Eindrücken und dem Trubel im Taxi und fuhren heimwärts. Gemeinsam mit unzähligen anderen Taxis und Autos, LKWs und Bussen. Eine Blechlawine schob sich die Hochstraße entlang. Vorbei an abermals unzähligen Hochhäusern, die nun in der Dunkelheit der

Nacht hell leuchteten und bunt blinkten. Die Kinder waren eingeschlafen. Marc saß vorne, er hatte die Augen geschlossen. Ich starrte aus dem Fenster. Auch wenn sich für uns hier vieles zum Positiven verändern sollte: Würde ich mich hier jemals heimisch fühlen?

14.

Toilettengang

Am nächsten Morgen erfüllte Kaffeeduft das Haus, und mein Blick nach draußen wurde mit strahlendem Sonnenschein und einem klaren Himmel belohnt. Zum Glück wohnten wir nicht in den Häuserschluchten in der Innenstadt.

Nach dem Frühstück führte uns unser Entdeckergeist nochmals in die Stadt. Wieder mitten hinein ins Getümmel, durch dicksten Verkehr auf der Hochstraße zum People's Square, dem Rathausplatz.

Dort standen viele interessante Gebäude. Sie sahen beinahe futuristisch aus. Das Kuppeldach eines Hochhauses erinnerte an ein Ufo. Ein Turm ragte wie ein Roboterarm in den Himmel. Man konnte die unterschiedlichsten Baustile entdecken, von modernen bis hin zu gotischen Bauelementen. Aber es gab auch einen Park, in dem Bäume Schatten spendeten.

»Lasst uns zunächst das Shanghai Museum anschauen, dann können wir die Nanjing Lu in Richtung Wasser hinunterlaufen.« Marc hatte mal wieder den besten Überblick. Wie drei Entenküken watschelten wir ihm orientierungslos hinterher.

Nach dem Museumsbesuch liefen wir gemeinsam mit Millionen anderen die Haupteinkaufsstraße Schanghais, die Nanjing Lu, entlang. Zum Glück war es eine Fußgängerzone. Die Abgase und das Gehupe hätte ich nicht gut ertragen können. Plötzlich sagte Johanna: »Mama, ich muss aufs Klo.«

Ich hatte befürchtet, dass dieser Fall eintreten würde.

»Hältst du noch ein bisschen aus? Ich sehe hier gerade keine Toilette.« Ich hoffte, dass sie es vergessen und es vielleicht bis nach Hause schaffen würde.

»Ja, einen Moment noch, aber nicht mehr lange, okay?« Sie schaute mich flehend an.

Wir liefen weiter die Fußgängerzone entlang und entdeckten endlich das unmissverständliche Symbol.

»Schau mal, dahinten«, sagte ich. »Na komm …«

Johanna und ich liefen in Richtung Klohäuschen. Unzählige Frauen standen bereits vor dem Gebäude an. Einige hatten ihre Hosen bereits geöffnet und hielten sie am Bund fest. Ein komisches Bild.

»Na, das kann noch dauern«, sagte ich. »Schau mal die Schlange. Muss es wirklich sein?« Ich wollte da einfach nicht rein.

»Ja, Mama«, erwiderte Johanna.

»Na gut, dann stellen wir uns mal an.«

Wider Erwarten ging es zügig voran. Dennoch irritierte mich irgendetwas. Ein merkwürdiger Geruch.

Johanna rümpfte ebenfalls die Nase. »Was riecht hier so, Mama?«

Je näher wir dem Eingang des Klohäuschen kamen, desto intensiver wurde der Geruch. Ich sah Rauchschwaden aus dem Haus aufsteigen. »Sag mal, brennt es da? Was ist denn da los?«, fragte ich. Wir reckten und streckten uns, konnten aber nichts entdecken.

Im Klohäuschen schließlich sahen wir den Räucherstab. Anscheinend sollte sein Duft den strengen Uringeruch übertönen.

Ich malte mir gerade aus, wie die Toiletten hier aussehen mochten und ob sie sauberer sein würden als anderswo auf der Welt, als mir plötzlich jemand einen leichten Schubs in den Rücken versetzte. Es war eine

Putzayi, die mit einem Wischmopp braune Brühe auf dem Boden verteilte. Ich konnte gerade noch zur Seite springen, bevor meine Füße mit abgewischt wurden.

»Nicht ganz so lecker, oder?« Johanna schaute mich fragend an.

Die Putzayi polierte inzwischen mit demselben Wischmopp die Wände. Dann wieder den Boden. Mit kreisenden Bewegungen, beinahe lethargisch bewegte sie sich Richtung Ausgang. Sie trug eine schwarze Hose und einen grünen Kittel. Nun schaute sie auf und entdeckte uns. Unsere Blicke trafen sich. Ich lächelte sie an. Als wenn jemand einen Schalter umgelegt hätte, ging ein breites Lachen über ihr Gesicht. Freudig kam sie auf uns zu.

»Ni hao. Ni hao. Ni hao ma? Ni hen hao. Zhe shi nide haizi, ma? Ta hen piaoliang.« (Guten Tag, guten Tag, geht es Ihnen gut? Sie sind gut. Ist das Ihr Kind? Sie ist sehr hübsch.)

Ich war geplättet von der Lautstärke, mit der sie uns ansprach. Aber sie lachte dabei, tätschelte Johannas Kopf und streichelte ihr über die Haare.

»Mama, was will sie?«

»Ich weiß nicht. Aber es wird nichts Schlimmes sein. Sonst würde sie böse gucken«, hörte ich mich antworten. Ich dachte an die oftmals unfreundlichen Klofrauen in Berlin und fragte mich, ob ich eventuell Geld bezahlen musste. Aber nirgendwo stand ein Teller für Münzen.

Schon schien sie wieder etwas zu fragen.

»Nimen ting bu dong, ma?« (Ihr versteht mich nicht, oder?)

Plötzlich schauten alle Frauen um uns herum uns an.

»Oje, was sagt sie? Was will sie nur?«, fragte ich Johanna hilflos.

Wieder einmal ärgerte ich mich darüber, wie naiv ich war. Wie dumm von mir, nicht ein bisschen Chinesisch gelernt zu haben. Ich lächelte die Putzayi unsicher an. Lächeln konnte nicht falsch sein. Die Frauen um uns herum lächelten auch. Sie redeten nun plötzlich laut durcheinander. »Tamen shi laowei. Tamen ting bu dong.« (Sie sind Langnasen. Sie verstehen nicht.)

Verschämt schaute ich die Dame vor mir in der Reihe an. Eine wirklich blöde Situation. Plötzlich machte sie sich ungeniert die Hose auf. Auch sie lachte. Warum lachten hier alle immer scheinbar ohne Grund? Nun war sie an der Reihe und verschwand hinter der Kabinentür. Ich hörte sie laut rülpsen. Genauso wie lautstarkes Spucken auf der Straße schien Rülpsen hier salonfähig zu sein. Ich schaute mich um. Die ältere Dame hinter uns hielt ebenfalls ihre bereits geöffnete Hose am Bund zusammen und verzog keine Miene.

Irritiert quetschten Johanna und ich uns als Nächste in eine freie Kabine. Hier waren wir erst einmal aus der Schusslinie. Dennoch sahen wir uns schnell mit einem anderen Problem konfrontiert.

»Was ist das, Mama? Wo ist das Klo?«

Wir beide schauten auf das Loch im Boden.

»O nein, ein Plumpsklo.«

Angewidert betrachtete ich den braunen Haufen, der neben dem Loch lag. Eindeutig war er vom Wischmopp verschont worden.

»Da hat wohl jemand nicht getroffen«, meinte ich platt.

»Das ist voll ekelig, Mama.«

Ein fürchterlicher Geruch kroch aus dem Loch. Hier gab es kein Klopapier. Nicht einmal einen Klopapierhalter.

So schnell wie möglich verließen wir die Kabine und retteten uns ins Freie.

»Sehen hier alle Toiletten so aus?« Johanna schaute mich angewidert an. »Dann gehe ich nie mehr auf Klo, wenn wir unterwegs sind.«

»Das ist wahrscheinlich eine gute Idee, mein Schatz«, erwiderte ich. Eigentlich musste ich auch mal. Aber unter keinen Umständen wollte ich dieses WC-Haus noch einmal betreten. Neben Handy, Taxiprintouts und Geld nahmen wir fortan Feuchttücher und Taschentücher mit, wenn wir in Schanghai unterwegs waren – und am besten tranken wir unterwegs nichts.

Später, viel später, als wir schon längere Zeit in Schanghai lebten, hatten wir uns damit abgefunden, dass es in China fast ausschließlich Plumpsklos gab. Toiletten, wie wir sie im Westen nutzen, gelten als unhygienisch. Eines Tages berichtete uns ein guter Freund von etwas ähnlichem, das er während einer Geschäftsreise erlebt hatte. Eine Situation, in die man in China immer wieder geriet. Es sei denn, man war gut gewappnet.

»Ich hatte anscheinend etwas Falsches gegessen«, erzählte er. »Es half nichts, ich musste aufs Klo, und zwar schnell. Das Meeting hatte noch nicht begonnen, aber die chinesischen Geschäftspartner hatten schon ihren Platz bezogen, Laptop und Smartphone vor sich auf dem Tisch drapiert. Da begann mein Bauchgrummeln. Ich sah zu, dass ich schnellstmöglich zum Klo fand. Zu meinem großen Entsetzen gab es ausschließlich Plumpsklos. Mir standen die Schweißperlen auf der Stirn. Es war 39 Grad heiß. Irgendwie schienen die Klimaanlagen ausgefallen zu sein, in dem Gebäude war es unerträglich. Bei der Vorstellung, mich jetzt gleich hinhocken zu müssen, wurde mir noch heißer. Es half nichts. Ab, rein in die Kabine, Schuhe aus, Hose aus. Unterhose aus, hingehockt, Volltreffer. Ich fühlte mich danach zwar erleichtert, aber: es gab kein Klopapier. Also hockte ich da und wusste nicht, was ich machen sollte. In dem Zustand konnte ich unmöglich die Hose wieder anziehen, sonst hätte ich sie gar nicht erst ausziehen müssen. Gleichzeitig dachte ich an die Herren im Besprechungsraum, die auf mich warteten. Auf mich, den Lauwei, den Souveränen, der immer alles im Griff hatte und für alles eine Lösung kannte. In dem Moment fühlte ich mich so gar nicht souverän. Der Schweiß lief mir die Unterschenkel runter. Was sollte ich tun? Da kam mir eine Idee. Ich konnte mein Unterhemd benutzen. Also schnell das Hemd aufgeknöpft, Unterhemd ausgezogen. Und so stand ich dann da. Splitterfasernackt bis auf die Socken. Wie um Himmels willen sollte ich noch einigermaßen gefasst in dieses Meeting gehen? Schweißgebadet, mit Kräften, die nur die Panik wachrufen kann, zerriss ich das Hemd und tat das, was getan werden musste, und zog mich wieder an. Mit letzter Kraft erreichte ich dann schließlich das Meeting und ließ mich in meinen Sessel fallen. Die anderen Herren lächelten mich in ihren gutsitzenden Anzügen an. Zum Glück wussten sie nicht, konnten es nicht einmal ahnen, was ich gerade erlebt hatte.«

Nach dieser Erzählung war ich froh, Lehrerin zu sein und nicht an solchen Meetings teilnehmen zu müssen. Und zum Glück hatten wir an der Deutschen Schule wunderbare WC-Anlagen. Und zwar Western-Seat-Klos. Auf denen man im weitesten Sinne sitzen konnte und nicht hocken musste. Die Kabinen waren immer schön sauber, es gab darin Klopapierhalter mit Klopapier. Toiletten, die jeden Tag von einer Putzayi in schwarzer Hose und grünem Kittel geputzt wurden.

Mit einem Wischmopp. Nur manchmal konnte man Abdrücke von Schuhen auf der Klobrille sehen. Die mussten dann wohl von den die chinesischen Mitarbeiterinnen stammen. Andere Länder, andere Sitten …

15.

In der Schule

Morgens machten wir uns nun stets gemeinsam auf den Weg zur Schule. Mittlerweile hatten wir für die Kinder und auch für mich günstige Räder bei Decathlon erstanden. Die Ayi brachte Johanna und Jonas jedoch stets zur Straße, wo der Schulbus hielt. Sie sollten wie die anderen Kinder aus den umliegenden Compounds auch mit dem Bus fahren. Eines Abends fragte Jonas: »Jetzt mal ganz ehrlich, findet ihr das nicht total komisch, dass Johanna und ich diese winzige Strecke mit dem Schulbus fahren? Wir warten ja länger im Bus, bis endlich das letzte Kind da ist, als wir mit dem Fahrrad für den Weg zur Schule bräuchten.«

»Hmm«, antwortete ich. »Weißt du, der Verkehr ist hier einfach so gefährlich. Hier gibt es kein Rechts-vor-Links. Jeder fährt irgendwie. Und der Stärkere bestimmt.« Ich sah großen Unmut in Jonas' Gesicht. »Außerdem könnten sich im Bus vielleicht Bekanntschaften ergeben … Wer ist denn so bei euch im Bus?«

»Lauter kleine französische Kinder, und die sind total frech zu den Bus-Ayis.« Ich verstand Jonas gut. »Wir können ja vielleicht einmal gemeinsam fahren. Aber nur mit Helm.« Jonas' Blick hellte sich auf. »Morgen?«

»Mal schauen«, entgegnete Marc.

Als ich am nächsten Tag noch im Nachthemd zum Frühstücken kam, lag Jonas' Fahrradhelm bereits neben seiner gepackten Schultasche. »Ich fahr heute mit euch«, verkündete er strahlend. Wie sollte man dazu nein sagen? »Okay«, sagte Marc, »aber Johanna fährt mit dem Bus. Wir haben heute Abend noch eine Konferenz, während ihr schon nach Hause könnt. Johanna fährt nicht ohne uns mit dem Fahrrad zurück.« Johanna zuckte mit den Schultern. »Und du fährst schön auf dem Bürgersteig. Du musst nur einmal die Straßenseite wechseln, direkt vor unserm Compound. Da werden dich die Guards sehen und dir rüberhelfen. Wenn du zu Hause angekommen bist, rufst du uns an.« Jonas nickte. Er war unendlich stolz.

Mit einem unguten Gefühl im Bauch radelte ich mit Marc und Jonas zur Schule. Musste er ausgerechnet beim ersten Mal allein nach Hause fahren? Es stand jedoch so viel an, dass ich nicht weiter darüber nachdachte.

Der Schultag verging, und wir waren mitten in der Konferenz, als plötzlich Marcs Handy vibrierte. Er schaute auf die Nummer auf dem Display und verließ, das Handy am Ohr, den Konferenzsaal. Fünf Minuten vergingen. Zehn Minuten. Ich hielt es nicht mehr aus. Was gab es denn da so lange zu besprechen? Mein Herz raste. Leise schlüpfte ich aus dem Saal. Draußen saß Marc auf den Treppenstufen. Er sprach noch immer am Telefon, den Kopf in die Hand gestützt. Er sah sehr besorgt aus. Ich stürzte zu ihm.

»Ist gut. Ich mache mich dann jetzt auf den Weg und bin in zehn Minuten da.« Endlich legte er auf.

»Was ist los? Was ist passiert?«, rief ich. Marc schaute mich schockiert an.

»Jonas hatte einen Unfall.«

***

In China leben 1,35 Milliarden Menschen. Da fällt es nicht auf, wenn der eine oder andere durch ungünstige Umstände über die Klinge springt. Diesen Eindruck gewann ich überall: beim Supermarkt, wo man sich an der Kasse mit Ellenbogen vordrängelt, und im Straßenverkehr, wo jeder sich selbst am nächsten ist.

Wir hatten schon während der ersten Tage eine Einführung in die Reaktionskette bei Unfällen in Schanghai bekommen.

»Ihr könnt davon ausgehen, dass es keine Rettungsambulanzen in Schanghai gibt«, hatte man uns mitgeteilt. »Es sind verschwindend wenige. Und die wenigen, die es gibt, kommen auch nicht schneller durch den Stau als die anderen Autos, weil ihnen niemand Platz macht. Das Beste ist also, ihr vermeidet Unfälle. Und wenn ihr einen habt, dann ab ins Taxi und viel Glück.«

Das Ganze war mir absurd vorgekommen. Es wurde aber auch von den chinesischen Mitarbeitern an der Schule bestätigt. Eine von ihnen klärte uns auf. »Wenn ihr jemandem, der blutend auf der Straße liegt, helft und ihn zum Arzt bringt, dann können er oder seine Angehörigen euch dazu verpflichten, die Kosten für die Behandlung zu übernehmen. Die Folge ist, dass Verletzte auf der Straße liegen gelassen und im Zweifel sogar von heranfahrenden Autos überfahren werden.«

Diese Ausführung hatte mich schaudern lassen. »O Gottogott«, hatte ich gedacht, »über diese Möglichkeit darf ich gar nicht nachdenken, sonst kann ich nicht mehr schlafen.«

Weitere Schauergeschichten wurden erzählt. Ein Taxifahrer hatte einen Rollerfahrer einfach umgefahren, dann lediglich kurz aus dem Fenster geschaut und war davongefahren. Passanten und Vorbeifahrende hätten nicht einmal gezuckt, geschweige denn Erste Hilfe geleistet.

Ich konnte das alles gar nicht glauben.

»Doch, und vor zwei Jahren ist ein Fahrradfahrer, der von einem Auto überfahren worden war, hier vor dieser Schule verblutet. Es kam einfach kein Rettungswagen. Wir konnten nichts mehr machen. Er starb in unseren Armen.« Die Krankenschwester der Ersten-Hilfe-Station schaute mich ernst an.

»Dann kann ich mich also entweder auf euch verlassen oder darauf, dass ein solcher Unfall am besten in der Nähe von einem Krankenhaus passiert?«, hatte ich mich erkundigt.

»Ja«, lautete die Antwort.

»Wo ist denn das nächste Krankenhaus?«

»Circa eine halbe Stunde entfernt von hier.«

O Mann! Das klang gar nicht gut.

***

Jonas war tatsächlich angefahren worden. Eine Frau war blitzschnell und ohne zu schauen mit ihrem PKW aus einer Ausfahrt gekommen und hatte ihn einfach umgefahren.

Genau in diesem Moment war Johanna im Schulbus vorbeigefahren und hatte den Unfall gesehen. Sie schrie auf, und die Dame, die vor ihr saß, wurde aufmerksam und schaute aus dem Fenster. Glücklicherweise war es die französische Kollegin aus der Ersten-Hilfe-Station, die sofort in der Station an der Schule anrief. Diese schickten umgehend zwei Krankenschwestern und einen chinesischsprachigen Mitarbeiter los. Die Haltestelle des Schulbusses lag nicht weit von der Unfallstelle entfernt. Dort wartete bereits unsere Ayi auf Johanna. Johanna stürmte aus dem Bus und zog die Ayi über die Straße. Auch die französische Krankenschwester sprang aus dem Bus. Von dieser Reaktion alarmiert, liefen nun die Guards unseres Compounds Johanna, unserer Ayi und der Krankenschwester hinterher. Eine Mutter, die ebenfalls an der Haltestelle auf ihr Kind gewartet hatte, holte ihren Fahrer und fuhr zum Unfallort. Hundert Meter entfernt davon befand sich, wie sich herausstellte, eine kleine Polizeidienststelle.

In kürzester Zeit hatten sich also neben Schaulustigen Johanna, die Ayi, drei Krankenschwestern, ein chinesischer Mitarbeiter der Schule, Polizisten und die Mutter mit ihrem Fahrer versammelt. Es herrschte ein Tumult. Die Autofahrerin hatte sich aus dem Staub gemacht, und Jonas saß neben seinem völlig verbogenen Fahrrad und weinte.

Ein alter Mann schrie und fuchtelte mit einem Zettel in der Hand herum. Er hatte sich das Kennzeichen des PKWs aufgeschrieben. Die andere Mutter setzte Jonas in ihr Auto und fuhr mit ihm, Johanna, der Ayi und ihrem eigenen Kind erst einmal zu sich nach Hause. Und von dort aus rief sie dann Marc an.

Jonas kam zum Glück mit einem blauen Auge davon. Aber der Schock saß tief. Nicht nur über den Unfall, sondern auch über das Verhalten der Autofahrerin.

»Erst, als ich unter ihrem Wagen lag und schrie, hat sie angehalten. Ich dachte schon, sie überfährt mich«, erzählte er. »Dann stieg sie aus und schrie mich auf Englisch an. ›You stupid boy, why did you do that?‹ (Du dummer Junge, warum hast du das gemacht?) Ich versuchte unter dem Auto rauszukriechen, aber mein Bein war unter dem Vorderreifen eingeklemmt. Ich kam nicht raus. Sie schrie immer weiter. Irgendwann merkte sie, dass ich nicht rauskam. Also setzte sie sich wieder ins Auto, setzte zurück und fuhr dann einfach davon. Sie hat mich da einfach liegen lassen«, erzählte er entrüstet.

Entsetzt hatten wir ihm zugehört.

Der Befund im Krankenhaus ergab, dass er sich die Kniescheibe gebrochen hatte.

Mit Bandage und Krücken fuhren wir wieder heim. Der Gedanke daran, dass Jonas hier in China allein auf der Straße gelegen hatte, keinen Menschen um sich herum verstehen und sich auch nicht verständigen konnte, verletzt war und Schmerzen litt und dass wir nicht für ihn da gewesen waren, zerriss mir das Herz. Wie konnte diese Frau unseren Jungen anschreien, anstatt ihm zu helfen? Wie konnte man ein verletztes Kind einfach liegen lassen? Jonas musste furchtbare Angst gehabt haben. Ich fühlte mich fürchterlich, weil ich das Wagnis eingegangen war, unser Kind alleine mit dem Fahrrad nach Hause fahren zu lassen. Nie, nie wieder würde ich ihm erlauben, auf diesen Straßen Fahrrad zu fahren. Tränen stiegen mir in die Augen, aber ich wollte nicht vor Jonas weinen, der so tapfer gewesen war.

»Wenn ich die jemals in die Finger kriege, raste ich aus«, sagte ich hasserfüllt zu Marc.

»Das bringt jetzt auch nichts mehr. Sei einfach froh, dass nichts Schlimmeres passiert ist«, entgegnete er. Wie immer war er beherrscht. Er hatte den Unfallhergang abgehakt und schaute nach vorn, hoffte, dass alles wieder gut verheilen und Jonas keine seelischen Verletzungen davontragen würde.

Aber ich war so unendlich wütend, enttäuscht, schockiert. Hier durfte uns nie mehr etwas zustoßen. Denn nicht nur, dass die Versorgung am Unfallort faktisch nicht existierte. Wollte man behandelt werden, musste man in Vorleistung gehen. Das heißt, man musste bar bezahlen, bevor man versorgt wurde. Wie um Himmels willen sollte man die ärztliche Versorgung nach einer schweren Verletzung mal eben aus der Portokasse bezahlen?

Das Ganze machte mir deutlich, wie gut es uns in Deutschland ging. Darüber hatte ich mir bis zu diesem Tag nicht sehr oft Gedanken gemacht.

Als wir zu Hause ankamen, machte uns die Ayi verständlich, dass jemand von der Polizei angerufen und irgendetwas gewollt hatte. Über unseren netten Makler, der uns bei dringenden Übersetzungsangelegenheiten stets zur Seite stand, erfuhren wir, dass die Fahrerin sich selbst angezeigt hatte. Nun wollte sie vorbeikommen und sich entschuldigen. Später kam heraus, dass ihr Mann sie dazu verdonnert hatte. Auf Fahrerflucht stand eine schwere Strafe.

»Die zerreiße ich in Fetzen«, schrie ich. »Was will die hier? Diese Frau soll unser Haus nicht betreten. Wir nehmen nichts von ihr an. Den Schaden, den sie angerichtet hat, kann sie sowieso nicht mehr gutmachen.« Und schon klingelte es an der Tür.

»Marc, ich kann dieser Frau nicht gegenübertreten. Ich garantiere für nichts. Ich will sie nicht sehen und nicht sprechen. Das musst du übernehmen.« Ich schloss mich in meinem Arbeitszimmer ein, setzte Kopfhörer auf und hörte laut Musik, bis Marc endlich an die Tür hämmerte und rief, dass sie wieder weg sei.

Ich trat aus dem Zimmer und sah Jonas auf dem Wohnzimmerboden sitzen. Er lächelte mit vollem Mund. Er war umringt von Süßigkeiten, Keksen, Obst und Getränken. Die Frau hatte außerdem Sekt und Kaffee für uns besorgt. Ein riesiger Blumenstrauß stand auf dem Wohnzimmertisch. Johanna hatte von ihrem Bruder bereits eine Ration zugeteilt bekommen und kaute genüsslich auf ihren Gummibärchen.

»Na, Mama, was sagst du jetzt?«, rief sie. Sie wusste ganz genau, wie wütend ich war, und wollte, dass ich mich wieder beruhigte.

»Sie bezahlt mir ein neues Fahrrad«, sagte Jonas.

»Und sie übernimmt die Krankenhausrechnung.« Marc nahm mich in den Arm. »Es tat ihr wirklich leid.«

»Das ist ja wohl das mindeste. Und eines sag ich dir, einer Frau, die ein verletztes Kind anschreit und auf dem Boden liegen lässt, tut nichts auf dieser Welt aufrichtig leid«, sagte ich düster. Dann nahm ich den Blumenstrauß und schmiss ihn draußen in die Mülltonne.

»Jetzt lasst uns nicht mehr davon reden«, sagte ich, als ich wieder ins Haus kam. »Hauptsache, Jonas wird wieder richtig gesund!«

Am nächsten Morgen hatten wir noch keinen Fuß aufs Schulgelände gesetzt, als die ersten Mitschüler und Kollegen auf uns zugelaufen kamen.

»Wie geht es dir, Jonas?«

»Kann ich dir helfen? Ich kann deine Schultasche tragen.«

»Können wir etwas für euch tun? Braucht ihr Hilfe?«

Es war gerade eine Nacht vergangen, aber es schien, als hätte bereits die ganze Schulgemeinschaft von dem Unfall gehört. Alle boten ihre Hilfe an, zeigten Mitgefühl und waren schockiert über das, was passiert war. Auch der Schulleiter fragte, ob er irgendetwas für uns tun könne.

Nach der Lieblosigkeit der Frau tat diese Anteilnahme richtig gut. Wir fühlten uns aufgehoben. Es gelang mir, den Groll gegen die Autofahrerin abzulegen. Bestimmt waren nicht alle Chinesen wie sie.

16.

Der Gärtner

Als wir an einem Nachmittag nach Hause kamen, hörten wir ein Lachen, das eindeutig aus unserem Garten kam.

»Wer lacht denn da?«, fragte ich Marc nervös. Wer könnte uns denn schon nach dieser kurzen Zeit in Schanghai spontan besuchen? Skeptisch betraten wir das Haus und liefen zur Terrassentür. Auf unserer Terrasse saß unser Gärtner, in Gesellschaft einer fremden Frau und eines fremden Mannes. Sie hatten es sich auf unseren Gartenstühlen bequem gemacht und ein großes Picknick auf dem Tisch ausgebreitet. Da lagen abgeknabberte Hühnerknochen neben Plastikschalen, die noch zur Hälfte mit Reis gefüllt waren. Als er unsere entgeisterten Gesichter hinter den Fenstern sah, lachte und winkte er. Der Mann lud uns ein, uns in unserem eigenen Garten zu ihnen zu gesellen. Die anderen zwei lachten ebenfalls und winkten, Reste von Hühnerbeinen im Mundwinkel.

»Wer ist das?«, fragte ich Marc erneut.

»Na, die haben wohl ihren Spaß. Vielleicht seine Frau? Oder Freunde? Komm, wir setzen uns dazu.«

Die Kinder hatten sich schnell zurückgezogen und betrachteten das Spektakel aus einem gewissen Sicherheitsabstand.

»Also, ich geh da nicht raus«, sagte Johanna. »Warum sitzen die in unserem Garten?«

»Ich glaube, wir brauchen noch ein wenig, um die

Feinheiten des chinesischen Umgangs vollends zu begreifen«, sinnierte Marc.

Unser Gärtner schien zu begreifen, dass wir etwas verwundert waren. Er gab seinen Begleitern ein Zeichen, Plastikgeschirr und Essensreste einzupacken und zu verschwinden.

Schließlich öffneten wir die Tür und betraten zögerlich die Terrasse.

»Sollen wir nun schimpfen?«, raunte ich Marc zu. »Die meinen das ja bestimmt nicht böse, aber …«

Mit Händen und Füßen begannen wir der Höflichkeit halber einen Smalltalk. Und eh wir uns versahen, waren die beiden anderen bereits nach vorne verschwunden. Der Gärtner zeigte uns daraufhin stolz sein Tagewerk. Wahrscheinlich wollte er uns ein wenig ablenken. Er hatte die schönen Hortensien aus dem Boden geholt und Sträucher, die er eigentlich hätte ausbuddeln sollen, stehenlassen. Er lächelte uns an. Verzweifelt ließ ich mich in einen Gartenstuhl fallen.

»Das darf alles nicht wahr sein.« Mir fehlte die Kraft, mich pantomimisch zu verständigen. Stattdessen lächelte ich ihn an. Ich wollte einfach, dass er ging.

»Xie xie ni. Hen hao. Mingtian jian. Zai jian«, sagte ich. (Ich danke Ihnen. Sehr schön. Bis morgen. Tschüs.)

Er lächelte sichtlich froh zurück und machte sich auf den Weg.

Die Situation war so absurd, dass ich lachen musste.

»Jetzt brauche ich erst einmal einen Kaffee.«

Während Marc sich in der Küche zu schaffen machte, sinnierte ich über kulturelle Unterschiede.

»Man kann ihnen echt nicht böse sein«, stellte ich fest. »Aber warum muss man ihnen bis ins Detail sagen, was zu tun ist? Eigentlich könnte man es auch gleich selber machen.«

Beispielsweise hatte ich der Ayi gesagt, dass sie die

Fenster putzen sollte. Gutwillig hatte sie das auch getan. Nur leider konnte man nun nicht mehr durchschauen, da das Glas voller Schlieren war. Einem Handwerker hatten wir aufgetragen, einen Handtuchhaken im Bad anzubringen. Nicht nur, dass die umliegenden Fliesen beim Bohren gesprungen waren. Er hatte den Haken auch falsch herum angebracht. Einen anderen Handwerker hatten wir geholt, damit er einen Dübel in der Betonwand anbrachte. Wir wollten ein Bild aufhängen. Nachdem der Mann gebohrt hatte, zierte unser Wohnzimmer ein Riss vom Boden bis zur Decke. Es blieb abzuwarten, wie lange die Schraube das Bild halten würde.

»Es ist zum Mäusemelken«, rief ich aus.

»Na komm, irgendwie ist es ja auch lustig«, antwortete Marc.

»Stimmt. Und schließlich ist es weder unser Haus noch unser Garten«, sagte ich. »Von daher muss es uns auch nicht aufregen. Trotzdem ist das alles absurd. Wie kriegen die es hin, Autobahnen zu bauen und U-Bahnen und riesige Wolkenkratzer. Stell dir mal vor, dabei passieren solche Fehler.«

»Na ja«, erwiderte Marc zögernd. »Vor ein paar Tagen habe ich in der *Shanghai Daily* gelesen, dass ein mehrstöckiges Wohnhaus kurz nach Fertigstellung einfach zusammengebrochen ist. Zum Glück war es noch unbewohnt.«

»O Mann. Na, hoffentlich haben nicht dieselben Arbeiter unsere Schule gebaut. Obwohl ich nach dem Vorfall von vor ein paar Tagen skeptisch bin …«

Während Jonas im Unterricht gesessen und nichtsahnend aus dem Fenster geschaut hatte, hatte er beobachtet, wie sich aus dem Nichts eine riesige Platte mit Verklinkerung von der Schulfassade gelöst hatte und hinuntergestürzt war. Daraufhin waren alle Kinder zum Fenster gestürzt und hatten sich ihre Nasen daran platt gedrückt.

Wo bitte konnte man Zeuge eines solchen Spektakels in Deutschland werden?

Jeder Tag ließ uns staunen.

17.

Taxifahren

Vieles war wirklich einfach ganz anders als bei uns. Das Essen und Einkaufen, der Weg zum Supermarkt und zur Schule, der Transport im Allgemeinen. Alles war mit einer so großen Herausforderung verbunden. Jeder Weg war ein Abenteuer.

Taxifahren in Schanghai war ein Erlebnis, das man um keinen Preis verpassen sollte. Manchmal waren die Fahrten ein wenig angenehmes Abenteuer, aber noch viel öfter traf man auf unbeschreiblich hilfsbereite und interessierte Fahrer, die einem das Gefühl gaben, als Ausländer willkommen zu sein. Viele schwärmten von den Deutschen und deren tollen Autos.

Vor jeder Taxifahrt stellte ich mir die Frage, ob der Fahrer mein schlechtes Chinesisch verstehen und ich mein Ziel erreichen würde. Da ich die Adressen nun mal so aussprach, wie sich mir die lateinischen Buchstaben darboten, konnten viele Fahrer einfach nichts mit meinem Gestammel anfangen. Immerhin wusste ich nun schon, dass ein *X* wie *ch* ausgesprochen wurde. Oftmals half das dann aber auch nicht weiter, denn die Taxifahrer sprachen meist Schanghaier Dialekt und daher wiederum alles ganz anders aus.

»Schünan Lu«, hatte ich zu einem Taxifahrer gesagt. Das war unsere Abfahrt der Autobahn, geschrieben Xunan Lu.

»Zhe shi schenme?« (Wie bitte?), schrie er daraufhin lautstark hinter seiner Plexiglas-Verbarrikadierung.

»Schünan Lu«, sagte ich nochmals ein wenig lauter. Vielleicht hatte ich zuvor zu leise gesprochen. »Se ge sche ma?« (Was bitte?), schrie er abermals. Warum musste nur so oft geschrien werden? Aber vielleicht hörte er auch einfach nur schlecht.

»Ey dschou, Schünan Lu.« (A9 – Name der Autobahn, Xunan Lu – Name der Abfahrt), schrie ich zurück und legte alles, was ich je über den höflichen Umgang mit Fremden gelernt hatte, ab.

»Ah, Chünan Lu«, rief er aus, lachte und fuhr rasant los.

Einmal hatte mich ein Fahrer kurzerhand wieder rausgeschmissen, weil er nichts mit dem, was ich gesagt hatte, anfangen konnte. Verärgert war er davongefahren. Den Tränen nahe, hatte ich mich tapfer nach dem nächsten Taxi umgesehen und es erneut versucht. Aus Berlin war ich ja einen ruppigen Umgangston gewohnt, aber dass ich einfach so aus dem Taxi geschmissen wurde, das fand ich schon ganz schön rüpelig.

Manchmal erwischte man jedoch einen Fahrer, der die lateinischen Buchstaben auf den Visitenkarten lesen konnte. Dann war man dem Ziel schon einen gewaltigen Schritt näher.

Die wahre Schwierigkeit lag allerdings darin, die Silben mit der richtigen Betonung und Tonhöhe auszusprechen. Jede Silbe konnte vier verschiedene Tonhöhen haben: nach oben, nach unten, ab- und wieder aufsteigend oder gleichbleibend. Eine für uns Europäer völlig unerhebliche Sache. In China bedeutete ein Wort etwas gänzlich anderes, wenn man es mit der falschen Betonung aussprach.

mà: schimpfen
mā: Mutter
mǎ: Pferd
má: Jute

Von daher war das Unverständnis so mancher Taxifahrer nachvollziehbar. Für andere Verhaltensweisen fand ich jedoch keine Erklärung. Beispielsweise kam es nicht selten vor, dass ein Fahrer eine Lupe zum Lesen der Visitenkarte herausholte und so tat, als wäre die Schrift gänzlich unleserlich. Oft erhielt man dann wortlos die Visitenkarte zurück, und es wurde einem unmissverständlich zu verstehen gegeben, das Taxi zu verlassen. Manchmal machte sich ein Fahrer aber auch die besondere Mühe, das Kärtchen ins Scheinwerferlicht zu halten, es zu entziffern, ins Taxi zu steigen und ohne einen Kommentar plötzlich Vollgas zu geben.

Dieser Typ Taxifahrer war einem anderen eindeutig vorzuziehen, nämlich dem, den man während der Fahrt ständig anschreien musste, damit er nicht einschlief. Besonders nett waren auch jene, die während der Fahrt in ihr Handy brüllten, so dass jeder Normalsterbliche eigentlich Oropax brauchte, um den Wagen nicht taub wieder zu verlassen. Furchtbar waren auch diejenigen, die ständig aufs Gaspedal traten, um es gleich darauf wieder loszulassen. Fuhr man mit ihnen, musste man sich während der ganzen Fahrt irgendwo festklammern, wenn man keinem Nackentrauma erliegen wollte.

Dann waren da noch die Frischluftfanatiker, die bei heruntergelassenen Fenstern mit 130 Stundenkilometern in Schlangenlinien über die Autobahn bretterten, so dass man sich nach der Fahrt fühlte, als hätte man einen Taifun überlebt. Es gab aber auch andere, denen diese natürliche Belüftung weniger zusagte. Sie zogen es vor, die Klimaanlage auf maximal zu stellen, so dass man je nach Dauer der Taxifahrt entweder unterkühlt oder tiefgekühlt aus dem Wagen stieg.

In Schanghai konnten Taxifahrer Sterne erlangen, ähnlich wie Köche in einem deutschen Restaurant. Wer diese Sterne vergab und nach welchen Kriterien sie vergeben wurden, erschloss sich mir jedoch nicht. Landete man in einem Ein-Stern-Taxi, war Vorsicht geboten. Die Wahrscheinlichkeit, dass einen der Taxifahrer nicht verstand und zu einem falschen Ziel fuhr, war sehr hoch. Zwei-Sterne-Fahrer taten oft so, als verstünden sie einen, was sehr heimtückisch war. Nicht selten landete man an einem Ort, den sie nicht einmal selbst kannten, und wurde dort unsanft auf die Straße katapultiert. Oder sie fuhren einen riesigen Umweg, und man zahlte das Doppelte des normalen Preises. Viele Taxifahrer hatten oftmals auch einen unglaublichen Mundgeruch. So schlimm, dass einem als Mitfahrer der Atem stockte. Drei-Sterne-Fahrer trugen oftmals weiße Handschuhe und waren bemüht, höflich und zuvorkommend zu sein. Hatte man die seltene Gelegenheit, bei einem Vier-Sterne-Fahrer Gast zu sein, konnte es sogar passieren, dass man eine kleine Konversation auf Englisch halten konnte.

Ich musste mir eingestehen, dass ich trotz dieser unverzichtbaren Erlebnisse die Expat-Familien beneidete, die einen Fahrer hatten und in einem gemütlichen Buick-Siebensitzer von A nach B gefahren wurden. So einen Fahrer hatten eigentlich alle Laoweis, die in China arbeiteten und lebten – bis auf Lehrer und Touristen.

Der Fairness halber sollte in jedem seriösen Schanghaiführer eine Einführung ins Taxifahren gegeben werden, so dass man einfach vorgewarnt ist. Um dem ein wenig vorzugreifen, hier eine kleine Einführung ins chinesische Verkehrseinmaleins. Um Verwirrungen zu vermeiden, verzichte ich auf die Kennzeichnung der Tonhöhen:

Taxi:	chuzu che	sprich: tschuzu tsche
Bus:	gong gongqiche	sprich: gongongtschutsche
Fahrrad:	zixingche	sprich: tschitschentsche
U-Bahn:	ditie	sprich: dietje
rechts:	you guai	sprich: jogwai
links:	zuo guai	sprich: dsogwai
geradeaus:	yizhi zou	sprich: idschezou
umdrehen:	diao tou	genauso gesprochen
stehen bleiben:	ting	genauso gesprochen
angekommen:	daole	genauso gesprochen
bar bezahen:	xianjin	sprich: tscheindsching
Zhuguang Straße:	Zhuguang Lu	sprich: dschuguang lu
Xiewei Straße:	Xiewei Lu	sprich: chiwej lu
Huqingping Straße:	Hu Qing Ping Lu	sprich: hutschingping lu

18.

Der Container kommt

Mittlerweile waren wir bereits sechs Wochen in Schanghai. Ich hatte mir die Zeit ohne unseren Hausstand wesentlich schwieriger vorgestellt.

»Eigentlich vermisse ich gar nicht so richtig viel aus dem Container«, stellte auch Marc fest. »Unterrichtsmaterialien gibt es in der Schule, und das Internet gibt alles Übrige her.«

Die Kinder hingegen fieberten der Ankunft des Containers entgegen, denn dieser enthielt all ihre Spielsachen, Kuscheltiere, CDs und Bücher, die Rollerblades, die Tischtennisplatte und diverse Bälle.

»Na, ein paar Klamotten mehr, das wäre auch mal wieder ganz nett«, warf ich ein.

Ich konnte hier weder Hosen noch Schuhe kaufen, weil sie mir alle viel zu klein waren. Das hatte ich mittlerweile herausgefunden. Die Konfektionsgröße hörte bei 38 auf und ebenso die Schuhgröße. Um einer Persönlichkeitskrise vorzubeugen, entschied ich, dass es sich in keinem der beiden Fälle um die europäische Größe 38 handeln konnte. Es musste 36 sein! Das hatte mich wirklich frustriert. Die Frauen hier waren winzig, unsere Ayi gerade mal so groß wie Johanna in der dritten Klasse. Natürlich waren die Modehäuser und Boutiquen nicht auf Konfektionsgröße 40 und größer für Frauen eingestellt. Nach den Anproben gefühlter tausend Hosen, Blusen und Pullover war ich mir wie ein Elefant im Porzellanladen vorgekommen. Nichts hatte gepasst. Die Hosen bekam ich nicht über die Hüften, die Blusen spannten im Kreuz, und die Ärmel der Pullover waren viel zu kurz. Daher fuhr ich eines Tages über eine Stunde zu der größten Shopping Mall der Stadt. Ich hoffte, dort würde es eine größere Auswahl an Kleidergrößen geben. Die Taxifahrt hin und zurück kostete mich 20 Euro. In Anbetracht der Strecke war das ein geringer Preis. Aber im Hinblick auf das Ergebnis erschien er mir im Nachhinein zu hoch. Die Taxifahrt von unserem Compound bis nach Pudong Downtown, wo sich die Shopping Mall befand, dauerte eine Stunde. Pudong ist der neue Teil der Stadt. Zehn Jahre zuvor hatte es hier nur Sumpflandschaft gegeben. Nun stehen hier die größten Wolkenkratzer der Stadt, der berühmte Flaschenöffner mit der höchsten Besucherplattform der Welt und der Jin Mao Tower, der atemberaubend schön ist und ebenso hoch. Im 85. Stockwerk gibt es eine Hotellobby, von der aus man noch weitere 18 Stockwerke nach oben schauen kann. Man fühlt sich wie in einer Bar der Zukunft. Ganz oben gibt es sogar eine Diskothek, von der aus man über den Huangpu, den Fluss, der die Stadt in Pudong und Puxi teilt, die Stadt bewundern kann. Und alle Stockwerke sind achteckig, denn die Acht gilt in China als Glückszahl. Und natürlich steht dort auch der berühmte bunt blinkende Pearl Tower, das Wahrzeichen der Stadt. Aber leider fand ich auch in dieser überdimensionalen Shopping Mall keine Kleider in meiner Größe.

»Die Schulsekretärin hat mir übrigens heute eine Mail geschrieben, dass der Container in Schanghai eingetroffen ist und nun beim Zoll steht. Nächstes Wochenende bringen sie ihn vorbei. Dann hast du auch wieder ein paar Klamotten mehr«, berichtete Marc ganz nebenbei am Abendbrottisch. Er lächelte mich an.

»Was?«, rief ich. »Davon hast du ja noch gar nichts erzählt. Das ist ja super.«

Die Kinder sprangen auf und hüpften vor Freude durchs Wohnzimmer.

»Moment mal«, besann ich mich. »Da bin ich ja gar nicht da! Da ist doch der Kollegiumsausflug.«

Auf Kosten der Schule machte die Lehrerschaft Mitte September immer einen Kollegiumsausflug mit Übernachtung, damit sich die Kollegen näher kennenlernen konnten. Diesmal ging es zu den Reisterrassen im Hinterland Schanghais. Fünf Stunden Fahrt und zwei Übernachtungen. Marc und ich hatten gelost, wer mitfahren würde und wer bei den Kindern blieb. Das Los hatte mich erwählt. Ich hatte mich schon sehr auf diesen Ausflug gefreut. Endlich ging es mal wieder ins Grüne. Die vielen Straßen und Häuserfluchten, der Verkehr und der ständige Lärm waren mir aufs Gemüt geschlagen. Obwohl wir am Stadtrand wohnten, gab es keine Möglichkeit, einfach ein paar Stunden ins Grüne zu fahren. Die Autobahn zog sich durch endlose Wohn- und Industriegebiete. Alles erschien grau, grauer, am grausten.

»Macht doch nichts«, erwiderte Marc. »Du fährst mit, und die Kinder und ich packen den Container aus. Oder willst du lieber Regale und Schränke aufbauen?« Er schaute mich fragend an.

»Mama, wir schaffen das«, rief Johanna freudig, und Jonas nickte wild mit dem Kopf.

Also fuhr ich am darauffolgenden Freitag mit auf den Kollegiumsausflug. Eigentlich wäre ich auch gerne dageblieben und hätte das Haus wohnlich gemacht. Außerdem war ich gespannt, in welchem Zustand unsere Habseligkeiten die lange Reise überstanden hatten.

Ich wurde belohnt mit einem tollen Ausflug in die

Natur. Das Viersternehotel lag inmitten von Reisterrassen, hatte einen Wellnessbereich und bot chinesische Kost der höheren Kategorie. Entenzungen mit Sehnen, hundertjährige schwarze Eier, Hühnerknorpel, Fischaugen, Quallen, Seegurken, Schweineköpfe, Schwalbennester und Schweinefüße, dazu Klebreis in Bananenblättern, Suppen, in denen merkwürdige Dinge schwammen, oder frittierte riesige Fische, die als Ganzes auf den Tisch gestellt wurden. Von dort aus glubschten sie uns mit riesigen toten Augen und aufgerissenem Maul an. Was Chinesen als Delikatesse galt, ging uns Europäern nur schwer die Kehle hinunter. Die meisten von uns warteten sehnlichst auf den Reis, der stets am Ende der Mahlzeit serviert wurde. Verlangte man am Ende der Mahlzeit jedoch nach Reis, galt dies als Zeichen, dass es zu wenig Essen gegeben hatte. Also tat man es lieber nicht. Zur Verdauung gab es den 54-prozentigen Maotai (Reiswein). Zum Frühstück gab es Reissuppe (xifan), mit Bohnenpaste gefüllte Teigtaschen (baozi), Hefeklöße (mantao), Reisnudeln (chaomian) und andere warme Speisen.

Die meisten von uns blieben während des zweitägigen Ausflugs relativ hungrig. Wir wurden aber auf andere Weise verwöhnt; wir wanderten durch eine malerische Landschaft. Auf den Hügeln wuchsen riesige Bambuswälder, und ringsherum waren Reisfelder angelegt. Wasserbüffel zogen den Pflug, und Reisbauern wateten durch die Reisfelder.

Im Hotel ließen wir uns massieren, feierten und kehrten am Sonntagnachmittag gut gelaunt zurück nach Schanghai. Ich war ganz benommen von dieser Fahrt und davon, dass sie uns auch noch spendiert worden war.

Als der Ausflugsbus vor der Schule hielt, kribbelte es in meinem Bauch. Ich freute mich so sehr auf all unsere Sachen. Die kurze Strecke lief ich nach Hause. Und als ich vor der Haustür stand, konnte ich bereits die aufgetürmten leeren Kartons im Garten sehen.

Ich klingelte, und als mir Marc freudig die Tür aufmachte, sah ich die Kinder in weiteren Kisten kramen.

»Hallo, Mama!«, rief Jonas. »Du glaubst es nicht! Das ist wie Weihnachten und Geburtstag zusammen.«

»Schau mal, ich hab Hasi wieder!« Johanna richtete sich auf der Couch auf, wo sie mit ihrem Lieblingskuscheltier gekuschelt hatte.

Mir wurde ganz warm ums Herz. Acht Wochen war der Container mit all unserem Hab und Gut durch die Ozeane der Welt geschaukelt. Und nun war alles hier.

»Soweit ich das abschätzen kann, ist nur unser Spiegel kaputtgegangen«, sagte Marc. »Aber Ke will ihn morgen reparieren lassen.«

Und als ich Marcs Arbeitszimmer betrat, sah ich sie. Die Gitarre. Sie war tatsächlich heil geblieben. Ich musste an unser Gespräch mit dem LKW-Fahrer denken und schmunzelte. Alles schien so lange her zu sein. In einem vorigen Leben.

»Komm mit, ich muss dir was zeigen.« Marc führte mich nach unten und öffnete die Tür zu meinem Arbeitszimmer. Da standen mein Schreibtisch, mein Computer, Regale voller Schulordner.

»Internet geht jetzt auch an deinem Computer. Kannst gleich mal deine Ma anskypen.« Marc zwinkerte mir zu und drückte mir einen Kuss auf die Stirn.

Ich war so unendlich glücklich und dankbar.

Angekommen.

19.

Heimweh

In der folgenden Woche kam die erste handfeste Post aus Deutschland. Es war ein Paket, gefüllt mit Briefen, Broschüren, Kalenderblättern mit Sprüchen, Zeitungsseiten und Süßigkeiten. Es kam völlig unverhofft und unerwartet. Die Ayi hatte es entgegengenommen und auf den Wohnzimmertisch gelegt. Die Kinder hüpften auf dem Trampolin, und Marc war auch draußen im Garten und machte Fotos von merkwürdigen Insekten, die es bei uns in Berlin nicht gab. Bedächtig wickelte ich es aus dem Packpapier. Meine Freundin hatte es auf den Weg gebracht. Ich entnahm ihren Brief und verschlang ihre handgeschriebenen Zeilen, stellte mir vor, wie sie bei sich am Schreibtisch gesessen und sie im ganz normalen Alltagswahn mit ihren vier Kindern verfasst hatte.

»Liebste Susanne,
noch liegt Dein Geburtstag weit in der Zukunft …
aber da Ihr weit weg in der Ferne lebt, darf ich schon jetzt daran denken.

Wenn Du Glück hast, bin ich noch nicht zu spät?!?

Von Herzen schicke ich Dir ganz viele liebe Glück- und auch Segenswünsche in die nahe (!) Ferne …

Ich wünsche Dir, dass Dir viel Gutes und Liebevolles begegnet!

Mit vielen allerliebsten Grüßen aus Berlin!
Deine Conni.«

Ich hörte Conni förmlich sprechen. Ich war so gerührt von diesen liebevoll zusammengestellten Gaben aus Berlin, die mir ein Stück Heimat ins Haus wehten. Aber noch während ich las, schossen mir plötzlich Tränen in die Augen. Mit voller Macht spürte ich, wie sehr ich diese Ansprache, dieses Vertraute, dieses Herzliche meiner Freunde und meiner Familie zu Hause vermisst hatte, wie sich mir regelrecht vor Schmerz meine Kehle zuschnürte. Es überkam mich ein solches Heimweh, dass ich anfing, laut zu schluchzen. Ich warf mich auf die Couch. Ich wollte genau in diesem Moment bei ihnen sein, mit ihnen lachen und reden und mich über unwichtigen Alltagskram amüsieren. Jetzt fielen mir all die Situationen ein, die mir zeigten, was für gute Freunde ich hatte und dass sie mir genau in diesem Moment so furchtbar fehlten.

Marc hatte mein Schluchzen anscheinend gehört und war schnell hereingekommen.

»Was ist los? Ist was passiert?«, rief er und stürzte auf mich zu, um mich in den Arm zu nehmen.

»Ich weiß nicht«, schluchzte ich. »Ich habe plötzlich so furchtbares Heimweh. Die Freunde, die Familie … Keiner hier kann sie ersetzen, so lieb, wie sie alle sind. Wem bedeute ich denn hier irgendetwas? Wer ist hier wirklich an mir interessiert?« Die Worte sprudelten nur so aus mir heraus. Mir war gar nicht bewusst, was ich da sagte, aber es kam aus tiefstem Herzen. »Schau mal, wer von den Kollegen in unserem Alter hat hier schon Kinder? Die kinderlosen Kollegen treffen sich schön in der Stadt, weil sie da ja auch alle wohnen. Und wir sitzen hier draußen und treffen nie jemanden.« Ich wusste, dass das so eigentlich nicht stimmte, aber tatsächlich fühlte ich mich bislang keinem Kollegen so richtig nah. Immer fehlte etwas. »Vielleicht will ich auch immer gleich zu viel. Aber auf diese Oberflächlichkeit habe ich echt keine Lust mehr. Ich will so sein können, wie ich bin. Und hinzu kommt, dass keiner hier was von Heimweh wissen will. Alle sind immer total happy. Alles ist immer super und total spannend. Aber ich finde das eben nicht. Und wenn ich mal sage, dass ich die Natur, meine Familie und Freunde vermisse, schauen sie mich an, als käme ich von einem anderen Planeten.«

Ich wurde von der nächsten Weinattacke geschüttelt.

»Na, so stimmt das doch auch nicht«, widersprach Marc. Er nahm mich in den Arm. »Schau mal, wer alles angerufen hat, als es Jonas so schlechtging. Oder wo wir in letzter Zeit überall eingeladen waren. Was wir alles unternommen haben.«

»Stimmt«, musste ich schluchzend zugeben. »Aber trotzdem.«

»Was trotzdem?«

»Na, es kann eben keiner die Freunde aus Berlin ersetzen. Die kennen uns nun schon so ewig, wissen, wie wir ticken, und legen nicht alles auf die Goldwaage.«

Wir setzten uns auf die Couch, und Marc begann ein beschwichtigendes Trostgespräch. Ich klatschte ihm all meine Zweifel und Ängste an den Kopf. Ob es den Kindern auch wirklich gutging, ob sie nicht ihre Großeltern und Freunde zu sehr vermissten, ob ich gut genug unterrichten und den Ansprüchen der Schule, der Eltern und Schüler genügen würde. Ich brachte alles auf den Tisch, was mich in den letzten Wochen beschäftigt hatte, kehrte mein tiefstes Inneres nach außen. Ich hatte als Englischlehrerin zwei Muttersprachler in meinem Unterricht, und auch die anderen Schüler sprachen beinahe ausnahmslos fließend Englisch. Das war ich so aus Berlin nicht gewohnt.

Die Ayi war mittlerweile auch zu uns getreten und fragte, was denn los sei, warum ich denn so weinte. Ich zeigte auf mein Herz und sagte »Bu hao.« (Nicht gut.) »Wode mama, wode baba, wode didi, wode pengyou – tamen bu zai zheli. Wo bu hao.« (Meine Mutter, mein Vater, mein Bruder, meine Freunde – sie sind nicht hier. Ich nicht gut.) Anders konnte ich ihr die Situation nicht verständlich machen. Ein paar Wörter hatte ich mir bei den alltäglichen Kommunikationsversuchen mit unserer Ayi angeeignet. Hatte ihr Fotos von meiner Familie und von meinen Berliner Freunden gezeigt, um sie an unserem Leben teilhaben zu lassen.

Sie lachte. Warum lachten Chinesen eigentlich immer über alles? Ich war leicht angesäuert über diese Reaktion. Sie verschwand in der Küche, und nur kurze Zeit später servierte sie mir einen Ingwertee. Sie sagte: »Zhe ge dui xinqing hao.« (Das ist gut fürs Herz.) Und lächelte. Nun war ich gerührt.

Wenig später klingelte mein Telefon. Eine der neuen Kolleginnen fragte: »Willst du heute Abend vielleicht mitkommen? Da soll es so einen netten Biergarten in der Innenstadt geben. Und davor könnten wir im Abbey Road Spätzle essen gehen. Die Besitzerin ist Deutsche und der Koch Schweizer. Da gibt es immer was für den heimwehgeplagten europäischen Magen.« Ich musste lächeln und sagte ohne langes Zögern: »Na klar! Wann, wo, wie?«

»Ich hole dich um 19.30 Uhr mit dem Taxi am Eingang von eurem Compound ab, okay?«

»Na siehste!«, sagte Marc, als ich aufgelegt hatte. »So viel zum Thema: Keiner denkt an dich. Na, dann viel Spaß heute Abend.«

Tatsächlich wurde es ein toller Abend. Wir fuhren in die French Concession, einen Bezirk, in dem es noch einen Hauch französischer Kolonialatmosphäre gab. Hier säumten Bars, Pubs und Kneipen die Straßen, deren Kundschaft hauptsächlich in den Reihen der

Expats zu finden war. Fröhliche Engländer lachten mit Franzosen, Amerikanern und Deutschen. Alt stieß auf Jung. Hier herrschte Heimatstimmung. Man konnte sogar kickern.

Um 2.00 Uhr nachts knipste ich zufrieden die Nachttischlampe aus. Marc schlief bereits neben mir.

20.

Vorsatz

Ich hatte mir vorgenommen, nun aktiv gegen mein Heimweh anzugehen und mich nicht noch einmal in so ein tiefes Loch fallen zu lassen. Das musste ein »Shanglow« gewesen sein, von dem der Schulleiter gesprochen hatte. Er hatte uns gewarnt, dass es viele »Shanghighs«, aber eben auch »Shanglows« geben würde und dass es gut wäre, in den Phasen der »Shanglows« nicht aufzugeben.

Also meldete ich mich in der nächsten Woche bei einem Chinesischkurs an, besorgte mir einen iPod und lud mir einen Shanghai Taxiguide runter, der alle Adressen auch in chinesischen Schriftzeichen angab. Nun fühlte ich mich nicht mehr ganz so verloren. Ebenso wollte ich mir das Straßensystem besser einprägen. Immer noch sah für mich alles gleich aus, und ich wusste oft nicht, wo ich war. Also hatte ich fortan immer eine Straßenkarte dabei. Zumindest von der Innenstadt. Von unserer Gegend gab es keine. Zu schnell wurden hier ganze Straßenzüge kurzerhand abgerissen und neu aufgebaut, so dass keine Karte aktuell blieb.

Ich nahm mir vor, nicht nur im Kollegium, sondern auch in der Elternschaft Kontakte zu knüpfen, um in der Freizeit auch mal über etwas anders als die Schule zu reden.

Warum fiel es mir nur so schwer, mich einzuleben? Da waren diese völlig andere Kultur und die Sprache, die ich nicht verstand, aber auch diese trostlosen grauen Straßen und die schlechte Luft. Oder lag es auch daran, dass sich einfach alles um die Schule drehte? Am Vormittag und am frühen Nachmittag lehrte ich in der Schule, am Nachmittag lernte ich zu Hause mit den Kindern, und am Abend bereitete ich den Unterricht vor. Es musste auch noch ein Leben neben der Schule geben. Aber welche Eltern wollten schon mit den Lehrern ihrer Kinder befreundet sein?

»Was hältst du davon, wenn wir uns mal mit Familie Trapp treffen?«, fragte ich Marc. »Sie haben eine Tochter, die ein Jahr älter ist als Johanna, und einen Sohn, der in Jonas' Klasse geht. Ich fand die Mama auf dem Elternabend sehr nett.«

»Na, dann lass uns doch am Wochenende einen Ausflug zur Lupu Bridge machen«, schlug er vor, »die wurde gerade eröffnet. Man kann ihren Bogen besteigen und hat einen super Blick auf das Expo-Gelände auf der Pudongseite. Da werden gerade die Pavillons der verschiedenen Länder für die Expo 2010 im nächsten Jahr aufgebaut.«

»Das hört sich gut an. Danach könnten wir ja essen gehen.«

Gesagt, getan. Wir verabredeten uns mit Familie Trapp und erklommen die riesige weiße Bogenbrücke über dem Huangpu, die man bis ganz oben besteigen konnte. Hoch oben zerzauste uns der starke Wind die Haare, und die Sonnenstrahlen kitzelten in der Nase. Die Kinder und auch die Erwachsenen verstanden sich prächtig.

Und schon bald hatten wir unsere ersten Freunde gefunden.

21.

Leckereien

»Wenn ihr nach Schanghai kommt, müssen wir unbedingt essen gehen«, erzählte ich begeistert unseren Freunden, die am anderen Ende der Welt vor ihrem Computerbildschirm in Berlin saßen. Wir vier saßen vor unserem Computerbildschirm in Schanghai und skypten mit ihnen. Toll, dass es diese Technik gab. Wir waren in Hochstimmung, denn gerade hatten wir von meiner Freundin Tina erfahren, dass sie und ihr Mann uns in den Osterferien besuchen würden.

»Wenn man hier auch keine Natur hat und einem die Klamotten in den Läden nicht passen – essen gehen kann man echt vorzüglich und vor allem an den spannendsten Plätzen. Auch der Service ist super. Dir wird das besonders gefallen, Tina.« Unsere Freundin war Meisterköchin und zauberte aus dem Nichts die leckersten Speisen auf den Tisch. Köstliches Essen in schönem Ambiente war ihr Leben.

»Gestern waren wir hoch oben im Jin Mao Tower. Das ist dieser eckige große Turm neben dem Flaschenöffner, und dort waren wir im 82. Stock bei einem leckeren Italiener. Wir hatten den Blick über Puxi und Pudong, und die Abendsonne tauchte alles in ein wunderschönes Orange. Als die Sonne untergegangen war, wurde die Stadt ein Lichtermeer. Wahnsinn. Die Skyline ist einfach beeindruckend.«

Sprach ich mit Freunden aus der Heimat, verspürte ich stets eine merkwürdige Euphorie, wenn ich von Schanghai erzählte. Dann fühlte ich mich immer gleich besser.

»Oder wir gehen wieder zu diesem chinesischen Restaurant, Mama, da, wo es so leckeres Fleisch gab«, schlug Jonas vor.

Ins *Lost Heaven*?«, fragte Marc. »Mmmm, lecker, das ist Yunnan-Küche, also schon fast tibetisch. Das ist wirklich sehr fein und sehr speziell. Das könnten wir auch machen.«

»O nein«, wandte Johanna ein. »Das war doch so scharf. Lass uns lieber in die Hongmei Lu gehen und Burger essen.«

»Ich glaube, Tina und Daniel kommen nicht nach Schanghai, um Burger zu essen, oder?«

Die beiden hatten auf der anderen Seite der Welt interessiert unser Fachsimpeln über tolle Restaurants verfolgt.

»Ihr scheint ja ganz schön oft essen zu gehen. Ist das nicht ein bisschen teuer?«, fragte Tina skeptisch. Tatsächlich waren wir in Berlin fast nie essen gegangen, weil wir es uns einfach nicht leisten konnten.

»Nein, es ist hier tatsächlich supergünstig. Insbesondere wenn du chinesisch essen gehst. Pro Person kostet das umgerechnet oft nur drei Euro, und du gehst pappsatt nach Hause«, sagte Marc.

»Na ja, dafür stimmt das Ambiente oft nicht so recht«, erwiderte ich. »Da ist nix mit Gemütlichkeit. Du sitzt an runden Tischen mit Einwegplastiktischdecken und isst von Plastikgeschirr, das in Folie eingeschweißt auf dem Tisch steht. Neonröhren tauchen alles dann in furchtbar grelles Licht. Und um dich herum schreien die Chinesen.«

»Warum gibt es da eigentlich Einwegtischdecken?«, fragte Tina.

»Alles, was abgenagt wurde oder liegen bleibt, landet neben den Tellern«, erklärte ich. »Da macht sich eine schöne Leinentischdecke nicht so gut.«

»Da sieht es dann aus wie auf einem Schlachtfeld«, fiel Jonas mir ins Wort.

»Wenn alle fertig sind«, führte ich an Tina und Daniel gewandt fort, »kommt die Bedienung, räumt das Plastikgeschirr ab und hebt die ganze Tischdecke mit all den Essensresten hoch und schmeißt sie weg.«

»Aha, na lecker!«, sagte Daniel. »Aber schmecken tut es schon?«

»Doch«, sagte ich. »Den Kindern schmeckt es zwar meistens nicht, aber uns. Es schmeckt nicht so wie beim Chinesen in Berlin. Ganz anders. Kann ich kaum beschreiben. Sie verwenden ganz andere Gewürze. Und wirklich jedes Gericht schmeckt eigen. Außerdem bestellt man pro Tisch mehrere Gerichte, also beispielsweise Hühnerfleisch, Fisch, Rindfleisch, Reis, Frühlingsrollen, warme Gurken, Auberginen und so weiter. Die einzelnen Gerichte werden auf einer großen Drehscheibe auf den Tisch gestellt, und sofort können alle mit ihren Stäbchen vom selben Teller essen.«

»Hört sich lustig an«, sagte Tina amüsiert. »So ganz vorstellen kann ich es mir aber noch nicht. Das werden wir ja dann sehen.«

Wir erzählten unseren Freunden noch allerhand Skurrilitäten aus dem Land des Lächelns und spürten ihre Vorfreude auf die große Reise.

»Und wenn ihr dann genug von all dem Exotischen habt«, sagte Marc, »dann können wir in die Hongmei Lu gehen.«

»Was ist das?«, wollte Tina wissen.

»Das ist eine Straße, in der es zum einen ein chinesisches Kaufhaus gibt, in dem du alle möglichen gefälschten Markensachen für wenig Geld kaufen kannst, zum anderen aber auch eine kleine Fußgängerzone, die die Chinesen Lauweistreet nennen. »Langnasenstraße«. In dieser Fußgängerzone gibt es einen Inder, einen Österreicher, einen Holländer, einen Thailänder, ein Paulaner Bierhaus und verschiedene amerikanische Diner. Da findet man auf jeden Fall etwas, wenn man mal wieder Lust auf »normales« Essen hat. Außerdem tummeln sich da die Langnasen am Abend und am Wochenende, um Football- oder Baseballspiele zu sehen oder Rugby oder eben Fußball. Dort herrscht immer eine super Stimmung.«

Ich freute mich schon jetzt auf ihren Besuch und auf all die spannenden Sachen, die wir ihnen hier in Schanghai zeigen konnten. Es war schon ein riesiges Abenteuer. Selbst nach mittlerweile zweieinhalb Monaten geschahen beinahe täglich Dinge, die uns staunen ließen. Kürzlich hatte es in einem relativ schicken Restaurant plötzlich einen Stromausfall gegeben. Eine Viertelstunde hatten wir im Dunkeln gesessen. Wir konnten nicht gehen, denn wir hatten ja noch nicht bezahlt. Leider war der Computer während des Stromausfalles abgestürzt und die Kellner konnten keine Rechnungen erstellen. Alle Bestellungen waren verlorengegangen. Also ließen sie, auch nachdem das Licht wieder angegangen war, keinen Gast gehen, und wir warteten noch eine Stunde auf unsere Rechnung. Immerhin gab es ein Getränk aufs Haus.

»Hier gibt es auch sehr viele Märkte«, erzählte ich weiter. »Den Stoffmarkt, da kannst du dir Kleider nähen lassen, den Brillenmarkt, den Blumenmarkt, den Insektenmarkt, den Lampenmarkt, den Geschirrmarkt, den Gardinenmarkt und natürlich viele Fakemärkte. Hier gibt es für alles einen Markt mit einer riesigen Auswahl – leider nicht immer auf den europäischen Geschmack ausgerichtet. Aber eigentlich findet man immer etwas.«

»Aber was kann man denn da kaufen?«, fragte Tina. »Ich kann mir das nicht so recht vorstellen. Gibt es da Sachen, die euch gefallen?«

»Auf dem Fake-Markt kannst du alle möglichen Markenklamotten und Ähnliches kaufen«, erklärte ich.

»Natürlich ist alles gefälscht. Die Regierung scheint da ein Auge zuzudrücken, weil das ja eigentlich kriminell ist. Ab und an gibt es dann eine Großrazzia. Danach sind dann die Läden für ein paar Tage geschlossen. Aber nach und nach machen sie dann wieder auf. Bis zur nächsten Razzia«, ergänzte Marc.

»In jedem Fall musst du gut handeln können, dann bekommst du die Sachen günstig. Ob sie von guter Qualität sind, das steht auf einem ganz anderen Blatt. Du kannst eine Ice Watch für drei Euro kaufen, manche halten dann eben auch nur bis zum nächsten Tag. T-Shirts laufen ein, Henkel von Taschen reißen. Aber oft hat man auch Glück. Am letzten Samstag war ich mit zwei jüngeren Kolleginnen aus der Grundschule auf so einem Markt. Wir waren in einem chinesischen ›Kaufhaus‹. Das heißt, es war ein großes Gebäude, dessen Etagen mit Rolltreppen verbunden waren. Ansonsten bestand es eher aus einzelnen kleinen Lädchen, in denen eigentlich immer wieder das Gleiche zu finden war: Schnickschnack aus Seidenstoffen, ›Bags, watches at a very good quality and very cheap …‹ und aller mögliche Fake-Markenkram, Gucci, Abercrombie and Fitch und wie sie alle heißen. Die beiden Mädels haben mich dann in die hohe Kunst des Verhandelns eingeführt. Die waren schon Profis und knallhart. Ich habe nur noch mit den Ohren geschlackert. Zunächst fragst du relativ desinteressiert nach dem Preis des Objekts deiner Begierde, denn nirgendwo stehen Preise drauf. Meistens nennt dir der Verkäufer dann einen Preis, der mehr als doppelt so hoch ist wie der Marktpreis. Dann bist du an der Reihe. Zunächst tust du völlig geschockt und gehst weg. Der Verkäufer merkt also, dass du Ahnung hast. Meist läuft er oder ruft er dir dann hinterher. ›What's your price? Give me your price.‹ Das Spiel hat begonnen. Meistens halten sie dir dann einen Taschenrechner hin, wo du den Preis eintippen kannst, weil es sonst zu Verwirrungen kommen kann. Nun musst du bei einem Drittel des Preises, den er dir anfangs genannt hat, ansetzen. ›What? Will you kill me? I have a wife and a daughter‹, wird dann stets die Antwort sein. ›I will give you a very good price. You are my friend. Good price for a friend.‹ Nun landet ihr noch bei über der Hälfte des anfangs genannten Preises. Jetzt musst du überlegen, ob dir die Sache ein weiteres Verhandeln wert ist. Meistens kann man dann immer noch um zehn Prozent handeln.«

Nun meldete sich Marc zu Wort. »Macht Spaß. Aber ein bisschen stressig ist es auch. Manchmal will man einfach nur mal in einen Laden gehen und eine Sache kaufen, ohne vorher dieses Spektakel aufzuführen. Das machen sie wahrscheinlich eh nur mit Touristen und Langnasen.«

Ich schmunzelte. »Lasst euch einfach überraschen. Wir freuen uns wirklich riesig, dass ihr bald kommt.«

22.

Ostasienspiele

»Ich hab gleich zwei tolle Neuigkeiten«, sagte Marc, als er an einem Montag im Oktober von der Schule nach Hause kam. Wenn Marc so schnell mit der Tür ins Haus fiel, mussten es große Neuigkeiten sein. Was kam nun schon wieder?

»Ich wurde heute offiziell zum Headcoach des Teams ernannt, das Mitte November nach Peking fliegt und an den ersten Ostasienspielen teilnehmen darf.«

Ganz so überraschend kam das nicht, denn die Sportfachleiterin, die eigentlich der Headcoach war, war plötzlich schwer erkrankt, und wir wussten bereits, dass sie das Team nicht begleiten würde. Marc war ihr Assistent gewesen, und nun durfte er die Betreuung und die Leitung der Fahrt übernehmen.

»Toll, das freut mich sehr für dich.« Ich drückte ihm einen Kuss auf die Wange.

»Alle deutschen Schulen aus dem Bereich Ostasien werden da sein: Hongkong, Seoul, Peking, Schanghai, Changchun, Tokio, Taipeh. Das wird bestimmt super.«

»So, und was ist nun die zweite Neuigkeit?«, wollte ich neugierig wissen.

»Ab sofort organisiere ich den Vertretungsplan.« Erwartungsvoll schaute er mich an.

»Aha.« Ich wusste nicht recht, was daran so toll sein sollte. Die Vertretungsplaner bekamen immer den ganzen Frust der Kollegen ab, sie mussten früh in der

Schule sein und rund um die Uhr erreichbar bleiben, um Krankmeldungen entgegenzunehmen.

»Was hast du denn damit gewonnen?«, fragte ich mitleidig.

»Wenn ich jemals in die Schulleitung kommen möchte, ist es unabdingbar, dass ich weiß, wie das mit der Stundenplanorganisation funktioniert. Die haben hier ein ganz neues Computerprogramm. Dafür bekomme ich sogar eine Schulung in Deutschland.«

»Krass«, rief ich aus. »Ich will auch Vertretungsplanerin werden und nach Deutschland fliegen.«

»Ich muss also ab jetzt immer schon um sieben Uhr zur Schule.«

»Okay. Es gibt Schlimmeres«, sagte ich. »Aber wie meinst du das mit der Schulleitung? Hast du da was im Sinn? Ich kenn dich doch. Du planst doch was.«

»Abwarten. Aber der jetzige stellvertretende Schulleiter kann nicht mehr lange von Deutschland beurlaubt werden, weil er schon sechs Jahre hier ist. Zwei Jahre hat er also noch.« Er lächelte mich an. Wieder einmal war ich beeindruckt von seinem Selbstbewusstsein.

»Träume muss man haben.«

Marc wechselte das Thema.

»Übrigens«, sagte er, »ich habe den Flug nach Bintan gebucht. Hat alles reibungslos geklappt, und ich glaube, die Unterkunft ist auch sehr schön.«

Während ich mich noch mitten in der Phase des Ankommens und Zurechtfindens befand, war Marc bereits dabei, unsere Urlaube zu planen. In den Herbstferien sollte es auf die indonesische Insel Bintan gehen, und in Singapur wollten wir auch noch einen kleinen Halt machen.

»Die Flüge nach Australien zu Weihnachten habe ich auch gebucht und auch das Wohnmobil.«

Mir ging das alles fast zu schnell. In meinen kühnsten Träumen hätte ich nicht daran gedacht, jemals nach Australien fliegen zu können. Zu teuer. Und nun war der Silvesterabend in Sydney von Marc bereits dingfest gemacht worden.

»So langsam komm ich nicht mehr mit«, stöhnte ich. Aber ich lächelte nun auch.

23.

Reisen in Fernost

Wir saßen im Flieger nach Indonesien.

»Kinder, wir fliegen nach Indonesien!«, rief ich im Taxi. »Ich kann's nicht fassen! Wisst ihr überhaupt, wo das ist?«

Natürlich wussten sie es nicht. Wir hatten zu wenig Zeit gehabt, es ihnen auf der Weltkarte zu zeigen.

Marc setzte zu einem Vortrag an: »Ich erzähle euch jetzt mal ein wenig zu Bintan. Es ist eine Insel, die zu Indonesien gehört. Von Singapur aus erreicht man sie mit einem Schnellboot. Dort gibt es einen Dschungel, Mangrovenwälder, Elefanten, Schlangen, Leguane und Kingfisher. Das sind ganz seltene bunte Vögel.«

Die Kinder staunten. Unsere Koffer hatten nicht alle in den Kofferraum des Taxis gepasst und stapelten sich daher auf unseren Oberschenkeln.

»Elefanten?«, rief Johanna.

»Cool. Und die Schlangen, sind die giftig?«, fragte Jonas.

»Ja, da gibt es auch giftige Schlangen«, sagte Marc.

Ich schaute nach draußen in das Lichtermeer der pulsierenden Stadt. Wir waren doch gerade erst in Schanghai gelandet. Und nun saßen wir bereits im Taxi auf dem Weg in ein noch exotischeres Land.

»Und in Singapur, wo wir morgen ganz früh landen werden, findet gerade ein Formel-1-Rennen statt. Vielleicht sehen wir ja einen bekannten Rennfahrer«, ergänzte Marc.

Singapur. Mein Vater war einmal dienstlich in dem Stadtstaat gewesen, als ich so alt war wie Jonas nun. Er hatte begeistert von den netten Menschen und dem leckeren Essen erzählt. Seine Geschichten hatten geklungen wie aus Tausendundeiner Nacht. Gebannt hatten wir ihm zugehört. Niemals, hatte ich damals gedacht, werde ich dieses exotische Land selber bereisen. Und er hatte meiner Mutter eine rote Seidenjacke mitgebracht. Als ich mit 17 Jahren als Austauschschülerin aus Amerika wiedergekommen war, hatte ich sie in einer Kiste auf dem Dachboden entdeckt und fortan jeden Tag getragen. In dieser Jacke hatte ich Marc kennengelernt.

Als wir in Singapur ankamen, waren wir begeistert von der Sauberkeit in den Straßen und der Freundlichkeit der Menschen. Wir erkundeten die Stadt, so gut es mit unserem Gepäck ging. Schauten uns Chinatown an und das muslimische Viertel, besuchten eine Moschee. Mit einem schwarzen Taxi fuhren wir nachmittags zum Hafen.

»Wie sauber das Taxi ist«, sagte Jonas. In dem Moment klappte ein Fernseher aus dem Autodach, und es lief *Tom und Jerry*.

»Wie cool ist das denn!«, riefen beide Kinder fasziniert.

Der Fahrer mit weißen Handschuhen schmunzelte über den Freudenausbruch der Kinder. In perfektem Englisch fragte er uns höflich nach unserem Reiseziel und fuhr uns anstandslos zum Hafen.

»Also, für mich hat der Urlaub bereits begonnen!«, sagte ich und ließ mich tiefer in den Sitz sinken. Marc schmunzelte nun auch.

Ein Schnellboot fuhr uns in ein Paradies aus Palmen und Sandstränden. Marc hatte zwar eine sehr einfache

Unterkunft ausgesucht, aber sie lag romantisch direkt am Strand. Eine schlichte Holzhütte mit einem Doppelbett und einem winzigen Beistellbett. In den nächsten Tagen wurden wir von der überwältigenden Natur und Tierwelt und der Freundlichkeit der Menschen auf dieser wunderschönen Insel belohnt. Ein Leguan besuchte uns jeden Morgen, und Affen schrien hoch oben in den Palmen. Für uns war es die erste Reise in ein tropisches Land. Bunte Blumen säumten die Wege, das Grün der Pflanzen blendete uns fast. Wir schnorchelten im türkisgrünen Meer und entspannten am Strand, unternahmen Strandspaziergänge und Bootsfahrten, bei denen wir giftige Schlangen und bunte Vögel zu Gesicht bekamen. Ein Highlight war die Bootsfahrt durch einen Mangrovenwald, in dem die Zikaden so laut zirpten, dass wir unser Wort fast nicht mehr verstanden.

Nach sechs Tagen nahmen wir traurig Abschied. Vor allem ich tat mich schwer damit, mich wieder auf Schanghai zu freuen. Das übernahmen die anderen drei.

24.

Schweinegrippealarm

Eine Woche nach unserer Heimkehr aus Bintan hieß es für Marc schon wieder »farewell«. Er flog nun mit der Schulmannschaft zu den ersten Ostasienspielen nach Peking. »Ich freue mich auf die Stadtrundfahrt. Da fahren wir zum legendären Vogelnest, wo die Olympischen Spiele 2006 ausgetragen wurden.« Diese Aussicht ließ sein Sportlerherz höherschlagen.

Marc düste davon. Nun waren nur noch Jonas und ich zu Hause. Johanna war zu der Zeit bereits auf Klassenfahrt gegangen, denn die Grundschulklassen fuhren eine Woche vor den Klassen der Sekundarstufe.

»Na, was fangen wir an mit dem Abend?«

»Ich wüsste schon was.« Er grinste. Natürlich wollte er einen Film gucken.

»Okay, aber zuerst fordere ich dich heraus. Ich wette, ich gewinne im Schach«, sagte ich.

»Das denkst auch nur du.« Er flitzte nach oben und holte das Schachbrett.

Die Niederlage konnte ich natürlich nicht auf mir sitzen lassen, und so spielten wir noch Dame, Mühle, Ubongo und Rummikub. Zu später Stunde hatte Jonas den Film trotzdem nicht vergessen. Versprochen war nun einmal versprochen.

Wir hatten es uns gerade vor dem Fernseher gemütlich gemacht, da klingelte plötzlich das Telefon. Wer rief um die Uhrzeit noch an?

Es war Wolfgang, der stellvertretende Schulleiter.

»Susanne, ich muss dir etwas sagen. Keine Panik. Aber in der Klasse von Johanna ist ein Fall von Schweinegrippe aufgetreten. Es ist das Mädchen, das sich mit Johanna das Zimmer geteilt hat.«

Das saß.

Bereits vor den Klassenfahrten geisterten Gerüchte durch die Schule, dass eine neue, nicht ungefährliche Form der Schweinegrippe in Schanghai grassiere. Es war bereits zu einigen Todesfällen gekommen. Die Schulleitung war in Alarmbereitschaft. Eine Woche lang hatten wir bei unsern Kindern morgens, mittags und abends Fieber messen und ein Fiebertagebuch führen und dies der Schule übergeben müssen. Natürlich war die Elternschaft verunsichert. Zu nah waren noch die Schreckensnachrichten über SARS gewesen, woran viele Menschen gestorben waren.

Diese Bilder flackerten nun vor meinem inneren Auge. Es schnürte mir die Kehle zu.

»Und was heißt das jetzt?«, fragte ich.

»Erst einmal nichts«, beruhigte er mich. »Das Mädchen wurde abgeholt und ist jetzt im Krankenhaus. Aber die Schweinegrippe ist nun einmal sehr ansteckend und fällt unter das Quarantänegesetz.«

»Oje. Wie gefährlich ist sie denn?«

»Das können die Ärzte vorerst noch nicht einschätzen. Es gab schon ein paar Todesfälle, aber die gibt es ja auch bei jeder normalen Grippewelle. Meistens trifft es Alte und Säuglinge. Jetzt mach dir erst einmal keine Sorgen. Johanna ist ja auch noch gesund.«

»Die Betonung liegt auf ›noch‹, oder?«

Er schwieg einen Moment. »Mehr können wir jetzt erst einmal nicht tun. Versuch, ruhig zu bleiben. Es wird bestimmt alles gut.« Mit diesen Worten legte er auf.

Die Kinder waren so freudig auf Klassenfahrt gefahren, und jetzt kam dieser Schock. Sie hatten bestimmt

Angst. Und wie mochte es wohl den Lehrern gehen? Johannas Klassenlehrerin war eine gute Bekannte von mir. Ich rief sie an.

Auch sie riet mir, ruhig zu bleiben.

Natürlich gelang mir das nicht. Ich ging zurück zu Jonas.

»Und, Mama, alles okay?« Er hatte sofort gemerkt, dass es mir nicht gutging. Wir hatten den Kindern unsere Empfindungen und Sorgen nie gänzlich vorenthalten, um sie nicht in Watte zu packen. Also erzählte ich ihm auch jetzt, was los war.

»Muss das Mädchen jetzt sterben?«, fragte er besorgt.

»Bestimmt geht alles gut. Die Ärzte wissen im Moment nicht, wie gefährlich diese Form der Grippe ist.«

»Und was ist, wenn Johanna sich angesteckt hat?« Ängstlich schaute er mich an.

»Jonas, es wird bestimmt alles gut. Vielleicht hat sich Johanna auch gar nicht angesteckt.«

Verunsichert schauten wir den Film zu Ende. Mir fehlte Marc. Wie gern hätte ich jetzt mit ihm gesprochen.

Die nächsten zwei Tage vergingen, ohne dass wir etwas von der Klassenlehrerin hörten. Ich deutete dies als gutes Zeichen. Am nächsten Morgen war es Jonas, der mir Sorgen machte. Er hatte über Nacht hohes Fieber bekommen und mehrmals gebrochen. Das waren genau die Symptome der Schweinegrippe.

»Meinst du, ich hab jetzt auch die Schweinegrippe? Kann ich am Montag mit auf Klassenfahrt gehen? Ich will nicht zu Hause bleiben.«

Er fing an zu weinen. Es gelang mir, ihn erst einmal zu beruhigen. Ich zermarterte mir jedoch mein Hirn. Ich musste sein Fieber melden. Damit war eigentlich schon klar, dass er nicht mit auf Klassenfahrt gehen konnte. Heute war Donnerstag. Keinesfalls würden sie das Risiko eingehen, ein fiebriges Kind mit auf Klassenfahrt zu nehmen. Und erst recht nicht jetzt, in einer Zeit, in der die Schweinegrippe grassierte. Egal in welche Richtung ich meine Gedanken laufen ließ, jedes Szenario war furchtbar. Ich rief Marc an, um mit ihm zu beratschlagen, was zu tun war.

»Ich glaube, das mit Jonas' Klassenfahrt können wir knicken«, wimmerte ich ins Telefon. »Der Arme! Nun verpasst er seine erste Klassenfahrt in China. Selbst wenn es nur eine harmlose Grippe ist, gehe ich davon aus, dass er hierbleiben muss. Und dann muss einer von uns bei ihm bleiben.«

»Das stimmt wohl. Wir müssen sofort Wolfgang Bescheid geben«, sagte Marc.

Meine 11. Klasse sollte nach Sichuan fliegen. Je höher die Klassenstufe war, desto weiter weg ging die Fahrt. In Sichuan, das vier Flugstunden von Schanghai entfernt lag, gab es eine Panda-Aufzuchtstation. Damit wir Johanna in der Klassenfahrtswoche der Sekundarstufe nicht allein zurücklassen müssten, hatte die Schulleitung beschlossen, Johanna einfach bei mir mitzuschicken. Sie hatte einen Freudentanz aufgeführt, als sie davon gehört hatte. Zwei Wochen Klassenfahrt hintereinander, und dann auch noch zu den Pandabären. All dies wäre zerplatzt wie Seifenblasen, wenn ich zu Hause bleiben musste.

»Okay, ich ruf Wolfgang an und schlage vor, dass ich in der kommenden Woche zu Hause bleibe«, sagte Marc.

Eine halbe Stunde später rief Wolfgang bei mir an.

»Wir haben uns dazu entschieden, dass Marc nächste Woche seine 8. Klasse begleitet. Sie brauchen ihn als Klassenleiter mehr als die großen Elfklässler dich. Du bleibst zu Hause bei Jonas.«

Das saß.

»Okay«, stammelte ich.

Was sollte ich auch anderes sagen.

»Und Johanna kommt nach ihrer Heimkehr von der Klassenfahrt bitte auch nicht zur Schule. Die Wahrscheinlichkeit, dass sie sich angesteckt hat, ist ja recht hoch. Wir dürfen nicht riskieren, dass sie andere Kinder ansteckt – auch wenn die Symptome bei ihr vielleicht noch nicht sichtbar sind. Ihr geht bitte in die chinesische Universitätskinderklinik und lasst abklären, ob Jonas an der Schweinegrippe erkrankt ist. Ruf mich dann bitte sofort wieder an.«

Betrübt machte ich mich mit unserem fiebrigen Sohn auf den Weg und rief ein Taxi.

Nach 45 Minuten und einer horrenden Rechnung setzte uns der Taxifahrer irgendwo in Schanghai ab, wo ich definitiv noch nie gewesen war. Wo nur war die Kinderstation? Ich hatte dem Taxifahrer das Taxi-Printout mit der genauen Angabe gezeigt. Aber anscheinend war der Krankenhauskomplex so groß, dass er nicht wusste, wo genau die Kinderstation war. Jonas' Fieber stieg, und ihm war fürchterlich schlecht. Mit meinem kranken Kind an der Hand und Wut im Bauch darüber, dass uns der Taxifahrer einfach irgendwo abgesetzt hatte, irrte ich durch die Straßen. Ich konnte keinen Pförtner sehen und keine Schilder, die auf Englisch auswiesen, wo sich welche Abteilungen befanden. Ich fragte einen Polizisten und mehrere Passanten. Natürlich verstand mich wieder einmal keiner. So viel Chinesisch hatte ich dann doch noch nicht gelernt. Es war kein Durchkommen. Alle, die ich fragte, schüttelten den Kopf und liefen weiter. Jonas musste brechen.

Ich entschied mich, in das nächstbeste Gebäude zu gehen, das zum Krankenhauskomplex zu gehören schien.

Dort bot sich uns ein schreckliches Bild: Jammernde, weinende, spuckende, hustende, schniefende und offenbar fieberkranke Babys und Kleinkinder lagen auf Pritschen oder saßen auf dem Schoß ihrer Eltern, die zumeist ernst dreinschauten. Auch Erwachsene in Schlafanzügen lagen auf den Pritschen in dieser riesigen Wartehalle. Es herrschte absolute Überfüllung. Und nirgendwo war Personal zu sehen. Panik machte sich in mir breit. Was für Krankheiten all diese Menschen wohl haben mochten? Vielleicht steckten wir uns ja ausgerechnet hier, wo wir uns Hilfe versprachen, an? Schließlich fand ich jemanden, der wie ein Arzt aussah. Hektisch lief er durch die Reihen der Kranken. Ich eilte ihm hinterher, so gut es ging, mit Jonas an der Hand. Aber auch dieser Arzt verstand kein Wort Englisch.

Nun konnte ich mein Entsetzen über die Zustände, meine Ungeduld und meine Wut nicht mehr verbergen. Meine Augen verengten sich zu Schlitzen. Auf Deutsch zischte ich: »Ich möchte jetzt sofort Hilfe für mein krankes Kind, sonst drehe ich durch.« Offensichtlich hatte er zwar nicht den Inhalt meiner Worte, aber ihre Botschaft verstanden. Er drehte sich auf dem Absatz um und geleitete mich zu zwei Schwestern, die an einem Tisch in der Mitte des Chaos saßen. Irgendetwas teilte er ihnen mit, und schließlich drückte mir eine der Schwestern einen Zettel in die Hand, auf den sie chinesische Schriftzeichen und die Zahl 399 gekritzelt hatte. Vielleicht war dies das Gebäude, zu dem ich musste? Sie zeigte auf den Ausgang. Ich begriff, dass ich hier falsch war. Also schnappte ich mir Jonas und schleppte ihn schnell aus diesem Moloch. Als wir auf die Straße traten, kam zum Glück gleich ein Taxi. Ich zeigte dem Fahrer den Zettel. Er nickte und fuhr los. Wir fuhren und fuhren abermals. Auf die Autobahn, vorbei an Häuserschluchten und Abfahrten. Ich begann zu zweifeln: Wohin fuhr uns der Taxifahrer nun schon wieder? Jonas war schwitzend neben mir eingeschlafen. Plötzlich machte ich mir furchtbare Sorgen. Ich versuchte mich zu beruhigen. Er hatte ja kein Loch im Kopf. Nach weiteren 30 Minuten kamen wir an einem Krankenhaus an. Wieder begegneten wir Eltern mit wimmernden und spuckenden Kindern. Ich entdeckte einen Polizisten und ging schnurstracks auf ihn zu und zeigte auf Jonas. Dabei fasste ich an Jonas' Stirn. »Ta bu hao.« (Ihm geht es nicht gut.) Er zeigte auf die Straße und bedeutete mir, dass ich ganz bis zum Ende laufen müsse. Ich schleppte Jonas die Straße entlang, bis wir einen Wachmann trafen. Dieser erbarmte sich und führte uns an verschiedenen Gebäuden vorbei zu einer versteckten Station. Daran stand »VIP«. Es war die Universitätskinderstation für Kinder von Langnasen. Eine freundliche Ärztin empfing uns. Jonas wurde untersucht, dann warteten wir. Neonröhren tauchten den abermals riesigen Warteraum in ein grelles Licht. Eine davon flackerte. Die leeren Stuhlreihen ließen den Raum verlassen aussehen. Wir waren die einzigen Patienten. Wo um Himmels willen waren wir hier gelandet? Ein Alptraum.

Nach einer Stunde hatten wir endlich das Ergebnis: Schweinegrippe negativ. Nun war klar, dass Jonas lediglich einen grippalen Infekt hatte.

Schon auf der Heimfahrt rief ich Wolfgang an und teilte ihm das Ergebnis mit.

»Tja, dann muss ich wohl einen Ersatz für dich finden und Johannas und deinen Flug canceln. Also, euch dann gute Besserung. Wird schon wieder.«

Jonas schaute mich traurig an.

»Jetzt kann ich doch nicht mit auf Klassenfahrt.«

»Ach, komm schon, mein Schatz«, sagte ich. »Sieh es

positiv. Du bist nicht an der Schweinegrippe erkrankt, und jetzt hast du eine ganze Woche frei. Und ich bleibe bei dir zu Hause. Da machen wir es uns richtig nett. Du darfst so viele Filme gucken, wie du magst, und mich so oft im Schach besiegen, wie es dir gefällt.«

Er lächelte gequält und kuschelte sich an mich. »Trotzdem doof.«

Zu Hause kuschelten wir uns mit unserem Abendbrot vor den Fernseher und schauten eine Folge *Captain Future*. Das erinnerte an Deutschland und die gemütlichen Herbstabende vorm Fernseher, wenn es draußen geregnet hatte. Eigentlich war das Aufmuntern bei uns immer Marcs Job. Aber es gelang diesmal auch mir, und wir schliefen halbwegs versöhnt ein.

25.

Weihnachtsstimmung

An der Schule wurde es ruhig, ohne die Schüler, die auf Klassenfahrt waren. Ihre Ziele hörten sich abenteuerlich und spannend an: Sie waren in die Innere Mongolei gefahren, nach Guilin zu den Karstfelsen und den Kormoranfischern, nach Peking und Nanking, nach Xi 'an zu der Terrakotta-Armee oder nach Xiamen zu den Hakka-Dörfern. Der Abiturjahrgang machte sich als einziger über die Grenzen Chinas auf nach Kambodscha.

Klassenfahrten waren an chinesischen Schulen nicht vorgesehen. Daher gab es in China auch keine Jugendherbergen oder Freizeitstätten, die für die Unterbringung von Schulklassen ausgestattet waren. Deswegen brachte das Reisebüro, das unsere Klassenfahrten organisierte, die Klassen in 4-Sterne-Hotels unter. Das mochte sich vielversprechend anhören. Aber ein hiesiges 4-Sterne-Hotel entsprach keinesfalls einem 4-Sterne-Hotel in Europa und stellte die Lehrkraft vor Schwierigkeiten.

Marc rief am Montagabend nach der fünfstündigen Anreise an und berichtete. »Die Kids sind in Zweibettzimmern untergebracht. Manche von ihren Zimmern liegen nicht einmal mit unseren auf einem Gang. Ich kann echt nur hoffen, dass sie sich an die Regeln halten, wenn ich nicht mehr durch ihren Gang gehe und ein Auge auf sie habe.«

Alles wurde vom Reisebüro organisiert: die Verkehrsmittel, der Guide, die Unterkunft, die Ausflüge, das Abendprogramm. Die Lehrer waren lediglich Aufsichtspersonal und Ansprechpartner.

»Das ist schon recht ungewöhnlich. Auf der anderen Seite auch recht entspannt. Und beim Essen müssen sich unsere Schüler auch ganz schön umstellen. Es gibt tatsächlich morgens, mittags und abends warme chinesische Küche. Aber meine Schüler machen das ganz tapfer mit. Einige haben vorsorglich bergeweise Müsliriegel, Cornflakes, Kekse und Süßigkeiten mitgebracht – aber die meisten schlürfen schon morgens Nudelsuppe oder essen Dumplings beziehungsweise Eierreis.«

»Na dann, bon appétit. Das erzählst du bestimmt nur, damit wir hier nicht allzu traurig sind, weil wir das alles nicht miterleben können, oder?«, entgegnete ich.

»Und was macht ihr so?«, wollte Marc wissen.

»Wir bringen in der Zwischenzeit schon einmal Weihnachtsstimmung in unser Haus. Wenn du wiederkommst, steht schließlich der erste Advent vor der Tür.«

Ich wünschte ihm noch viel Spaß. Danach erzählte ich den Kindern von meinem Vorhaben, uns in Weihnachtsstimmung zu versetzen.

»Aber Mama, draußen scheint die Sonne«, sagte Jonas.

Tatsächlich schien hier auch im November von 6.00 Uhr morgens bis 17.00 Uhr abends die Sonne. Zwar konnte ich gut auf das typische düstere Novembermatschwetter verzichten – aber die immergrünen Bäume und Wiesen im Compound und die blühenden Blumen verdarben die Adventsstimmung. An einigen Tagen war es jedoch auch schon empfindlich kühl geworden. Marc hatte eines Tages versucht, die Heizung in Gang zu bringen. Der Vermieter hatte uns gesagt, dass wir nur einen Knopf, der sich draußen an einer Art Gasbrenner befand, drücken mussten. Die Kinder hatten in der Badewanne gesessen. Draußen war es bereits stockfinster. Damit sie nach der Badewanne nicht so froren, wollten wir die Heizung anschmeißen. Selbst mir als Laie erschien es nachvollziehbar, dass der gelegentliche Regen sich nicht optimal auf elektrische Schalter wie diesen Heizungsschalter auswirken konnte. Das Ende vom Lied war, dass Marc mit dem Knopfdruck einen kompletten Stromausfall im Haus auslöste.

Die Kinder schrien aus dem Badezimmer. »Hey, was ist das? Haallloooo. Mama? Papa?«

Ich saß unten an meinem Schreibtisch und entwarf eine Klassenarbeit, als der Computerbildschirm urplötzlich schwarz war. Ich schrie.

»Mist. Ich hatte noch nicht abgespeichert! Marc? Ma-aarc! Was ist das? Wo bist du?«

Plötzlich hörte ich, wie Holz barst. Rasch lief ich nach draußen, um nachzusehen, was passiert war. Im Schein des Mondes sah ich Marc im Blumenbeet neben dem Gasbrenner liegen.

»Das ist vielleicht ein Ramsch!«, rief er ärgerlich. »Ich wollte auf das Holzgitter treten, um nachzuschauen, was mit dem Heizungsschalter los ist, und dann brach das ganze Ding ein.«

Ich musste lachen.

Wieder hörten wir die Kinder oben aus dem Bad.

»Mama. Papa. Wo seid ihr? Macht doch mal das Licht wieder an.«

Ich half Marc aus seiner misslichen Lage, und wir liefen nach oben. Im Bad war es wirklich stockfinster.

»Ich versuche mal den Sicherungsschalter zu finden«, sagte Marc und flitzte wieder nach unten.

»Und ich helfe euch aus dem Wasser.«

Die Kinder kicherten. Nachdem sie mitbekommen hatten, dass nichts Schlimmes passiert war, fanden sie das alles urkomisch. Wir zündeten Kerzen an, bis irgendwann endlich wieder das Licht ging.

Nur meine Klassenarbeit war weg.

»Also, Weihnachtskerzen stehen ja schon einmal da vom Stromausfall«, sagte ich an diesem Tag zu den Kindern. Johanna lief zum CD-Regal und suchte Rolf Zukowskis *Weihnachtsbäckerei*. Bald schon dudelte »In der Weihnachtsbäckerei gibt's so manche Leckerei …« durch das Haus.

»Oh, jetzt so einen leckeren Lebkuchen«, stöhnte Jonas.

»Oder Dominosteine«, schwärmte ich.

»Oder so einen schönen Schokoladenadventskalender«, jammerte Johanna.

»Kinder, darauf werden wir wohl dieses Jahr verzichten müssen. Ich habe weder Weihnachtsdeko noch irgendeine Weihnachtsleckerei bei Tschallefu gesehen.«

Diesmal würde Weihnachten ganz anders werden als sonst. Sonne, Wärme, keine vorweihnachtliche Stimmung auf den Straßen, keine Weihnachtsleckereien im Supermarkt, kein Glühwein auf dem Weihnachtsmarkt, kein Julklapp in der Schule, keine Adventskaffees mit Familie und Freunden. Nun wurde ich doch etwas wehmütig.

Plötzlich klopfte es an der Tür.

Vor uns stand einer der Wachmänner. Er hielt ein riesiges Paket in der Hand. Es war in Weihnachtspapier eingeschlagen. Ein Paket, aus dem es förmlich nach Weihnachten in Berlin roch. Freudig nahm ich es entgegen.

Die Kinder kamen angelaufen.

»Hier steht: *Unbedingt vor dem 1.12. aufmachen*«, las ich vor. In Windeseile rissen sie das Papier ab. Nun stand ein großer Pappkarton vor uns. Bedächtig nahmen wir den Deckel ab. Unter Lebkuchen- und Dominosteinpackungen kam ein kleines Päckchen nach dem anderen zum Vorschein, geziert von allzu bekannten Handschriften.

»Mama, das ist ein Adventskalender!«, rief Jonas. »Schau mal, da stehen überall Zahlen drauf – und unsere Namen.«

Die Ayi stand bei uns, schlug die Hände über dem Kopf zusammen und rief »Hen duo. Hen duo.« (So viel, so viel.)

Ich zog das beiliegende Briefkuvert aus dem Paket und las laut vor:

»Liebe Johanna, lieber Jonas, liebe Susanne, lieber Marc!

Wir wünschen Euch einen wunderschönen ersten Advent! Es war uns ein Vergnügen, Euch allerlei kleine Schätze einzupacken.

Ab dem 1. Dezember darf jeweils ein Kind und ein/e Große/r ein Päckchen auspacken.

Mit allerliebsten Grüßen aus einer gemütlichen Schnack- und Pack-Runde!

Eure Berliner Freunde«

Plötzlich war Jonas verschwunden. Er war in die Abstellkammer gekrochen und schmiss, schob, zog alles hinaus, bis er die ersehnte Kiste fand.

»Mama, ich hab sie!«, rief er begeistert. Er wuchtete einen riesigen Karton ins Wohnzimmer. Darauf stand: »Weihnachtsschmuck – Christmas decoration – item 64«.

Johanna machte sie auf und holte unsere hölzerne Weihnachtskrippe heraus.

Weihnachten konnte beginnen.

26.

Jahresausklang

Wir versuchten, die nächsten Wochen so weihnachtlich wie möglich zu gestalten. Natürlich häuften sich auch in Schanghai die Weihnachts-Happenings: Weihnachtsfeiern in den Klassen und im Kollegium, mit Freunden, Schrottjulklapp, Plätzchenbacken mit vielen Kindern in einer heimischen Küche. Und der sogenannte Jingle Bell Run, der alljährlich von den Sportfachbereichen der deutschen und der französischen Schule organisiert wurde.

»Der Lauf beginnt um 18 Uhr«, hatte unsere Fachleiterin erklärt, »dann ist es schon dunkel. Jeder Teilnehmer bringt ein Marmeladenglas mit einer Kerze mit und stellt es an den Rand der Tartanbahn. Das sieht schön aus, wenn dann die Kerzen um das Fußballfeld leuchten. Natürlich trägt auch jeder eine Weihnachtsmütze. Und immer zwei, egal, ob Kind oder Erwachsener, möglichst ein Franzose und ein Deutscher, laufen im Wechsel eine Runde. Es gibt Läufe von zwanzig, vierzig und sechzig Minuten. Weihnachtsmusik ertönt aus den Lautsprechern, und die Eltern verkaufen Glühwein, heißen Kakao und Waffeln.«

»Mama, ich laufe mit Aaron aus der 8. Klasse«, verkündete Jonas stolz. »Er hat mich gefragt.«

»Und ich laufe mit einem Mädchen aus meiner Parallelklasse«, erzählte Johanna.

Das fand ich toll. Die Kinder schienen sich untereinander an dieser Schule einfach alle besser zu kennen, als es die Kinder an einer normalen Schule in Berlin taten. Zahlreiche Arbeitsgemeinschaften brachten junge und ältere Schüler am Nachmittag zusammen. Auch während der langen Mittagspausen und in den Sportteams der Schule lernten die Kinder in den Gängen und in der Mensa Schüler aus anderen Klassen kennen.

Der Jingle Bell Run wurde ein unvergessliches Ereignis. Nicht nur der Glühwein trug zur gehobenen Stimmung bei. Und dann traf ich Petra, eine Begegnung, die den Abend abrundete. Sie verkaufte als Mutter heißen Kakao und Glühwein. Während sie mir ein Glas einschenkte, strahlte sie mich an.

»Ich bin Petra. Dein Mann unterrichtet meine Zwillingsmädchen«, stellte sie sich vor. »Cheers! Auf den Sport!« Sie lachte und hob den Pappbecher.

Ich dachte: Das ist bestimmt eine Sportlehrerin. Hier gab es viele Lehrerinnen unter den Taitais (in Expat-Kreisen bezeichneten sich so spaßeshalber die nichtarbeitenden Frauen selbst). Während unseres Gesprächs stellte sich heraus, dass ich recht hatte: Sie war Grundschullehrerin und unterrichtete Sport. Hier in Schanghai genoss sie das Leben einer Taitai. Durch sie lernte ich später, was man in Expat-Kreisen mit dem Taitaileben verband: Coffee Mornings mit Prosecco, Einkaufsbummel, Kulturspaziergänge, gemeinsamen Sport, Partys und Ladies Nights. Wir beschlossen, uns nach den Weihnachtsferien mal zu einem Frühstück mit weiteren Taitais zu treffen, an meinem freien Vormittag.

»Darf ich da überhaupt mit?«, fragte ich. »Ich bin doch keine Taitai. Und außerdem unterrichte ich eventuell Kinder der anderen Taitais in meinen Klassen.«

»Das spielt doch gar keine Rolle! Also, auf dein erstes Taitai-Treffen.« Wieder erhob sie den Becher. Um uns herum standen andere Mütter, die mich anlächelten und uns ebenfalls zuprosteten.

Plötzlich fühlte ich mich beschwingt und froh. Das hier erinnerte mich an meine Freundinnen in Berlin.

Glücklich über das großartige Ereignis und meine neue Bekanntschaft und getragen von der Aussicht, dass wir nur noch eine Woche Schule hatten, fiel der Lauf trotz Glühwein leicht. Ich fühlte mich völlig unbeschwert und genoss den Moment. Es schien nicht nur mir so zu gehen. Hier in Schanghai waren die Weihnachtsferien mit drei Wochen die längsten nach den Sommerferien. Viele flogen nach Deutschland, um dort Weihnachten zu feiern. Aber ein großer Teil eben auch nicht. Abenteuerlustige machten sich auf zu spannenden Reisen rund um Asien oder noch weiter weg. So wie wir. Denn wir wollten ja nach Australien.

Es tönte »Jingle Bells« aus den Lautsprechern. Kinder, Eltern und Lehrer sangen lauthals mit. Ein großes Feuer flackerte im Feuerkorb. Der Sportplatz war erleuchtet von Hunderten kleiner Teelichter entlang der Bahn.

Ich hätte noch Stunden laufen können.

27.

Ein Rückblick

Nach diesem wunderbaren Abend konnte ich nicht einfach zu Bett gehen. Ich wollte an meine Freunde und Verwandten schreiben. Sie teilhaben lassen an meinem Glück.

Schanghai, den 5.12.2009

Ihr Lieben,
gerade komme ich vom Jingle Bell Run und möchte Euch unbedingt schreiben.

Wir sind nun etwas mehr als drei Monate hier, und natürlich zieht man ein Resümee, bewertet und überlegt, vergleicht das Leben hier mit Berlin und mit den Dingen, die einem dort lieb und teuer sind. Von mir wisst Ihr, dass die eine oder andere Träne bereits geflossen ist, dass ich oft Heimweh habe und viele Dinge hier skeptisch betrachte. In den letzten Wochen habe ich versucht, diese kritische Haltung abzulegen und mir etwas zu Herzen zu nehmen, was ein Schüler aus meiner Klasse in seinem Tagebuch über die Klassenfahrt schrieb. Er schrieb, dass es ihn, der seit acht Jahren in China lebe, nerve, dass viele seiner Klassenkameraden immer alles Chinesische belächelten, eklig fänden und ständig westliche Standards als Vergleich bemühten. Als ich diese Zeilen las, fühlte ich mich ertappt. Genauso hatte auch ich mich verhalten. Ein Vergleich tut doch gar nicht not.

Nach drei Monaten gestehe ich mir ein, dass wir uns hier wohl fühlen und den Entbehrungen auch viele positive Erfahrungen gegenüberstellen können. Unser Alltags- und auch Berufsleben läuft wesentlich entspannter, und wir verbringen viel mehr Zeit miteinander als in Berlin. Es ist Zeit zum Spielen, zum Basteln, zum Trampolinspringen und Skateboardfahren, zum Musizieren und Lesen. Seit langem haben Marc und ich nicht mehr so viele Gespräche geführt wie hier. Ich habe auch den Eindruck, wesentlich selbstbestimmter zu leben, da wir nur von wenigen Freizeitverpflichtungen in Beschlag genommen werden. Es hat lange gedauert, das auch anzunehmen und die gewonnene Zeit flexibel für sich zu nutzen.

Andererseits sind die Freizeitmöglichkeiten hier beschränkt. Daher fokussiert sich das Leben auf die Schule. Es gibt nicht so vieles, was ablenkt. Bei uns in der Nähe gibt es keine Sporthalle zum gemeinsamen Sporttreiben, keine Kinos, in denen Filme laufen, die auch wir verstehen. Der Schulalltag nimmt uns genauso ein wie in Berlin – nur unterrichten wir hier an einer Ganztagsschule, und auch die Kinder kommen erst sehr spät nach Hause. Am Wochenende verabreden wir uns zwar immer öfter und besuchen nette Veranstaltungen –, aber da wir kein Auto haben und recht weit draußen wohnen, unternehmen wir nicht allzu viel. Dadurch ist alles weniger schnelllebig. Wir genießen Aktivitäten und Ausflüge mehr, weil uns nicht schon der nächste Termin im Nacken sitzt.

Vielleicht verändert sich das alles auch noch in den nächsten Monaten, wenn wir noch mehr und engere Kontakte geknüpft haben.

Erst einmal genießen wir die jetzige Situation und nutzen sie zum Verschnaufen und Luftholen. Ich finde es immer sehr amüsant, wenn die Kollegen hier von viel zu viel Arbeit oder von »voll dem Schulstress« sprechen. Im Vergleich zu meinem Arbeitspensum in Berlin fühle ich mich hier, als hätte ich eine Halbtagsstelle – und das bei wesentlich besserer Bezahlung. Aber, wie gesagt, es gibt auch vieles, was mich stört, allem voran die fehlende Möglichkeit, mal im Wald spazieren zu gehen oder sich aufs Fahrrad zu schwingen und sich frische Luft um die Nase wehen zu lassen.

Dienstags gehe ich immer zum Volleyball und mittwochs gemeinsam mit Marc zum Chinesischunterricht. Ich kann mittlerweile sagen: »Wo shang ba dian women chi wan fang.« Was so viel heißt wie: »Wir essen um acht Uhr zu Abend.« Weltbewegend, oder? Es wird noch viel Zeit ins Land gehen, bis ich mich auch über etwas tiefgreifendere Dinge unterhalten kann.

Jonas ist, glaube ich, jetzt auch so langsam angekommen, und vergibt neun von zehn Punkten für sein Wohlbefinden. Natürlich spricht er immer wieder von seinen Freunden, die er sehr vermisst. Oft malt er sich aus, wie er sie im Sommer überraschen will.

Johanna ist nach wie vor ein Sonnenschein. Sie hat viele Freundinnen gefunden und viel Freude am Briefeschreiben. Sie spielt im Schulorchester und hat richtig großen Spaß daran.

Am Freitag sind wir auf einer Geburtstagsfeier mitten in der Stadt eingeladen, in der sogenannten Französischen Konzession. Das ist ein französisches Viertel, vielmehr war es mal französisch zu Kolonialzeiten, und hat noch immer besonderes

Flair. Dort wohnen viele junge, hippe Leute, aber auch viele »Langnasen« – wie die Nichtasiaten hier genannt werden. Unsere Bekannte feiert im Café Vienna, *wo man Kaiserschmarrn und Eisbein bestellen kann. Lustig!*

Bald findet hier der Schanghai-Marathon statt. Wir vier sind alle angemeldet. Jonas, Johanna und ich für den 4,5-km-Lauf und Marc für den Halbmarathon. Die Atmosphäre soll ganz toll sein. Hier geht die Sonne ja trotz der Winterzeit sehr früh auf, so dass wir in den Sonnenaufgang hineinlaufen.

So schön dieser Lauf auch werden mag: Laufen entspricht hier Rauchen. Die Luftwerte sind so schlecht, das heißt, so viele Ruß- und Kleinstpartikel schwirren in der Luft herum, dass Joggen hier nicht gesund sein kann. Ein Kollege wurde nach vier Jahren Schanghai in Deutschland an der Lunge untersucht und danach gefragt, ob er Kettenraucher sei. Hier werden überall irgendwelche Dinge verbrannt. Oft riecht es nach verbranntem Kunststoff, und zwar so intensiv, dass man gerne für einen Moment aufhören möchte zu atmen. Die vielen LKWs, die die unzähligen Baustellen beliefern, leisten ein Übriges.

Insgesamt begegnen sich die Menschen in unserer deutschen Blase sehr offen und freundlich. Um die Schule herum liegen Compounds, wo Hunderte Deutsche wohnen. Es ist beinahe schwierig, Chinesen zu begegnen und kennenzulernen. Mir fällt auf, dass die Lehrer recht eng zusammenglucken. Manchmal ist mir das zu viel. Wir haben eine Familie gefunden, bei der es mit den Eltern und den Kindern passt, und wir treffen uns recht häufig. Auch sie sind im Sommer hierhergekom-

men. Gemeinsam erleben wir vieles zum ersten Mal und können uns darüber austauschen.

Bei vielen anderen Begegnungen schwingen Unsicherheiten auf beiden Seiten mit, da wir eben Lehrer sind und das Kind unserer neuen Bekannten vielleicht im Unterricht haben könnten. Wie viel dürfen wir von der Schule preisgeben und wie viel dürfen sie uns fragen? Ein Drahtseilakt. Man möchte ja nicht in ein Fettnäpfchen treten oder womöglich Interna ausplaudern.

Ich knabbere wohl am meisten daran, dass mir hier eine richtige Freundin fehlt. Ich hoffe, dass sich im neuen Jahr diesbezüglich ein paar Türen öffnen. Die nichtarbeitenden Mütter treffen sich eben alle immer vormittags, wenn die Kinder in der Schule sind. Es ist nicht leicht, in diese Kreise hineinzukommen.

Das Jahr klingt also entspannt aus. Wir singen Weihnachtslieder und verschenken gegenseitig Überraschungs-Nikoläuse, sammeln Kleidung, Spiele und Schuhe für arme Wanderarbeiterkinder in China. Und bald geht es schon nach Australien, worauf wir uns schon sehr freuen.

Dann sind es nur noch sieben Monate und acht Tage, bis wir uns wiedersehen!

Eine schöne Weihnachtszeit wünscht Euch
Eure Susanne

Nachdem ich diese Zeilen verfasst hatte, ging ich sehr zufrieden und glücklich ins Bett.

28.

Weihnachten on the beach

Die letzten Schultage vergingen schnell, und planmäßig flogen wir am 12.12. nach Sydney, in die Stadt unserer Träume. Wir wollten ein Wohnmobil mieten und in Richtung Melbourne und zur Ocean Road fahren, um danach nach Sydney zurückzukehren und dort Silvester zu feiern. Auf unserer Strecke lag der Ort Paynesville, wo unser alter Studienfreund Johann lebte, den wir nach zwölf Jahren das erste Mal wiedersehen würden.

Mittlerweile waren wir auf dem Rückweg in Richtung Blue Mountains im Hinterland Sydneys und hatten die atemberaubende Küste von New South Wales, Victoria und auch Melbourne hinter uns gelassen. Riesige Wellen peitschten an die endlosen menschenleeren Strände. An einigen Stellen hoppelten Kängurus über weite Wiesen, an anderen fielen beängstigend hohe Felswände steil bergab. Die Krönung war ein Flug zu fünft in einer vierzig Jahre alten Chessna über die zwölf Apostel. Das waren hohe Felsen, ehemals zwölf, die mitten aus dem Meer ragten. Einige von ihnen waren bereits für die Ewigkeit im Meer versunken.

Sydney sollte unsere letzte Station sein. Die Strecke von Melbourne bis Sydney beträgt ca. 850 km und führt durch eine trockene, hügelige Landschaft mit ein paar vereinzelten Laubbäumen. Dort wollte ich nicht ausgesetzt werden. Leuchtend rot lugte an unbewachsenen Stellen die Erde hervor, so dass man erahnen konnte, wie beeindruckend das Outback war. Marc steuerte unser Riesengefährt (3,4 m hoch und 7,4 m lang) tapfer auf der linken Spur des holprigen Highways. Denn als ehemalige englische Kolonie war in Australien der Linksverkehr eingeführt worden. Eine CD zu hören war unmöglich, da sie ständig hakte und sprang. Egal, so genossen wir die Landschaft umso mehr und malten uns aus, wie vor 200 Jahren die Aborigines durch die unglaublichen Weiten dieses Landes gestreift waren.

Australien gefiel uns sehr gut. Überall begegnete man Freundlichkeit und Hilfsbereitschaft und vielen gutgelaunten Menschen, die stets zu einem Plausch aufgelegt waren. Welch ein Kontrast war das zu Schanghai, wo es so hektisch zuging. Die Bauweise der Häuser und die Städte erinnerten sehr an die USA. An der Küste standen viele moderne, liebevoll eingerichtete Bungalows mit riesigen Glasfronten und einladenden Terrassen, von denen man den Blick über das Meer streifen lassen konnte. Die Leute waren entspannt, was sich auch in ihrer Fahrweise und ihrem Verhalten im Supermarkt widerspiegelte. Ich fühlte mich wie in einem Kurort. Selbst am 24.12. schlenderten die Menschen durch die Gassen oder saßen in Cafés, so dass das allgemeine Bild den stressgeplagten Vorweihnachtsdeutschen nicht im Geringsten erahnen ließe, dass am Tag drauf bereits Christmas Day sein würde.

War es der Sonnenschein oder der fehlende Schneematsch, der die Leute Weihnachten entspannter genießen ließ?

In Deutschland bauen wir über Wochen eine Weihnachtsspannung auf. Beginnend mit den vier Adventssonntagen, dem Adventskalender, dem Weihnachtsschmuck und den Leckereien, die man bereits Anfang

November kaufen kann, gefolgt von diversen Weihnachtsfeiern im ganzen Dezember bis zu den unzähligen Geschenken, die man für seine Lieben besorgt, obwohl man sich jedes Jahr aufs Neue vornimmt, es nicht wieder zu tun. Und dann das traditionelle Weihnachtsessen. Und die Weihnachtspost.

Letzteres wurde jedoch offenbar auch hierzulande sehr ernst genommen, da man Massen von Weihnachtskarten in den Geschäften fand.

Aber alles Übrige schien hier keine besonders große Rolle zu spielen. Gegessen wurde an den Feiertagen am Strand oder im Park – natürlich gab es BBQ (Essen vom Grill). Da war nicht viel falsch zu machen. Die Kleidung war auch wurscht, es war eh warm, und man trug Shorts und Bikini plus Sonnenhut. Geschenke sah man weder im Park noch am Strand, nur Kricketschläger, Surfbretter und Handtücher.

Trotz allem konnten wir auch ein wenig besinnlich werden in unserem Wohnmobil. Leider hatte es gegen 18.00 Uhr angefangen zu regnen. Die Temperaturen vom Vortag waren von 42 auf nur 16 Grad gefallen. Wir waren am Morgen in leichter Bekleidung mit dem Bus nach Melbourne hineingefahren und hatten für den Tag eine elfstündige Stadterkundung vor. Um 18.00 Uhr fanden wir einen schönen Tisch in einem marokkanischen Restaurant direkt an der neuen Waterfront. Die geisterhaft leeren Geschäfte und Restaurants ließen keineswegs darauf schließen, dass in dieser Stadt 3,8 Millionen Menschen lebten. Wieder wurde der Kontrast zu China so überaus deutlich. Nach einer Stunde jedoch füllte sich das Restaurant. Draußen prasselte der Regen.

Um 19.30 Uhr machten wir uns im kalten Nieselregen auf den Weg zum Campingplatz, wo wir um 20.30 Uhr eintrafen und vor Kälte schlotterten.

Schnell warm geduscht und schick gemacht – Jeans und das schönste T-Shirt –, die Weihnachtsdecke auf den Campingtisch, Weihnachtsgeschenke darauf drapiert, einen bunten Teller hergerichtet und die Weihnachtsbaumkerze aus dem Adventskalender angezündet. *O Tannenbaum!*

Das war unser erstes Lied, dann folgten lustige amerikanische aus dem Radio, und die Bescherung konnte beginnen.

Zum Schluss waren die Knallbonbons dran, die Christmas Cracker, die zu einem Weihnachtsfest in Australien dazugehören. Jonas und ich zogen an dem ersten. Es knallte und rauchte. Zum Vorschein kam ein kleines Papierknäuel. Auf dem Zettel stand: »What do snowmen eat for breakfast?« Die neun weiteren Cracker gaben keinen weiteren Anstoß zu tiefsinnigen Gedankengängen, da sie leider alle dieselbe Frage stellten.

Die Lösung war: »Snowflakes!«

Abgesehen von Melbourne bewunderten wir hauptsächlich die Landschaft und die Naturspektakel der Küste. Ein riesiges Blowhole in Kiama, wo die Wellen das Wasser in einen Klifftrichter drückten, aus dem es dann bis zu hundert Meter hoch hinausspritzte; die schier endlosen weißen, menschenleeren Sandstrände und das türkisblaue Wasser, das in riesigen Wellen an den Strand spülte. Auf warmen Wellen ritten wir meterweit auch ohne Surfbrett. Riesige Kängurus, die wie Wesen von einem anderen Stern wirken, sprangen mit merkwürdiger Anmut über die Wiesen. Kakadus teilten unser Frühstück, und süße Koalas saßen hoch über unseren Köpfen in den Baumwipfeln der Eukalyptusbäume.

Ein tolles Erlebnis war auch das Wiedersehen mit unserem Studienfreund, den wir so lange nicht mehr gesehen hatten. Er hatte Fahrräder geliehen, so dass wir eine Tour auf eine Koalabären-Insel machen konnten. Er bekochte uns, lud Freunde ein und organisierte einen Segeltörn auf dem Boot eines Freundes. Im Anschluss aßen wir Fish 'n' Chips mit Haifischfleisch im Hafen. Kurzum, wir genossen diese Zeit.

Auf dem Rückweg steuerte ich unser Gefährt bis nach Sydney. Der letzte Abschnitt unserer Reise ging glücklicherweise nur geradeaus.

Nachdem wir das Wohnmobil in Sydney abgegeben hatten, hausten wir in einem winzigen »family apartment« in einer Jugendherberge. Das hieß, dass wir über unsere Habseligkeiten balancieren und uns an den Stangen des Doppelstockbettes entlanghangeln mussten, um irgendwo im Zimmer hinzugelangen. Das Klo und die Dusche lagen auf dem Gang, natürlich direkt neben unserem Zimmer, und waren unisex. Ich fühlte mich sehr an Studententage erinnert. Den Silvesterabend verlebten wir in einem Park in Sydney mit Blick auf die Oper und die Harbour Bridge. Die Stimmung in der Stadt an diesem Tag war phantastisch. Überall waren Menschen mit Picknickkörben und Campingstühlen unterwegs, um den besten Platz für das abendliche Spektakel zu ergattern. Wir hatten uns den Park um den Botanischen Garten herausgesucht, da man von seinem Rand aus direkt am Hafen den Blick auf die Bucht mit der berühmten Harbour Bridge hatte. Nachdem ihn außer uns noch weitere 20 000 Menschen betreten hatten, wurden die Tore vorübergehend geschlossen. Ich fühlte mich an China erinnert. Tatsächlich fanden wir noch ein Fleckchen Erde, auf dem wir unsere Handtücher ausbreiten konnten. Dort saßen wir dann und vergnügten uns bei Sonnenschein und ringsherum guter Laune.

Um 21.00 Uhr gab es dann das Kinderfeuerwerk. Und im Anschluss zu jeder halben Stunde ein kurzes Feuerwerk als Erinnerung, dass es nun bald richtig losgehen würde. Um 0.00 Uhr standen wir nebeneinander auf einem riesigen Müllcontainer. Von hier aus hatten wir den besten Blick auf die Harbour Bridge. Uns bot sich ein tolles Bild, und jubelnde Menschen applaudierten bei jedem größeren Knall. Es war atemberaubend schön. Ein Traum ging in Erfüllung!

Am nächsten Morgen traten wir die Rückkehr nach Schanghai an. Ich wollte gar nicht zurück zu den Häuserschluchten, den grauen Straßen, der schlechten Luft und dem Regen. Auf dieser Reise war mir bewusst geworden, wie sehr ich die Natur in Schanghai vermisste und die Möglichkeit, den größten Teil der Freizeit im Freien zu verbringen. Dort war man tatsächlich an sein Haus gekettet. Wieder überkam mich unendliches Heimweh.

***

Am Neujahrstag betraten wir gegen 21.30 Uhr unser ausgekühltes Haus in Schanghai. Ich war dann doch froh, wieder im eigenen Heim zu sein. Das Haus stand noch, es war während unserer Abwesenheit nicht ausgeräumt worden. Davon hatten wir bereits mehrfach gehört. Denn zur Weihnachtszeit flogen die meisten Expats weg. Es war eine gute Zeit für Einbrecher.

Unsere Ayi hatte den Kühlschrank bestückt und die Betten frisch bezogen. Ich war gerührt. Ich hatte mir ganz umsonst Sorgen gemacht.

»Von wegen Regen und Matschwetter«, sagte Marc am nächsten Morgen. »Schau mal aus dem Fenster: blauer Himmel und Sonnenschein. Ich glaube, du siehst vieles hier zu schwarz«, fügte er hinzu.

Ich hatte mich daraufhin auf meinem Stuhl zurückgelehnt, schlürfte meinen Kaffee und blinzelte zufrieden in die Sonne.

Beim Abendessen nach dem ersten Schultag stellten wir fest, dass fast alle Expats die Ferien zum Reisen genutzt hatten. Die einen erzählten von Kambodscha, die nächsten von Vietnam, andere von Neuseeland oder Australien, von Japan oder Korea. Als wäre es das Normalste der Welt, diese Länder anzufliegen. Hier schienen sich lauter Reiseverrückte getroffen zu haben.

Marc sagte: »Ich habe heute so viele Ideen bekommen und Tipps, wo man von hier aus günstig hinreisen kann. Das würde natürlich voraussetzen, dass wir noch ein Weilchen bleiben.«

Die Kinder und ich sagten zunächst gar nichts. Dann warf ich ein: »Hört sich ja sehr verlockend an. Aber nun lass uns doch erst einmal die geplanten zwei Jahre schaffen.« Wieder sagte niemand etwas.

»Nach unserem Urlaub ist mir aufgefallen, was für ein schönes Haus wir haben. Oder, Kinder? Was meint ihr? Dass die Räume so großzügig sind und vor allem, dass auch ihr so glücklich seid.« Marc schaute uns erwartungsvoll an.

»Ja, Papa«, sagte Jonas schließlich. »Es ist schon schön hier, und die Schule ist super.«

»Finde ich auch«, stimmte Johanna ihm zu.

»Aber weißt du, ich vermisse Oma und Opa und überhaupt die ganze Familie. Und unsere alten Freunde.«

»Wir müssen das ja nicht heute entscheiden«, beschwichtigte sie Marc. »Aber seht ihr denn nicht, dass sich uns hier Möglichkeiten bieten, von denen wir früher nicht zu träumen gewagt hätten?«

Still aßen wir weiter. Wir alle waren plötzlich sehr

nachdenklich. Nachdem wir den Abendbrottisch abgedeckt hatten, schmiegte Johanna sich an Marc.

»Papa? Ich finde es sehr schön hier.«

»Ist doch alles gut. Ich wollte das ja einfach nur mal gesagt haben. Von mir aus könnten wir noch länger als die zwei Jahre hierbleiben.«

Nun nahm auch ich Marc in den Arm. Er meinte es so gut. Und ihm ging es auch so gut. Aber ich konnte und wollte mir zumindest in diesem Moment noch nicht vorstellen, länger als geplant hier zu wohnen.

Wir umarmten uns zu dritt. Nun kam auch Jonas in die Küche.

»Ich auch.«

Er schmiegte sich an uns.

Und so standen wir da für ein paar Minuten. Zum ersten Mal wurde mir bewusst, wie sehr uns vier dieses Abenteuer Schanghai zusammenschweißte. Wir vier erlebten all dies hier gemeinsam. Diese Gefühlsschwankungen, das Staunen und das Heimweh.

Am Abend saßen Marc und ich noch einmal zusammen. Im Hintergrund dudelte ein deutscher Radiosender, den wir über das Internet empfangen konnten.

»Vielleicht könnten wir ja auch an eine andere Auslandsschule gehen«, sagte ich unvermittelt. »Vielleicht in einem Land, wo uns die Natur gefällt, wo wir die Sprache vielleicht ein wenig leichter lernen können und wo uns die Kultur ein wenig vertrauter ist. Für zwei Jahre ist Schanghai wirklich toll und spannend und exotisch. Aber ich weiß nicht, ob ich noch so viel länger hierbleiben will. Kannst du das verstehen?« Ich schaute Marc entschuldigend an.

»Warte mal ab, in kurzer Zeit siehst du das anders. Im März wird es hier schon wieder richtig schön, während unsere Freunde in Deutschland noch schlottern.

Und dein Chinesisch wird doch auch immer besser.« Er lächelte mich an.

»Na, da bin ich aber mal gespannt«, sagte ich und kuschelte mich an ihn.

29.

Frohes neues Jahr

Schon standen die nächsten Ferien vor der Tür. Anfang Februar feiern die Chinesen das neue Jahr. Es ist ihr größtes Fest. Vielleicht zog es sich daher gleich über mehrere Tage hin. Diesmal wurde das Jahr des Tigers begrüßt. Chinesen lieben Feuerwerk. Zu allen möglichen Anlässen gingen hier plötzlich ohrenbetäubende Chinakracher in die Luft. Zum Geburtstag, zur Hochzeit oder zu Ehren eines neuen Jobs. Gab es hier etwas zu feiern, dann wurde auch geknallt – egal zu welcher Tages- oder Nachtzeit. Schon einige Male hatte ich mitten in der Nacht senkrecht im Bett gesessen, weil ich dachte, ein Krieg sei ausgebrochen. Die chinesischen Neujahrsfeierlichkeiten sollten jedoch alles bereits Gehörte und Gesehene in den Schatten stellen. Man war gut beraten, so die Kollegen mit Erfahrung, wenn man Schanghai, besser China, zu Chinese New Year verließ.

»Ich habe mit einer chinesischen Kollegin darüber gesprochen«, erzählte ich am Abendbrottisch. »Sie sagte, dass die Chinesen zwölf Tierkreiszeichen haben. Ein Tierzeichen gilt für ein Jahr, und das beginnt im Februar. Der chinesische Kalender, der heute unter anderem als Mondkalender bezeichnet wird, war der offizielle Kalender des Kaiserreichs China. Erst nach der Gründung der Republik China 1912 wurde der Kalender eingeführt, wie wir ihn kennen. Und erst nach 1949 galt der westliche Kalender in ganz China. Das hätte ich nicht gedacht.«

Die Kinder nickten nicht besonders interessiert. Ich hingegen fand das alles sehr spannend.

Der chinesische Kalender wird noch immer im gesamten chinesischsprachigen Raum zur Berechnung traditioneller chinesischer Feiertage wie dem Frühlingsfest, dem Drachenbootfest oder dem Mondfest verwendet.

»Ich bin übrigens eine Ratte, weil ich im Jahr der Ratte geboren bin«, sagte ich, in der Hoffnung, die anderen drei an meiner Begeisterung teilhaben zu lassen. »Und du, Marc, bist ein Büffel. Ratten und Büffel passen offenbar gut zusammen.« Ich schmunzelte. »Vielleicht ist ja doch was dran an diesem Kalender? Obwohl ich zugeben muss, dass ich es nicht so toll finde, eine Ratte zu sein.« Johanna kicherte.

»Du bist ein Tiger, Jonas. Tiger sind misstrauisch. Sie stehen aber auch für Mut und Tapferkeit. Sie sind die geborenen Anführer. Daher wird das Jahr des Tigers besonders gern gefeiert. Das Jahr des Tigers verspricht einem Kräfte zu verleihen, mit denen große Dinge vollbracht werden können.«

»Und was bin ich?«, wollte Johanna wissen.

»Du bist eine Schlange.« Ich schaute ihr tief in die Augen. »Schlangen gelten als tiefsinnig und weise.«

Jonas prustete los. »Na, ich weiß ja nicht, ob das wirklich alles so stimmt.«

Das chinesische Neujahr war ein Familienfest. Viele Chinesen arbeiteten aufgrund des höheren Arbeitskräftebedarfs in südchinesischen Küstengebieten. Zu diesem Fest kehrten sie heim zu Frau und Kind oder eben zu Mann und Kind. Unsere Ayi kam beispielsweise aus Anhui. Sie war aber gemeinsam mit ihrem Mann und ihrem Sohn nach Schanghai gekommen. Sie hatten großes Glück gehabt. Denn einfach war dies nicht. Viele dieser sogenannten Wanderarbeiter hausten in einfachen Hütten ohne Strom. Nur in ihrer Heimat war der Schulbesuch ihrer Kinder kostenlos. Daher ließen sie ihre Kinder bei den Großeltern zurück und besuchten sie nur einmal im Jahr: zu Neujahr. Neben einer Woche im Herbst, der Golden Week, bekamen sie nur zu dieser Zeit Urlaub. Jedes Jahr zu Chinese New Year setzte also eine riesige Migrationsbewegung ein, die größte auf der ganzen Welt. Zu Hause wurde dann die Familiensituation besprochen. Deswegen kam es vor, dass ein Arbeiter nach den Urlaubstagen nicht an seinen vorigen Arbeitsplatz zurückkehrte, weil es für die Familie nicht mehr passte oder er woanders einen besser bezahlten Job annehmen konnte. Viele Kollegen, die schon länger hier arbeiteten, hatten mir erzählt, dass ihre Ayi nicht mehr aus den chinesischen Neujahrsferien wiedergekommen war.

Mir fiel etwas ein.

»Ich habe übrigens auch erfahren, dass man den Ayis oder vielmehr seinen Angestellten zu Chinese New Year immer ein volles dreizehntes Jahresgehalt zahlt. Daran müssen wir denken. Wartet mal – ich zeig euch was.«

Ich holte einen Zettel, den mir meine Chinesischlehrerin gegeben hatte, aus meiner Schultasche. Darauf war der genaue Ablauf der Feiertage erklärt. Insgesamt waren es fünfzehn. Die Kinder stöhnten.

»Der erste Tag des neuen Jahres wird im Kreise der Familie begangen. Man trifft sich am Morgen, grüßt seine Eltern mit einem Neujahrssegen und einem Kompliment. Das finde ich schon mal sehr gut.« Erwartungsvoll schaute ich Jonas und Johanna an. Ich schmunzelte.

»Im Anschluss erhalten unverheiratete Mitglieder der Familie, hauptsächlich die Kinder, rote Umschläge, gefüllt mit Geld. Die sogenannten Hong Baos.«

»Hey, kriegen wir die auch?« Jonas' Interesse war geweckt.

»Am zweiten Tag kehren die verheirateten Töchter mit ihrem Ehemann in die Familie des Ehemannes zurück und werden meist mit einem umfangreichen Festmahl gefeiert«, führte ich unbeirrt fort.

»Am dritten Tag und vierten Tag des neuen Jahres besucht man die Verwandten. Oft unternimmt man während dieser Zeit Ausflüge mit der Großfamilie.

Am fünften Tag wird der Geburtstag des chinesischen Wohlstandsgottes gefeiert. Da wird laut geknallt.

Am siebten Tag ist ›jedermanns Geburtstag‹, an dem jeder Chinese ein Jahr älter wird. Dieser Brauch stammt aus einer Zeit, in der man den Geburtstag nicht individuell feierte. Heute ist das ein bisschen anders. ›Jedermanns Geburtstag‹ ist zugleich der Höhepunkt des Frühlingsfestes.

Am fünfzehnten Tag wird das Laternenfest gefeiert. Es werden Klößchen aus klebrigem Reismehl mit süßer Füllung gegessen und Kerzen vor dem Haus angezündet, um den Geistern der Ahnen den Weg nach Hause zu zeigen. Die Menschen gehen mit kleinen Laternen auf die Straßen. Mit diesem Tag endet das Frühlingsfest.«

Jonas und Johanna gaben sich große Mühe, nicht gelangweilt zu wirken. Aber sie waren bereits tief auf ihren Stühlen zusammengesunken.

»Wird das jetzt hier 'ne Vorlesung oder wat?«, fragte Marc spaßig. »Dann hol ich mir schnell noch 'n Kaffee.«

»Nein, nein«, beschwichtigte ich. »Gleich ist es vorbei. Das Einzige, was ich jetzt noch sagen will, ist Folgendes: Das Neujahr wird mit Feuerwerk gefeiert, so dass es in den kommenden fünfzehn Tagen permanent irgendwo knallen wird. Drachen- und Löwentänze werden aufgeführt. Vielleicht können wir uns das irgendwo in der Stadt ansehen. Überall werden rote Laternen aufgehängt, denn die Farbe Rot steht für Glück, Freude und Wohlstand. Rote Papierbänder werden an Bäume gehängt und mit schwarzer Tinte mit Neujahrssprüchen beschriftet. Das soll zum Beispiel im Yu Garden in der Altstadt ganz wunderschön anzusehen sein. Lasst uns doch da mal hinfahren!«

»So, jetzt ist es mal gut«, fiel Marc mir ins Wort. »Lasst uns einfach in die Stadt fahren und uns von alldem selbst überzeugen, okay?«

Die Kinder sprangen vom Tisch auf und tobten durchs Wohnzimmer.

***

Mit den Chinese-New-Year-Ferien näherte sich auch die Ausgabe der Halbjahreszeugnisse.

Am Ende des ersten Schulhalbjahres kamen Johanna und Jonas zufrieden mit ihren Zeugnissen nach Hause. Auch wir waren erleichtert, hatten wir doch nun auch schwarz auf weiß, dass beide die »Umsiedlung« auch schultechnisch gut überstanden hatten.

Es folgten fünfzehn Tage der Böllerei. Wo man stand, wo man ging. Morgens, mittags, abends, nachts. Man watete durch Reste von roten Chinaböllerboxen oder starb beinahe den Schocktod, weil in unmittelbarer Nähe solch eine Box entzündet worden war und die Trommelfelle sprengte. Und das, obwohl die Hälfte von Schanghais Bevölkerung aufs Land zu ihren Verwandten gereist war. Auf den Straßen sah man deutlich weniger Menschen.

Ich musste an Weihnachten zu Hause denken. Zu dieser Zeit des Jahres war es ja auch ungewöhnlich ruhig in den Städten. Aber wie verschieden waren die deutsche und die chinesische Kultur. Auf mich wirkten die Chinesen regelrecht abergläubisch. Ich dachte an die Auflistung von Gebräuchen und Weisheiten, die uns die Chinesischlehrerin ausgeteilt hatte. Wer während des Festes Fenster und Türen öffnete, ließ das Glück herein. Wer in der Nacht ein Licht brennen ließ, leuchtete dem Glück den Weg ins Haus und schreckte böse Geister ab. Süßigkeiten versüßten das neue Jahr, in einem geputzten Haus fand das Glück gleich am ersten Tag des Jahres Platz. Wer am ersten Tag des neuen Jahres ein Paar Hausschuhe trug, welches im alten Jahr gekauft worden war, streifte Gerüchte und Nachrede von sich ab. Schön fand ich die Vorstellung, in der Nacht vor dem neuen Jahr in Pampelmusenblättern zu baden, da es im neuen Jahr Gesundheit brachte.

Aber es galt auch, vieles zu vermeiden, was Unglück brachte. Neue Schuhe während der Neujahrstage zu kaufen brachte Unglück, da das Wort Schuh (鞋子, Pinyin xiézi) genauso klang wie das hochchinesische Wort für schlecht, böse und ungesund (邪, Pinyin xié). Die Haare während der Festlichkeiten zu schneiden brachte ebenso Unglück, da das Wort Haar (髮 / 发, Pinyin fà) so klang wie das Wort für Wohlstand (發 / 发, Pinyin fā) und man diesen ansonsten wegschneiden würde. Den Boden am ersten Tag zu kehren bedeutete, das Glück wegzukehren. Über Tote zu sprechen war ein Tabu und galt als unheilvoll. Bücher während der Festlichkeiten zu kaufen zog das Unglück an, da das Wort Buch (書 / 书, Pinyin shū) genauso klang wie das Wort verlieren (輸 / 输, Pinyin shū).

Sicherlich waren dies Weisheiten, die man sich einfach gern über die Jahrhunderte erzählte und seinen Kindern mit auf den Weg geben wollte. Ich konnte mir trotzdem nicht vorstellen, dass moderne Chinesen wirklich an all das glaubten.

30.

Geburtstag in der Ferne

Neben den Zeugnissen und Chinese New Year gab es im Januar noch etwas zu feiern: Jonas' Geburtstag. Viele liebe Pakete, Briefe und E-Mails waren eingetrudelt. Dennoch verlief der Tag natürlich anders als sonst, ohne Familie und ohne die vielen lieben Freunde, die Jonas und auch uns an diesem Tag sonst immer begleitet hatten. Ein wenig bang war mir schon. Ich befürchtete, dass Jonas furchtbar traurig sein würde. Aber ein Paket von seiner Oma sorgte für gute Laune.

»Boah, Jonas!«, rief Johanna, als das Paket pünktlich zum Geburtstag geliefert wurde. »Schau dir mal das Riesenpaket an. Das ist bestimmt von Oma Ann.«

Nach dem Aufreißen sprang Jonas ein überdimensionaler Plüsch-Spongebob entgegen. Da waren Süßigkeiten, lustige Taschenbücher und ein fröhlicher Brief.

»Der Tag ist gerettet«, raunte ich Marc zu. Es war so schwer gewesen, in Schanghai Geschenke für unseren Sohn zu finden. Hier gab es weder vernünftige Spielwarengeschäfte noch Buchläden oder andere Geschäfte, die uns Inspirationen für Geschenkideen lieferten. Improvisation war alles. Letztlich standen fünf 3-D-Puzzle und diverser Ramsch vom Fakemarkt auf dem Geburtstagstisch.

»Kinder!«, rief ich. »Passend zu Jonas' Geburtstag gibt es heute Schulkino. Das ist doch toll.« Die Stimmung war getrübt, nachdem Marc uns am Frühstückstisch mitgeteilt hatte, dass er mit seinem Team zu einem Basketballspiel musste und erst um 19.30 Uhr nach Hause kommen würde.

Einmal im Monat wurde für die Kinder und auch für die Eltern ein Film im Fine Art Center, dem Kino- und Theatersaal der Schule, gezeigt.

»Sie zeigen *Die unendliche Geschichte*. Danach kommt ihr nach Hause, und es gibt Schokokuchen!«, versuchte ich Jonas abzulenken.

Freunde hatten uns ein Paket mit geraspelten Haselnüssen, Backpulver und Schokoglasur geschickt. Backzutaten, die es hier nicht gab.

»Wenigstens einen Schokokuchen soll er bekommen, damit es sich ein bisschen wie zu Hause anfühlt«, hatte ich zu Tina gesagt, die gleich darauf ein riesiges Paket für allein 50 Euro Porto auf den Weg gebracht hatte. Sechs Wochen war es unterwegs gewesen, es war am Zoll aufgeschlitzt und kontrolliert worden. Wer weiß, was fehlte. Das mit der Post war in China so eine Sache. Entweder erreichten uns Pakete erst Wochen, nachdem sie versandt worden waren, und man sah ihnen an, dass sie geöffnet worden waren – oder sie kamen gar nicht an. Genau wie Briefe oder Urlaubspostkarten. Eine Ansichtskarte aus dem Sommerurlaub in Schweden hatte fünf Monate gebraucht, bis sie im Januar in Schanghai ankam. Aber sie war wenigstens angekommen. Ein Elch lachte uns nun jeden Morgen vom Kühlschrank aus an.

Jonas gab sich Mühe, aber ich merkte, wie traurig er war, dass der Geburtstag dieses Jahr so ganz anders ausfallen würde als sonst.

»Wie schaut's aus mit einem Stück Kuchen?«, fragte ich, als die Kinder abends aus dem Kino kamen. Sekunden später machten sich die beiden über den Schokokuchen her. Abendbrot würde dann wohl ausfallen.

»Hey, da ruft jemand an«, rief ich. Beide stürmten

in mein Arbeitszimmer, und nun löste ein Skype-Anruf den nächsten ab. Tatsächlich glücklich sank Jonas nach diesem ersten Geburtstag in der Ferne ins Bett. Und schmiegte sich an seinen Spongebob.

»Gute Nacht, Mama«, sagte er, als ich bei ihm am Bett saß. »Danke für den schönen Tag. Jetzt freue ich mich schon auf den Kindergeburtstag.« Wochenlang hatte ich mir den Kopf zermartert und überlegt, wie wir hier in Schanghai eine Geburtstagsparty organisieren sollten.

Schließlich fuhren wir am darauffolgenden Wochenende mit insgesamt 14 Kindern und drei Erwachsenen in drei Autos Richtung Innenstadt zum Bowlen. Neben den vielen Kindern mussten noch Süßigkeiten und Getränke Platz finden. Den Kuchen hatte ich natürlich vergessen. Übereinandergestapelt verließen wir unseren Compound. Netterweise hatte sich einer der Väter bereit erklärt, eine Truppe mit seinem Firmenwagen zur Bowlingbahn zu transportieren. Zwei Taxen folgten. Es wurde der entspannteste Kindergeburtstag, den ich je erlebt hatte. Die Bowlingbahn war in Ordnung. Wir waren die einzigen Gäste. Gummibärchen gab es in Hülle und Fülle, und nach zwei Stunden fuhren wir in drei Taxis wieder nach Hause. Ein großes Erlebnis für Jonas und ein paar seiner Kumpels, da sie das erste Mal allein mit dem Taxi durch Schanghai fahren durften. Sie saßen in dem einen Taxi, Marc und ich jeweils in den beiden anderen. Für mich war das natürlich der pure Nervenkitzel. Aber wenigstens hatten sie ein Handy und die Karte unseres Compounds dabei.

Unversehrt trafen alle drei Taxis nacheinander im Compound ein. Nachdem die Kinder draußen noch Räuber und Gendarm gespielt hatten und schließlich von ihren Eltern abgeholt worden waren, landeten wir vier glücklich in unseren Betten. Was für ein Tag!

31.

Entspannung

An dem Wochenende nach Jonas' Geburtstagsfeier sollte es viel entspannter zugehen – zumindest war das der Plan.

Marc hatte einen Korrektur-Marathon vor sich. Deswegen hatte ich mir überlegt, mit der Familie in ein Badehaus zu gehen. Mein Ziel war, dass sich vor allem Marc für die restlichen Klausuren entspannen würde.

Ich hatte von dem Badehaus gehört. Und es hatte sehr vielversprechend geklungen: Schwimmbad, Sauna, heiße Bäder, Massagen. Zu solch einem Erlebnis hatten wir uns bis dato nicht aufgemacht.

»Heute hab ich eine Überraschung für euch«, kündigte ich stolz am Frühstückstisch an.

Marc schaute skeptisch.

»Du weißt schon, dass ich ziemlich viel korrigieren muss?«, wandte er ein.

»Ja, aber irgendwann musst du ja auch einmal Pause machen!«, erwiderte ich. »Wir fahren um 18.00 Uhr los. Und ihr müsst eure Badesachen einpacken.«

»Super! Wir gehen schwimmen, Johanna!«, rief Jonas. Beide sprangen vom Tisch auf und liefen völlig aufgedreht durchs Wohnzimmer.

»Also gut«, sagte Marc. »Um 18.00 Uhr ist Abmarsch.«

Also stiefelten wir am Abend zur Straße und winkten uns ein Taxi heran. Ich wusste ungefähr, wohin wir mussten. Meine Kollegin hatte von dem Badehaus geschwärmt. Auf meine Nachfrage hatte sie mir auch den Weg beschrieben.

Erst im Taxi verkündete ich den anderen, wohin es ging.

»Erst essen wir etwas in einem indischen Restaurant, und danach gehen wir in ein Badehaus. Da kann man schwimmen und saunen, oder man lässt sich massieren. Es soll dort großartig sein«, erzählte ich begeistert.

»Toll«, rief Johanna, »ich wollte schon immer mal zu einer Massage.«

»Und wir müssen nichts mitbringen außer einer Badehose?«, fragte Marc skeptisch.

»Das ist zumindest das, was mir Claudia erzählt hat.«

»Aha, na dann«, grummelte Marc. Er liebte keine Überraschungen.

»Das wird bestimmt prima, Mama«, bestärkte mich Johanna, unsere gute Seele.

Beim Inder machten die Kinder gute Miene zum scharfen Essen. Sie hatten mitbekommen, dass Marc angespannt und wortkarg war. Im Hintergrund wurde auf einer riesigen Leinwand irgendein Kricketspiel übertragen. Draußen vor dem Fenster hingen dubiose geräucherte Tiere an einer Schnur.

Spätestens, als sich ein halbnacktes Liebespaar aus einem Bollywood-Film innig küssend in Überlebensgröße auf der besagten Leinwand räkelte und Johanna und Jonas ihnen gebannt dabei zuschauten, war es Zeit zu gehen.

Wider Erwarten fand ich das Badehaus recht schnell in einem Hinterhof der Lauweistreet. Die Straße hatten die Behörden tatsächlich »Langnasenstraße« getauft, da sich hier ein westliches Restaurant an das andere reihte.

Marc schaute sich skeptisch in der opulenten Empfangshalle um, die inmitten eines Treppenhauses lag. Der Boden war mit einem flauschigen Teppich ausgelegt, und Treppen führten jeweils in die nächste Etage. In jedem Stock gab es ein anderes Angebot für den Besucher. Im ersten Stock gab es beispielsweise ein Restaurant und eine Bar. Die Tische waren dicht am Balkon aufgestellt, so dass die Gäste bequem in die Empfangshalle blicken konnten. Dort befanden sich riesige Pflanzen und Brunnen. Überall plätscherte es. Im Hintergrund klimperte ein Flügel wie von Geisterhand Einschlummerlieder. Chinesen in Hawaiihosen und -hemden schlurften in Badelatschen durch die Gegend. Barfüßige Neuankömmlinge warteten auf ihre Badelatschen und qualmten Rauchschwaden in den Raum. In jedem Stockwerk sah man die Hawaiihemden hin- und herwandern. Im zweiten Stock befanden sich die Massageräume, aber auch unzählige Liegestühle, auf denen die Gäste Nackenmassagen erhalten konnten oder eine Pediküre. Im dritten Stockwerk befanden sich Räume, in denen man Mahjong, Schach oder Karten spielen konnte. Aber auch für den Spaß der Kleinen wurde gesorgt. So gab es ein Spielparadies für die Kinder, Tischtennisplatten, Billardtische und noch vieles mehr.

Überall herrschte reges Treiben. Und ganz offensichtlich hatten die Menschen hier Spaß.

Wir blickten uns um und ließen alles zunächst einmal auf uns wirken.

»Mama, wo ist das Schwimmbad?«, wollte Jonas wissen.

»Ich weiß es ehrlich gesagt nicht. Es muss ja hier irgendwo sein.«

Marc kaute so offensiv Kaugummi, dass seine Kaumuskeln hervortraten. Das tat er immer dann, wenn er sich nicht wohl fühlte, und insbesondere dann, wenn er nicht Herr der Lage war.

Kaum waren wir in der riesigen Empfangshalle angekommen, hatte man uns in Sekundenschnelle unsere Schuhe als Pfand abgenommen, und wir erhielten im Gegenzug blaue Badelatschen. Ich wusste aus Claudias Erzählungen, dass dies passieren würde, und war vorgewarnt. Marc leider nicht. Eh er sichs versah, steckte er wie wir anderen in den Latschen und wurde mit uns zu den Umkleideräumen geleitet. Dort sollten sich unsere Wege zunächst trennen. Das hatte ich ihm glücklicherweise angekündigt. Der Saunabereich war für Männlein und Weiblein getrennt, aber das Schwimmbad konnte von allen genutzt werden.

»Schauen wir uns erst einmal im Bereich hinter den Umkleidekabinen um. Da können wir uns ja nicht treffen, weil das getrennt ist für Männer und Frauen, und dann treffen wir uns im Schwimmbad«, schlug ich vor.

Also verschwanden wir allesamt in unseren Latschen im Umkleidebereich. Überall standen Mitarbeiterinnen, die uns stumm und demütig den Weg wiesen. Johanna und ich schauten uns um und taten, was die anderen um uns herum machten. Wir zogen uns splitterfasernackt aus und liefen den anderen hinterher. Uns war am Eingang ein Handtuch gereicht worden, mit dem wir uns notdürftig zu bedecken versuchten. So richtig gelingen wollte das nicht, da das Handtuch ungefähr die Größe eines Waschlappens hatte. Egal. Den Nackten hinterher. Endlich reichte uns eine der Mitarbeiterinnen wieder etwas Stoffliches. Ein hellblaues Hawaiikleidchen mit Puffärmeln. Bekanntlich sind Chinesinnen ja recht klein … Egal. Rein in das Kleidchen. Wir gingen weiter zum Saunabereich. Dort wurden wir angewiesen, unsere Kleidchen gleich wieder auszuziehen. Also wieder raus aus dem Kleidchen, denn Saunen tut man ja bekanntlich nackt.

Wir probierten diverse Tauchbecken aus, die sich ebenfalls im Saunabereich befanden. Die Badelandschaft hatte etwas Mystisches: Man konnte die Hand nicht vor Augen sehen. Schließlich saßen wir in einer Sauna, in der ein Fernseher lief. Eine schwitzende Chinesin war im Besitz der Fernbedienung und zappte im Sekundentakt durch die Programme. Als sich andere darüber echauffierten und das Geschrei zu laut wurde, beschlossen wir, den Ort der Ruhe und Entspannung zu verlassen und nach dem Massagebereich Ausschau zu halten. Ich konnte zwar nichts lesen, da alles in chinesischen Schriftzeichen ausgewiesen war, aber es gelang mir, zwei Massagen für später in einem durch Stellwände separierten Bereich zu reservieren. Hier standen sechs Pritschen nebeneinander, auf denen bereits andere Gäste bearbeitet wurden. Dann gingen wir zurück zu unserem Schließfach, zogen unsere Badeanzüge und die Hawaiikleider an und machten uns auf den Weg zum Schwimmbad.

Wir fanden Jonas planschend in einem fünf mal fünf Meter großen Becken. Marc saß immer noch auffällig Kaugummi kauend auf einer Bank. Er trug ein knallgrünes Hawaiihemd mit passender Hose – und weiße Plüschpuschen. Er fühlte sich sichtlich unwohl in diesem Outfit.

»Sag mal, wie lange hat das denn gedauert?«, fragte er streng.

»Mama, voll klein hier, wo ist denn das richtige Schwimmbad?«, rief Jonas aus dem Planschbecken.

Na super, dachte ich, dieser Ausflug ist ja ein voller Erfolg. Betont gut gelaunt schlug ich vor: »Ihr planscht jetzt ein bisschen, und Papa und ich lassen uns massieren, okay?«

»Okay, Mama.« Wenigstens Johanna lächelte mich an. Ein Rettungsanker.

Marc und ich zogen los – in wallenden Hawaiikostümierungen und weißen Puschen. Ich fand das zu komisch. Auf dem Weg zur Empfangsdame, wo wir in Erfahrung bringen wollten, wo hier was angeboten wurde, erklärte ich ihm: »Ich habe für Johanna und mich da drinnen bei den Saunas einen Termin für eine Behandlung gemacht. Ich weiß nicht so recht, was sich dahinter verbirgt. Um 20.30 Uhr. Vielleicht könnt ihr bei den Männern ja auch ...« – »So ein Quatsch!«, fiel mir Marc genervt ins Wort. »Hier muss es doch auch richtige Massagen im Trockenbereich geben. Lass uns mal fragen.«

Die Empfangsdame im adretten Nadelstreifenkostüm hob vier Finger, was wir so deuteten, dass es im vierten Stock derlei Massagen gab.

Wir gingen also zum Fahrstuhl. Die Tür öffnete sich, und lauter lachende Hawaiigestalten kamen uns entgegen. Die Tür schloss sich.

Die gute Laune blieb draußen.

Marc kaute.

Am Tresen im vierten Stock versuchten wir das Angebot in Erfahrung zu bringen. Keiner verstand, was wir wollten, demzufolge bediente uns auch keiner. Wir ließen unsere Blicke schweifen. Vor uns lag ein Saal mit Hunderten von Sitzen, wie man sie aus der Business-Class beim Fliegen kennt. Ein langes Fußteil, ein Fernseher auf der Armlehne. Man rauchte, man sah fern. Man aß undefinierbare chinesische Snacks und trank Bier oder Fruchtshakes. Man redete – nein, man brüllte, wie wir es mittlerweile von den Chinesen kannten.

Entspannung pur – für Chinesen.

»Lass uns noch mal unten fragen!« Marc war schon

wieder auf dem Weg zum Fahrstuhl. Ich eilte ihm hinterher.

Unten angekommen, zeigte uns die Dame wieder vier Finger. Wir also wieder hoch, an denselben Tresen wie zuvor. Wir warteten. ENDLICH wies uns jemand den Weg zu zwei Sitzen mitten in der Hundertschaft der rauchenden, schmatzenden, schnatternden Chinesen zur Rückenmassage.

»Hier? Auf so einem Sitz? Na super! Echter Entspannungsfaktor!« Marc sprach aus, was ich dachte. Ich schaute mich um. Und schon war Marc fort. In seinem wallenden Hawaiihemd und den Puschen war er wütend abgedampft.

Die Masseurinnen, die gerade zu unseren Sitzen gekommen waren, schauten mich fragend an. Mir blieb nichts anderes übrig, als zu lächeln und mit den Schultern zu zucken. Ich eilte davon, Marc hinterher, in der Hoffnung, ihn zu erwischen und zu beschwichtigen. Zahllose Hawaiihemden kamen mir entgegen. Alle Badegäste schienen sich bestens zu amüsieren. Warum gelang uns das nicht?

Endlich holte ich meinen Mann auf der Treppe nach unten ein – er kaute.

»Ich geh jetzt zum Schwimmbad und schnappe mir die Kinder«, sagte er düster.

»Und dann?«, fragte ich, während ich ihm hinterherhechelte.

Keine Antwort.

Wir teilten uns wieder auf, und Johanna und ich gingen zu unserem Massagetermin. Wieder zogen wir uns aus und versuchten uns mit den Minihandtüchern zu bedecken. Wir betraten den Massagetrakt. Es rauschte und tröpfelte um uns herum. Andere Gäste führten lautstark Gespräche. Überall stand Wasserdampf diesig in der Luft. Sechs Pritschen standen nebeneinander in diesem durch Paravents abgetrennten Raum. Die Masseurinnen quakten in der üblichen Lautstärke und gackerten, als sie uns sahen. Die eine schaute mich an und klopfte auf die Liege. Eh ich michs versah, lag ich splitterfasernackt auf einer harten Pritsche neben fünf anderen nackten Schönheiten, die bereits behandelt wurden. Sie wurden mit irgendetwas abgeschabt. Ich konnte nicht viel mehr erkennen, denn klatsch, klebte eine Gurkenmasse auf meinem Gesicht und lief tropfend in meine Ohren und an meinem Hals hinunter. Plötzlich spürte ich das, wovor ich mich zuvor für Bruchteile von Sekunden gefürchtet hatte: Mit der grünen Seite eines Abwaschschwammes schabte mir die Dame jegliche Restbräune des wunderbaren Australienurlaubs vom Körper. Uuuah! Tat das weh. Plötzlich erstarrte ich. Wo war Johanna? Eben stand sie noch neben mir.

»Johanna?«, rief ich panisch.

»Mama, ich bin hier drüben. Ich lieg jetzt auch auf so 'ner Bank«, rief sie zurück.

O Gott! Würden sie nun auch meine Tochter abschaben? Nein! Ruckartig setzte ich mich auf, versuchte mir Teile des Gurkenmatschs von den Augen zu wischen und fuchtelte wild mit den Armen. »Mei you« (nicht mehr), rief ich, »mei you«, und zeigte erst auf den Schwamm und dann auf Johanna. »Bu hao« (nicht gut), fügte ich verzweifelt hinzu. Ich wollte nicht, dass unser Kind so abgeschabt wurde.

Die Masseurinnen warfen sich entgeisterte Blicke zu und begannen wieder zu lachen.

Schließlich verstanden sie mich. Johanna erhielt schließlich die Massage, von der ich in den vorangegangenen Tagen geträumt hatte, von der ich mir erhofft hatte, dass sie zur Entspannung führen würde. Ich wurde unterdessen weiter abgeschabt. Nach einer

Stunde war das Spektakel vorbei. Unsanft wurde die Gurkenmaske von meinem Gesicht entfernt und mir auf die Schulter geklopft. Ich sollte mich aufrichten. Die Masseurin zeigte auf den Berg abgeschabter Australienhaut. Plötzlich hielt sie mir einen kleinen Plastikbeutel mit einer weißen warmen Flüssigkeit entgegen. Sie deutete an, dass ich mich damit einreiben sollte. Dem Geruch nach handelte es sich um Milch.

Gerädert und tropfend schleppte ich mich zu den Duschen.

Tatsächlich fühlte sich meine Haut nun ganz weich an. Und Johanna sagte: »Das war ganz schön, Mama.«

»Das freut mich für dich«, stammelte ich und vergewisserte mich, ob meine Haut nicht doch einen Schaden genommen hatte. So eine Behandlung hatte ich noch nie erlebt.

Wir zogen uns wieder an und gingen zurück zur Eingangshalle.

Dort saßen Jonas und Marc.

Total entspannt. Jonas war in ein Donald-Duck-Heft vertieft, und Marc war auf einem großen gemütlichen Sofa eingenickt.

»Mama, wo wart ihr denn so lange?«, fragte Jonas, als er uns sah. »Wir sitzen hier schon ewig.«

Marc war aufgewacht und setzte sich auf. Er lächelte.

»Na, entspannt?«, fragte er.

Das nächste Mal würde ein Besuch im Badehaus bestimmt besser – oder vielmehr ENTSPANNTER für uns alle werden. Denn nun wussten wir ja, was uns erwartete.

32.

Alltag

In unserem Haus wurde es nicht langweilig. Mehrmals hatten wir in den ungünstigsten Momenten Stromausfall. Das eine Mal, als Jonas gerade Klavierunterricht bei seinem neuen Lehrer nahm. Plötzlich war es stockfinster im ganzen Haus, denn draußen war es auch schon dunkel geworden. Ich hörte Marc oben im Arbeitszimmer fluchen. Auch sein Computer war natürlich ausgegangen.

Einen anderen Stromausfall hatten wir mitten in der Nacht. Dadurch fiel die Heizung aus. Schlafend bekamen wir nichts davon mit und wachten am nächsten Morgen in einem eiskalten Haus auf.

Mein Sprachunterricht war sehr spaßig, aber auch sehr hoffnungslos. Leider übten wir viel zu wenig Vokabeln, um wirklich Fortschritte zu machen. Dennoch lernten wir so einiges über die chinesische Kultur. Das war beinahe lohnenswerter als das hoffnungslose Vokabelpauken. Viel zu schnell vergaßen wir die schwierigen Wörter wieder.

Freitags gingen Johanna und ich gemeinsam mit zwei Freundinnen und deren Müttern in der Kantine essen und danach zu einem chinesischen Aquarell-Malkurs. Diesen Malkurs gab ein Chinese, der ein wenig Deutsch sprach. Schon die erste Stunde war ein Erlebnis der besonderen Art. Insgesamt ruhten sechs gespannte Augenpaare auf ihm. Die Mädchen hatten bereits vor der Stunde ihre Malkittel angezogen, die

Becher mit Wasser gefüllt und die Unterlagen vor sich, um so schnell wie möglich loszumalen. Der gute Mann gab uns dann jedoch eine fünfzigminütige Einführung in die Materialien, beispielsweise darüber, ob ein Porzellanteller besser zum Farbenmischen geeignet sei oder ein Plastikteller. Porzellan würde natürlich leichter zerbrechen, wenn einem der Beutel mit Malutensilien zufällig aus den Händen fallen sollte, während man in den Bus einstieg. Selbst mir fiel es schwer, das Ganze ernst zu nehmen. Wie sollte es den Kindern gehen? Und meine Freundinnen rollten ununterbrochen mit den Augen. Ich fand das mal wieder sehr amüsant.

Bevor die Mädchen gänzlich vor Langeweile von ihren Stühlen auf den Boden sanken, bekamen wir endlich ganze zehn Minuten zum Malen, wobei wir fünf davon damit zubrachten, die Pinsel auszuwaschen und RICHTIG zu verstauen. Ich hoffte natürlich inständig, dass der Malanteil zukünftig einen größeren Teil der Stunde einnehmen würde. So war es dann auch. Dennoch zweifelte ich an dem pädagogischen Geschick des Mallehrers. In der zweiten Stunde hatte ich meinen Pinsel noch nicht einmal auf das dünne Reispapier gesetzt, da hieß es schon in ohrenbetäubender Lautstärke im tiefen Bariton: »Ssussanna, dass isst faalss.« Oder: »Jochannaaa, dass isst nicht gutt.« Ein Mutter-Tochter-Gespann warf bereits nach zwei Stunden das Handtuch, aber wir muteten uns weiterhin diesen Kurs zu und malten Blume für Blume für Blume »faalss«.

Auch Marc hatte ein neues Hobby. Er hatte sich einen elektrischen Motorroller gekauft. Damit fuhr er eines Nachmittags bis in die Innenstadt, um unsere Flugtickets für die nächste größere Reise abzuholen. Im Mai sollte es auf die Philippinen gehen. Mutig, denn draußen waren es zwei Grad und es nieselte. Nach drei Stunden betrat er kalkweiß wieder unser Haus und saß erst einmal 20 Minuten vor der Heizung, bevor er wieder einen Ton von sich geben konnte.

Mitte Februar stiegen dann die Temperaturen, und der Winter schien sich zu verabschieden. In Berlin hatten sie seit Mitte Oktober geschlottert und waren nun im Schnee versunken. Lange hatte dort nicht mehr durchgehend so viel Schnee gelegen. Sehnsüchtig betrachteten wir die Bilder der verschneiten Stadt. In der Winterzeit war selbst in Schanghai das Thermometer unter null Grad gefallen. Und nun hatten wir den Winter anscheinend bereits hinter uns gelassen. Die Temperaturen stiegen wieder, oft schien die Sonne, und wir hatten klare Luft. Also machten wir uns an einem Wochenende auf zu unserer ersten Radtour in Schanghai. Wir radelten zum nahe gelegenen Stadtteil Qibao, einer richtigen kleinen Wasserstadt mit einem alten Stadtkern, vielen kleinen Kanälen, malerischen Brücken und schmalen Gässchen, in denen Händler Aquarelle, Kreidezeichnungen und kulinarische Spezialitäten feilboten: in Bananenblätter eingewickelte Reisklumpen, gegrillte Küken, Knochen in Fettschwarte, geröstete Maden. Und leider hingen auch hier an jeder Ecke geräucherte halbierte Hunde in allen Größen neben geräucherten Schweineköpfen und Hühnern. Hundefleisch, so glaubte man hier, spendete im Winter Wärme. Umherstreunende Hunde wurden einfach eingefangen. Manchmal wurden sie auch in den Gepäckkoffer eines Elektrorollers gesteckt. Einmal hatte ich während einer Taxifahrt bemerkt, dass der Koffer auf dem Roller vor uns wackelte. Plötzlich ging er auf, und ein kleiner Hund sprang in voller Fahrt heraus. Natürlich verletzte er sich und lief humpelnd davon. Und ein anderes Mal wurden meine Schüler und Schülerinnen der 5. Klasse während des Unterrichts Zeuge, wie in den Baracken neben der Schule ein Hund mit einer Keule zu Tode geprügelt und zum Ausbluten aufgehängt wurde. Die Kinder standen fassungslos am Fenster. Andere Länder, andere Sitten.

In Qibao gab es auch einen Tempel mit interessanten Wächterfiguren des Buddhismus. Wir bestaunten die überlebensgroßen gruseligen Fratzen. Wir bestiegen einen Pagodenturm, der wie ein Schneckenhaus aufgebaut war. Eine Wendeltreppe führte hinauf. Auf jeder Etage befand sich ein Raum, der durchlaufen werden musste und in dem jeweils eine riesige Skulptur der Guanyin, das war die Göttin der Barmherzigkeit, auf einem Thron saß. Davor war ein Altar mit Früchten, Blumen und Räucherstäbchen aufgebaut. Die Wände waren gesäumt von unzähligen identischen goldenen Gottesfigürchen, für Münzgaben der Gläubigen. Den Kindern fiel es schwer, daran vorbeizugehen, ohne die silbernen Taler einzustecken. Sie wollten sie für das Glücksschwein sammeln, das draußen in einem Teich stand und darauf wartete, mit Geldstücken beworfen zu werden. Wem es gelang, das Schwein mit einer Münze zu treffen, der wurde mit Glück belohnt, das hieß in China: mit Reichtum.

Auf dem Weg zurück fuhren wir an einem Sportzentrum vorbei, in dem es Squash-Felder, ein Schwimmbecken und eine Kletterhalle gab. Das war doch mal etwas für zukünftige Kindergeburtstage. Das Zentrum lag völlig unscheinbar in einem Park, indem es auch einen riesigen Spielplatz gab. So einen Park mit vielen Klettermöglichkeiten für Kinder hatten wir in dieser Größe noch nicht gesehen, und wir waren froh über diese Entdeckung. Nun wusste ich, wo ich nachmittags schnell einmal mit den Kindern hinfahren konnte, wenn die Sonne schien und uns zu Hause die Decke auf den Kopf fiel.

An diesem Nachmittag wollte ich zum ersten Mal nirgendwo anders sein – und fühlte mich richtig wohl in Schanghai.

***

Als wir durch unseren Compound zurück zu unserem Haus fuhren, entdeckte Johanna eine kleine schwarze Katze neben einem Mülleimer.

»Mama, schau mal, da ist ein kleines Kätzchen! Das friert doch bestimmt.«

Wir stiegen von unseren Fahrrädern.

»Das sieht aber erbärmlich aus«, sagte ich.

Ein winziges, schmutziges Häufchen Elend saß zitternd im Gras. Seine Augen waren verklebt.

»Mama, das müssen wir mitnehmen und es wärmen und füttern«, insistierte Johanna.

Weder Marc noch ich konnten das verweigern. Zu Hause versuchten wir, das Kätzchen zu füttern. Aber es war zu schwach, um Nahrung zu sich zu nehmen.

»Ich glaube, wir müssen es morgen zum Tierarzt bringen«, schlug ich vor.

Also fuhren wir am nächsten Tag mit dem Taxi zum Tierarzt, das Kätzchen in einem Schuhkarton. Ich hatte die Adresse von einer Kollegin bekommen, die einen Hund hatte.

In der Tierklinik stank es fürchterlich. Hunde bellten, Katzen miauten. Freundlich wurden wir begrüßt und in das Behandlungszimmer geführt.

»Oje, wen haben wir denn hier?«, sagte die deutsche Ärztin. »Das schaut gar nicht gut aus.« Vielsagend sah sie mich an.

»Wir müssen den kleinen Kater hierbehalten und aufpäppeln. In ein paar Tagen melden wir uns bei Ihnen. Aber wie gesagt, es schaut gar nicht gut aus.«

Johanna lief eine Träne über die Wange.

»Okay«, sagte sie, und wir verließen das Behandlungszimmer.

Vom Gang aus konnte man in einen Raum schauen, in dem sich viele große und kleine Katzen tummelten.

»Ach, wie süß, schau mal«, sagte ich. »Das schwarze Kätzchen mit den Puschelöhrchen. Wie niedlich. Wie alt mag es sein?« Ich versuchte, Johanna ein wenig abzulenken.

Zwei Tage später klingelte das Telefon.

»Der Kleine hat es leider nicht geschafft. Es tut mir leid«, hörte ich die Tierärztin am anderen Ende sagen.

»Oje.«

»Ich müsste Sie bitten, herzukommen und die Rechnung für die Behandlung zu begleichen«, erklärte sie.

»Gut«, sagte ich, »dann kommen wir heute am späten Nachmittag vorbei.«

Als die Kinder nach Hause kamen, berichtete ich, was die Ärztin mir mitgeteilt hatte. Auch Johanna und Jonas waren sehr traurig.

»Wisst ihr was?«, sagte ich schließlich. »Was haltet ihr davon, wenn wir Papa fragen, ob wir uns vielleicht ein kleines Kätzchen aus der Klinik mitnehmen dürfen?«

»Jaaaaa!«, riefen beide aus einem Munde.

In Berlin hatten wir unseren süßen Kater bei Freunden zurückgelassen, und Marc hatte nichts gegen den Vorschlag einzuwenden. Also fuhren wir los, beglichen traurig die Rechnung und entschieden uns für den kleinen schwarzen Kater mit den Puschelöhrchen.

»Das ist mein Lieblingskater«, sagte die Ärztin. »Er heißt Jack Sparrow, weil er so frech ist.«

Er ließ sich kaum einfangen. Endlich saß er in unserem neuerworbenen Katzenkorb. Er hatte längeres

Fell als die anderen und leuchtend grüne Augen. Ich verliebte mich augenblicklich.

Ab sofort hatten wir also einen neuen Mitbewohner mit Samtpfoten, Jacky, der uns täglich erwartete, wenn wir aus der Schule kamen. Das fühlte sich gut an.

33.

Ein Stück Heimat

Zu Ostern bekamen wir unseren ersten Besuch aus der Heimat. Sehnsüchtig hatten wir unsere Freunde erwartet, hatten die Tage im Kalender, die noch bis zu ihrer Ankunft verblieben, durchgestrichen. Und nun endlich war der Tag gekommen, an dem sie in Schanghai landen würden.

Tina und Daniel gehörten zu denjenigen unserer Freunde, die ganz aktiv an unserem Leben im Ausland teilnahmen. Mehrmals die Woche skypten wir, schrieben E-Mails und schickten Fotos hin und her. Wenn wir von unserem Alltag in China berichteten, hingen sie gebannt an unseren Lippen. Bald hatten sie den Entschluss gefasst, uns zu besuchen. Genau wie wir reisten sie für ihr Leben gern.

Ich hatte in der Zeit unserer Abwesenheit festgestellt, dass sich Freundschaften verändern. In manchen Fällen entwickelte sich allein aufgrund der Tatsache, dass man einander ausschließlich E-Mails schrieb, eine ganz andere Art der Freundschaft. Mit anderen Freunden skypten wir sehr regelmäßig, aber es war nicht immer leicht. Das Internet in China wurde stark zensiert. Viele Seiten waren blockiert. Facebook und YouTube konnte man nicht nutzen. Die Leitung war unglaublich langsam. Oft hörten wir einander zeitlich versetzt, oder das Gespräch wurde unterbrochen. Es war mühsam.

Wieder andere Freunde schrieben gerne handfeste

Post und schickten Päckchen. Es war jedes Mal etwas ganz Besonderes, wenn ein Brief, eine Ansichtskarte oder ein Päckchen aus Berlin eintraf.

Manche Freundschaften intensivierten sich. Andere zerbröckelten. Dann gab es Freundschaften, die ruhten. Ein vergrabener Schatz, der sicherlich wieder zu leuchten begann, wenn man ihn ausgrub.

Und nun waren unsere Freunde Tina und Daniel mit Marc bereits auf ihrem Weg vom Flughafen zu uns. Es war kaum zu fassen.

»Ich werde etwas Chinesisches kochen«, hatte ich verkündet. »Ich habe im Blumenmarkt Stäbchen und Schälchen gefunden. Wir wollen Tina und Daniel mal gleich ins kalte Wasser schmeißen.«

Nicht dass wir schon Meister waren im Mitstäbchenessen. Es sollte einfach ein lustiges Wiedersehen werden, das sie gleich spüren ließ, dass sie in China waren, wenn auch unser ganzes Haus genauso eingerichtet war wie in Berlin. Ich hatte mehrere kleine Gerichte vorbereitet. Der Tisch war gedeckt und alles bereit für ihre Ankunft.

Endlich hielt das Taxi vor dem Haus. Die Kinder schrien: »Mama, sie sind da«, und stürmten zur Tür. Marc hatte sie vom Flughafen abgeholt, damit sie auch wirklich bei uns ankamen. Wir wollten ihnen das Abenteuer Taxifahren erst in den nächsten Tagen allein zumuten.

Als Tina und Daniel über die Türschwelle traten, stiegen mir Tränen in die Augen. Ich konnte einfach nicht glauben, dass sie hier waren. Es war zu unwirklich. Sie waren trotz Tinas Flugangst um den halben Erdball geflogen, hatten ihre Kinder zurückgelassen, um uns hier zu besuchen.

Ich entschied, dass dies für sie eine unvergessliche Reise werden musste.

»Herzlich willkommen in China, ihr Abenteurer«, sagte ich. »Ich hoffe, ihr habt ein wenig Hunger mitgebracht.« Erst schloss ich Tina, dann Daniel in die Arme.

»Hat alles prima geklappt«, sagte Tina. »Ich habe einfach eine Schlaftablette genommen und den ganzen Flug über geschlafen.« Sie lächelte.

»Na, dann lasst uns anstoßen auf euer Abenteuer«, freute ich mich.

»Macht euch auf spannende zwei Wochen gefasst. Wir werden mit euch nach Peking reisen, Schanghai unsicher machen und euch auf die kleine Insel Putuoshan vor Schanghai schicken«, verkündete Marc. Er hatte großen Spaß daran gefunden, Reisen zu organisieren. Fortan nannte ich ihn »my personal travel agent«.

Die beiden strahlten.

Wir verbrachten den Abend damit, Neuigkeiten auszutauschen und einen Plan aufzustellen, welche Sehenswürdigkeiten wir in Schanghai besichtigen wollten. Natürlich würde es auch ins Badehaus gehen. Dort würden wir uns von all den Strapazen erholen.

So verging die erste Woche wie im Fluge. Sie waren begeistert von der Schule, und in Daniel wuchs der Wunsch, eventuell in naher Zukunft auch an der Deutschen Schule zu arbeiten.

»Ich könnte mir das schon vorstellen«, sagte Tina. »Auf der anderen Seite ist das natürlich ein ganz schöner organisatorischer Aufwand. Unser Haus müsste vermietet werden, und Daniel müsste als Dienstlehrkraft geschickt werden, denn ich würde hier nicht arbeiten können.« Da war sie wieder, die leidige Unterscheidung zwischen verbeamteten Lehrern und denen, die im Angestelltenverhältnis für den Staat arbeiteten.

Erstere konnten »verschickt« werden. Das bedeutete, dass sie in den sozialen Sicherungssystemen blieben und alle Vorteile von finanziellen Leistungen wie etwa Kindergeld vom Staat in Anspruch nehmen konnten. Zusätzlich bekamen sie höhere monatliche Bezüge als wir Ortslehrkräfte, denn ihr Gehalt wurde nicht von der Deutschen Schule bezahlt, sondern vom Staat. Wir angestellten Lehrer waren vom Dienst in Deutschland beurlaubt und wurden von der Deutschen Schule angestellt, bekamen kein Kindergeld, und auch die Zahlungen in die Rentenkasse wurden vom Arbeitgeber ausgesetzt. Als verbeamteter Lehrer konnte man sich bei der zentralen Stelle für den Auslandsdienst bewerben und mit ein bisschen Glück einen solchen Auslandsposten bekleiden. Uns angestellten Lehrern stand diese Möglichkeit nicht offen. Ich fand das ungerecht.

»Na, mal schauen, was sich machen lässt.« Verschwörerisch tauschten die beiden Männer Blicke aus.

»Das wäre ja der Hammer«, ereiferte ich mich. »Mit euch und euren Kindern könnte ich auch noch ein wenig länger bleiben.« Ich strahlte.

»Aber jetzt geht's ja morgen erst einmal nach Peking«, wandte Marc ein.

Die Reise nach Peking war ein großartiges Erlebnis. Wir fuhren mit dem Nachtzug abends in Schanghai los, stießen um Mitternacht auf Tinas Geburtstag an und kamen am Morgen nach zehn Stunden und 1300 km Fahrt in Peking an. Es gab wohl nicht allzu viele Menschen, die ihren 40. Geburtstag im Nachtzug von Schanghai nach Peking feierten.

Ein gebuchter Fahrer holte uns vom Bahnhof ab und fuhr uns direkt zur Chinesischen Mauer. Hier wehte ein eisiger Wind. Die Bäume waren kahl. Mit einer Seilbahn fuhren wir eine Anhöhe hinauf. Von dort aus entdeckten wir sie endlich: Bis zum Horizont erstreckte sich die Mauer und schlängelte sich wie eine Schlange über Hügel und durch Wälder. Mehrere Kilometer wanderten wir sie entlang. Wir konnten es kaum fassen, dass wir tatsächlich hier waren und dieses Monument live erlebten. Wir erfuhren, dass der Bau viele Menschen das Leben gekostet hatte. Die Chinesische Mauer war ein riesiges Grab. Vier Stunden folgten wir ihr treppauf, treppab, bis wir eine Sommerrodelbahn erreichten und den Berg wieder hinunterrodelten.

Die Stadt Peking war bei weitem nicht so modern und trubelig wie Schanghai. Und hier liefen sogar noch weniger Langnasen herum. Die Stadt erstreckte sich mehr in die Breite. Mit ihren wahnsinnig breiten Straßen und endlosen Monumentalgebäuden erinnerte sie mich an eine typische Ostblockstadt. Wir besuchten die Verbotene Stadt aus der Kaiserzeit, den Sommerpalast, den Platz des Himmlischen Friedens, auf dem die Studentenrevolte im Jahre 1989 blutig niedergeschlagen worden war, und natürlich das berühmte Vogelneststadion der Olympiade von 2006. Auf einem kulinarischen Nachtmarkt bestaunten wir frittierte Skorpione, auf Spießen aufgewickelte Schafspenisse, Raupenlarven und weitere Absonderlichkeiten.

Natürlich ließen wir es uns nicht nehmen, die berühmte Pekingente zu verspeisen und die Reise mit ein paar Flaschen Qingdao, der am meisten verbreiteten Biermarke, ausklingen zu lassen.

Spät am Sonntagabend erreichten wir Schanghai mit dem Flugzeug. Nun blieb uns noch eine Woche, um mit Tina und Daniel in Schanghai auf Entdeckungstour zu gehen. Mit Freunden machte dies doppelt Spaß, und unsere Besucher waren begeistert von dieser pulsierenden kontrastreichen Stadt.

Danach hieß es schon wieder Abschied nehmen. Je näher der Tag kam, desto betrübter wurde ich. Ich wollte sie dabehalten. Sie gaben mir so viel Kraft und Geborgenheit. Wir waren einander so vertraut und hatten so viel Spaß gehabt.

»Wir kommen wieder«, versprach Daniel. »Das nächste Mal mit den Kindern.« Jonas und Johanna jubelten, und auch Marc und mich freute diese Eröffnung.

Schließlich rollte ihr Taxi davon, und es überkam mich eine riesige Traurigkeit, die einige Tage anhielt. Wie sehr wünschte ich mir, dass uns noch mehr Freunde und Verwandte besuchen kämen, damit sie verstehen konnten, wie wir in der Fremde lebten. Marc versuchte erneut, meine Niedergeschlagenheit aufzufangen.

»Es ist bereits Mitte April, mein Schatz. In zwei Wochen sind Frühjahrsferien. Hättest du dir letztes Jahr um diese Zeit träumen lassen, dass du gleich dreimal im Jahr Traumziele in Asien bereist? Jetzt zeig ich dir mal die Bilder von unserer Unterkunft auf den Philippinen. Danach geht es dir bestimmt besser.«

Zu viert setzten wir uns vor den Computer und erfreuten uns an den schönen Bildern. Die Vorfreude auf die nahende Reise verdrängte mein Heimweh.

34.

Philippinen

Unsere erste Station auf den Philippinen war die Insel Panglao. Auf der linken Seite unseres Zimmers befand sich eine riesige Glasfront. Vom Bett aus fiel unser Blick auf eine von Palmen und anderen Tropengewächsen umsäumte Terrasse. Dahinter funkelte der türkisfarbene Pazifik, auf dem weiße Fischerboote schaukelten, die sogenannten Balanghais. Diese zerbrechlich wirkenden Boote erhielten ihre Stabilität durch Bambusausleger an den Seiten und waren äußerst seetüchtig. Das Hauptschiff war überdacht von einer Plane. Die Balanghais wirkten sehr ursprünglich und romantisch, wie sie da auf dem Wasser schaukelten. Es war der dritte Tag unseres Urlaubs, aber wir hatten bereits so viel erlebt, dass mir die paar Tage wie Wochen vorkamen. Wie sich wohl Magellan vor mehr als 400 Jahren gefühlt hatte, als er in diesem Tropenparadies gelandet war?

Im 10. und 11. Jahrhundert hatten die Chinesen das Gebiet der Philippinen als Handelsstützpunkt vereinnahmt. Von 1520 bis 1898 folgten die Spanier, die dem Land seinen Namen gaben (1543 wurde es nach dem spanischen König Philipp II. benannt). Die Briten hielten für nur zwei Jahre Manila besetzt. Und – man mag es kaum glauben – die Amerikaner zeigten sich von 1898 bis 1946 als Kolonialherren. Seit dem Ende des 2.Weltkriegs kämpft das Land nun schon um Unabhängigkeit und Demokratie.

Nun ist das Land unabhängig, aber politisch steht es auf sehr wackeligen Beinen. Das traumhafte Ambiente täuschte über die politischen Unruhen hinweg. Die Polizeipräsenz vermittelte zwar ein Gefühl der Sicherheit, aber so richtig trauen konnte man dem »Frieden« offenbar nicht. Es hieß, große Teile der hiesigen Polizei seien korrupt.

Langsam schien sich das Unwetter über dem Ozean zu verziehen, das uns um fünf Uhr morgens geweckt hatte. Prasselnde, kübelartige Regengüsse hatten unsere Terrasse überflutet. Um viertel nach sechs Uhr war Jonas schließlich in Badehose und Schwimmshirt zu einem Laden gelaufen, um Milch und Cornflakes für unser Frühstück zu kaufen. Nach einem königlichen Mahl mit Instantkaffee saßen Marc, Jonas und Johanna nun auf den weißen Plastiksonnenstühlen vor dem Fenster mit Meerblick und waren vertieft in ihre Lektüren. Ich schrieb Tagebuch.

Wir waren im mittleren Südosten der Philippinen, auf der Insel Panglao.

Es war tropisch heiß und sehr feucht. Unter diesem Klima litt alles, was nicht organisch war. An allen Wänden und auf allen Dächern wuchsen Pflanzen, Moos oder andere Gewächse. Mir war aufgefallen, dass es hier eigentlich keine geschlossenen Räume gab. Nur für die Touristen, um eine Klimatisierung zu ermöglichen. Bei steten 35 Grad am Tag und 25 Grad in der Nacht empfand ich das als sehr angenehm.

Außerhalb des Hotelzimmers hing ein feuchter tropischer Geruch in der Luft, gemischt mit dem Duft von gebratenem Fisch oder Fleisch und Meersalz.

Die Einheimischen erinnerten mich an die Figuren in dem Film *Das Piano*. Einerseits unterschieden sie sich kleidungstechnisch nicht von den Europäern, andererseits verhielten sie sich doch sehr exotisch. Angefangen bei ihrer Sprache, die Johanna passend mit »dem Klang von Trommeln« verglichen hatte. Dass Musik eine entscheidende Rolle im philippinischen Leben spielte, merkte man nicht nur an der rhythmischen, trommelnden Sprache, sondern auch daran, dass überall Musik aus Lautsprechern ertönte. Straßenmusiker spielten ganz eigene Melodien. Eigentlich wurde man überall beschallt, wenn nicht von Musik, dann von den Bewohnern, die über alles laut zu lachen schienen. Ihre Grundstimmung war beschwingt, unbeschwert und fröhlich. Gerne saßen sie beisammen, beobachteten, was um sie herum geschah, und plauderten. In Schanghai war jedermann, egal zu welcher Tages- und Nachtzeit, sehr beschäftigt, um für den Lebensunterhalt zu sorgen. Und wenn die Leute nicht arbeiteten, schliefen sie vor Erschöpfung an den unmöglichsten Orten. Hier war das anders. Alle wirkten unglaublich entspannt und gelassen.

Den Filipinos sagt man – wie den Chinesen – eine große Neugier nach. Auf Panglao schien der Tourismus durch Europäer noch nicht allzu stark verbreitet zu sein. Alle beäugten uns neugierig, vor allem die weißblonden Kinder. Natürlich liefen auch hier vereinzelt Deutsche, Schweden, Amerikaner und Engländer herum. Die meisten Touristen waren aber tatsächlich Chinesen und auch reiche Filipinos aus Manila, die den Einheimischen nicht fremdartig erschienen.

Mit einer organisierten Tour, die über die Insel führte, fuhren wir am folgenden Tag zu diversen lokalen Attraktionen, unter anderem zu einer 400 Jahre alten katholischen Kirche. Ich hatte nicht gewusst, dass insgesamt 90 % der Filipinos katholisch sind. Die Kirche war aus Korallenstein gebaut und hatte keine Fenster. Gut 300 Leute fanden in ihr Platz. Der Stein hatte sich mittlerweile grün verfärbt, und in den Ritzen des Mauerwerks hatten Vögel ihre Nester gebaut.

Danach fuhren wir zu einem Tarsier-Resort. Tarsier sind die kleinsten lebenden Primaten. Diese Äffchen haben ein hellbraunes flauschiges Fell und überdimensional große Augen. Sie hingen in niedrigen Büschen und ließen sich tatsächlich in die Hand nehmen und streicheln. Die Tarsier gaben ein unglaublich niedliches Bild ab, als sie uns mit ihren riesigen Augen anguckten. Johanna und Jonas wollten sich gar nicht mehr von ihnen trennen. Doch ein weiteres Highlight wartete auf uns: die legendären Chocolate Hills. Das sind 1268 Hügel, die bis zu 50 m hoch dicht an dicht aus der Erde ragen. In der Trockenzeit sind sie braun und sehen aus wie Schokoladenpralinen. Die Legende sagt, es seien die versteinerten Tränen des Riesen Arogon. Eine spannende Vorstellung. Als wir sie von einem Aussichtspunkt aus betrachteten, waren wir tief beeindruckt von dieser imposanten Naturerscheinung.

Die Tour beinhaltete auch eine Fahrt mit den »floating restaurants« auf dem Loboc River. In der Mitte unseres kleinen Schiffes gab es ein köstliches Buffet mit Meeresfrüchten – aber auch sehr vielen anderen leckeren Früchten: Äpfel, Mangos, Ananas, Kokosnüsse, Bananen. Wir fuhren zu einer 100 m langen Hängebrücke aus Bambusrohren, die hoch oben über dem Fluss im Wind schaukelte. Sie zu begehen war der reinste Nervenkitzel.

Am frühen Abend aßen wir in einer wirklich coolen Outdoor Lounge direkt am Strand. Wir saßen in gemütlichen Bambussesseln, Palmenblätter rauschten über unseren Köpfen, Musik von Jack Johnson ertönte leise aus den Lautsprechern. Bei einem Fruchtmilchshake und einem romantischen Sonnenuntergang klang dieser Tag perfekt aus. Ich hätte mir nie träumen lassen, dass ich einmal an einem so paradiesischen Ort sein würde. Und dass wir dies auch noch gemeinsam mit den Kindern erleben durften.

Beim Nachhausekommen trafen wir in unserer Ferienanlage einen netten Holländer und kamen mit ihm ins Gespräch. Er war mit einer Filipina verheiratet und hatte zwei Kinder mit ihr. Gemeinsam buchten wir für den nächsten Tag eine Bootsfahrt auf einem dieser Balanghais. Wir würden Delphine beobachten, an einem Riff schnorcheln und an einem Atoll schwimmen.

Das frühe Aufstehen um fünf Uhr sollte mit mehreren Delphinsprüngen und dem Anblick vieler bunter Fische auf den Tauchgängen belohnt werden.

Wir verbrachten den ganzen Tag gemeinsam mit der anderen Familie, die uns mit zwei hiesigen Spezialitäten bekannt machte. Neben einem süßlichen Sojagetränk wurde uns das traditionelle Balut angeboten. Dabei handelte es sich um ein 16–18 Tage angebrütetes Entenei. Johann, der sechsjährige Sohn des Holländers, bewies hier, dass philippinisches Blut in seinen Adern floss. Zunächst trank er genüsslich das wässrige Eiweiß, verspeiste dann das gallertartige Eigelb, um sich schließlich das Küken auf der Zunge zergehen zu lassen. Dieses war bereits voll ausgebildet, mit Federn, Füßen und Schnabel. Er genoss jeden Bissen, während wir ihm sprachlos, mit angewidertem Gesichtsausdruck dabei zusahen.

Am Freitag darauf machten wir uns mittags auf den Weg zum Flughafen. Eigentlich müsste man eher von einem Flugfeld sprechen: Es bestand aus einer überdachten Wartehalle und einer Start- und Landebahn, auf der auch ein paar Basketballkörbe standen. Mir war etwas mulmig zumute, denn Marc hatte mir gebeichtet, dass alle philippinischen Fluglinien in Europa auf der schwarzen Liste standen: Sie durften keine europäischen Flughäfen anfliegen, weil sie ein Sicherheitsrisiko darstellten.

Nun hatten wir in Australien einen Flug in einer vierzig Jahre alten Chessna überlebt, die von einem 18-jährigen Piloten gesteuert wurde. Da würde das hier auch gutgehen.

Die exotischen Klänge einer Gruppe blinder Musiker lenkten mich ab.

Um 14 Uhr hoben wir schließlich ab, hatten einen ruhigen Flug und landeten sanft wieder in Manila. Ein Taxi fuhr uns ins 30 Minuten entfernte Hotel. Während wir uns auf staubigen, stickigen und schwülen Straßen durch Automassen schoben, sahen wir, welche Armut in Manila herrschte. Wellblechhütten und Müll säumten die Straßen. In Lumpen gekleidete Straßenverkäufer standen an ihren winzigen Imbissständen. Nackte Straßenkinder saßen traurig am Straßenrand. Das war also die Hauptstadt der Philippinen. Kein sehr einladender Ort. Ich erinnerte mich an einen Bericht, den ich kürzlich über Manila gelesen hatte. Hier wurden riesige Werbeplakate an eigens für sie errichteten Metallkonstruktionen aufgehängt. In jeder größeren Konstruktion hauste eine oder mehrere Familien. Sie bauten um die Stützen herum Holzwände, zogen Holzböden ein und richten sich dann dort häuslich ein. Ob wir dies zu Gesicht bekommen würden? Was für ein Elend.

Seit unserer ersten Ankunft in Schanghai wurde mir zusehends bewusst, wie gut es uns in Europa ging.

Am nächsten Morgen brachen wir um 5.30 Uhr auf. Ein Bus fuhr uns in dreieinhalb Stunden nach Batangas. Diese Fahrt war ein weiterer Nervenkitzel. Noch nie hatte ich etwas Derartiges erlebt. Zunächst steckten wir im Stau. Danach bretterte der Busfahrer die holprige Straße in einem unfassbaren Tempo entlang. Die Bremsen quietschten, die Stoßdämpfer ließen den Bus beim kleinsten Huckel bedenklich hin und her schwanken. Der Busfahrer setzte zu atemberaubenden Überholmanövern an.

Wir hatten uns ganz nach vorne gesetzt. Ich hatte gedacht, das sei ein kluger Schachzug, um möglichst viel Beinfreiheit zu haben. Bald war ich mir da nicht mehr so sicher. Es gab keine Gurte. Verkrampft hielt ich mich an einem Griff fest und schaute gebannt auf die Straße, im irrsinnigen Glauben, ich könnte noch etwas tun, wenn der Bus umkippte oder in irgendetwas hineinraste. Marc war tatsächlich eingenickt. Die Kinder hörten Hörspiele, und die anderen Fahrgäste lachten oder unterhielten sich. Wieder einmal schien ich die Einzige zu sein, die nicht unbesorgt war! Sogar der Fahrer amüsierte sich mit seinem Beifahrer. Sie schienen sich die ganze Zeit Witze zu erzählen. Zumindest lachten sie in einer Tour. Ich sah Schweiß durch sein kurzgeschnittenes Haar in den Nacken rinnen. Wie hospitalisiert strich der Mann sich kreisförmig über den Kopf, über den Bauch, wieder über den Kopf und über den Bauch. Mit einer Hand am Steuer lenkte er etwa sechzig Touristen mit 140 km/h über eine holprige einspurige Piste. Ich dachte, ich wäre in einem falschen Film.

Um 10 Uhr erreichten wir den Ort Batangas. Dort fielen uns die wunderschönen Jeepneys auf. Nach dem Zweiten Weltkrieg ließen die Amerikaner ihre Militärjeeps auf den Philippinen zurück, und die Einwohner bauten sie zu Jeepneys um. Die heutigen Jeepneys sind die »Nachfahren« – Wagen, die den damaligen umgebauten Jeeps nachempfunden sind. Die Jeeps der Amerikaner waren auseinandergesägt und in die Länge gestreckt worden, so dass sie die Maße eines kleinen

Busses hatten. Eine Art Stretch-Jeep. Die heutigen Modelle sind nicht lackiert, sondern schimmern metallisch silbern. Mit bunten Bannern und lustigen Gallionsfiguren geschmückt, verfügen die meisten über eine Musikanlage. Überall, wo sie Platz finden, sitzen Fahrgäste, auch auf dem Dach. Diese Jeepneys sind nicht nur die hiesigen Nahverkehrsmittel, sondern auch Transportmittel für alle möglichen Dinge, die einem in den Sinn kommen. Neben diesen Wagen sah man viele Motorräder mit Beifahrerwagen auf den Straßen. Besonders einprägsam fand ich den Anblick eines Beifahrerwagens, in dem ein etwa einjähriges Kind lag, ein Bein oben an die Lehne gestemmt, das andere hing heraus. Während der Vater wilde Manöver unternahm, um in den überfüllten Straßen voranzukommen, schlief es seelenruhig. Wenn wir einem Filipino von unseren Sicherheitsstandards für Kinderautositze erzählten, würden sie uns wahrscheinlich genauso fassungslos anschauen wie wir Johann beim Balut-Essen.

In Batangas wurden wir auf ein größeres Balanghai verfrachtet. Eine Stunde fuhren wir damit zu unserem Resort »Coco Beach«. Dort wurden wir mit exotischer Musik und Gesang begrüßt, bekamen zunächst eine Muschelkette umgehängt und dann ein Glas Kokosmilch gereicht. Das eigens für dieses Resort komponierte Willkommenslied sprach von einem »place, called paradise«. Dem ließ sich nichts hinzufügen. Wir waren inmitten einer tropischen Hotelanlage aus Bambusholz, umgeben von Strand und Palmen. Die Gäste waren in Bambushütten untergebracht, die zwischen den Palmen verstreut am Hang lagen. Sie hatten weder Fensterscheiben noch Moskitonetze. Unsere Hütte lag ganz oben auf dem Hügel. Wir hatten den besten Blick über die Bucht, und keiner konnte zu uns hineinschauen. Andererseits führten insgesamt 152 Treppenstufen zu unserer Hütte, die bei 38 Grad tatsächlich eine Hürde darstellten.

Am zweiten Tag schipperten wir mit dem Boot nach Porto Galera, der Hauptstadt der Insel. Von dort aus ging es auf dem Dach eines Jeepneys weiter zu einem Wasserfall in einem abgelegenen Ort mitten im Dschungel, wo uns viele Kinder begrüßten. Ein Wasserbüffel zog uns in einem klapprigen mittelalterlichen Fuhrwerk über Stock und Stein durch fünf Flüsse noch tiefer in den Dschungel hinein, wo sich erneut Wasserfälle und ein kleiner See auftaten.

Während wir im Wasserfall badeten, bereitete unser Guide das Essen vor. Dieses Abenteuer hatte sich wirklich gelohnt.

In den folgenden Tagen genossen wir weiterhin die Natur, die Sonne, das Meer, den Strand und das gute Essen. Wir erholten uns wahrhaft paradiesisch. Und nach zwei Wochen traten wir schließlich die Heimreise nach Schanghai an.

35.

Taitais

Tatsächlich freute ich mich diesmal auf die Rückkehr nach Schanghai, denn mittlerweile hatten wir einen kleinen Freundeskreis. Ich hatte über Johanna Kontakt zu einer anderen Mutter bekommen. Ihre Tochter und Johanna waren sehr gute Freundinnen geworden. Beide verbrachten am liebsten den ganzen Tag draußen, fuhren mit dem Fahrrad durch den Compound oder trieben sich anderweitig darin herum.

Ihre Mutter Michaela war Taitai, so wie eigentlich alle Mütter hier. Wie die meisten Frauen hatte auch sie ihren Job in Deutschland zeitweise an den Nagel gehängt, um ihrem Mann und dem Ruf seiner Firma ins Ausland zu folgen. Die Männer, die für eine bestimmte Zeit für ihre Firma im Ausland arbeiteten, hatten größtenteils bereits in der Heimat gehobene Posten bekleidet. Ihre Tätigkeit im Ausland war meist ein weiterer Schritt auf der Karriereleiter. Gewöhnlich hatten sie in Schanghai einen noch höheren Posten und verdienten noch viel mehr Geld als zu Hause. Die Firma kam außerdem für die Miete und die Schulgebühren für die Kinder auf und stellte einen Chauffeur inklusive Wagen. Ihre Bereitschaft, die Heimat zurückzulassen und die ganze Familie umzupflanzen, sollte belohnt werden. Wenn Frau und Kinder sich wohl fühlten, dann würde sich auch der Mann wohl fühlen und folglich noch einsatzfreudiger arbeiten. Ich hatte mitbekommen, dass die meisten dieser Männer beinahe Unmenschliches leisteten. Zum einen hatten sie längere Arbeitstage als zu Hause, und zum anderen absolvierten sie unzählige Flüge rund um den Globus. Endlich begriff ich den Sinn der Business Class. Denn wie sollte ein Mensch nach zwanzig Reisestunden ohne Schlaf vom Flieger aus direkt in ein Meeting starten? Kurzum, alle Expats verdienten stattliche Summen, die ihnen einen sehr gehobenen Lebensstandard ermöglichten. Auch wir Lehrer verdienten mehr als in Deutschland, aber natürlich lange nicht so viel. Kein Lehrer wohnte beispielsweise in Lakeside, dem Compound der »Reichen und Schönen«, wie ich ihn spaßeshalber getauft hatte. Es sei denn, sie waren »Mausis«, was so viel wie »mitausgereiste Ehefrau« – und in äußerst seltenen Fällen Ehemann – bedeutete. In diesen Fällen arbeitete die Frau als Lehrerin, der Hauptverdiener jedoch war der Mann, weswegen sie in den teuren Compounds wohnen konnten. Die Mieten für die meisten Häuser in Lakeside überstiegen die 4000-Euro-Grenze – pro Monat. Es waren riesige moderne Villen. Viele hatten einen eigenen Swimmingpool im Garten. Einige hatten einen Partykeller mit einem eingebauten Beamer und einem eigenen Kinosaal. Schaute man jedoch etwas genauer hin, war es auch in diesen Häusern nicht weit her mit der Qualität. Der Putz brökelte, es gab Schimmel, die Heizung oder bestimmte Wasserleitungen funktionierten nicht, so dass es immer wieder zu Wasserschäden kam. Dann wurden »repairmen« geschickt, die in Windeseile kamen, aber den Schaden meist verschlimmbesserten. Das war für die Mieter kein Problem, denn der Vermieter kam für den Lohn der Handwerker auf. Man musste sich als Mieter einfach nur daran gewöhnen, dass bestimmte Arbeiten unbestimmt lange dauern konnten und nicht unbedingt zum gewünschten Ziel führten.

Die meisten von Johannas Freundinnen und auch einige Klassenkameraden von Jonas wohnten in Lakeside.

»Papa, warum bist du eigentlich Lehrer geworden?«, fragte Jonas eines Tages ganz unverfänglich am Frühstückstisch.

»Warum fragst du das?«

»Na, wenn du Ingenieur wärst oder so, dann könnten wir auch in Lakeside wohnen. Da ist es voll cool. Die Häuser haben sogar einen eigenen Swimmingpool.«

Das saß.

Ich schwieg, obwohl mir eine Antwort auf der Zunge lag. Die Frage war eindeutig an Marc gerichtet.

Marc fixierte Jonas mit seinem Blick und schluckte sein Brötchen hinunter. Seine Füße wackelten unter dem Stuhl. Es war nun ungewohnt still am Tisch. Johanna schaute betreten auf ihren Teller. Wahrscheinlich hatte auch sie sich diese Frage bereits gestellt.

Marc setzte an.

»Wo waren wir dieses Jahr noch einmal im Urlaub?«

»In Indonesien, Australien und auf den Philippinen.«

»Aha. Kennst du jemanden in Berlin, der überhaupt schon einmal in einem dieser Länder war?«

»Nein.«

Und … hast du ein eigenes Zimmer?«

»Ja.«

»Ist dir unser Haus zu klein?«

»Nein.«

»Kannst du jeden Tag in den Pool, der lediglich Minuten von unserem Haus entfernt ist?«

»Ja.«

»Kann einer deiner Freunde in Deutschland so etwas tun?«

»Nein.«

»Gibt es irgendetwas, was es in Lakeside gibt, nicht in unserem Compound?«

»Nein.«

»Hast du einen Laptop?«

»Ja.«

»Gefällt dir die Kleidung, die du trägst?«

»Ja.«

»Aha. Und sag einmal, wie viel Zeit verbringt denn dein Freund Paul in der Woche mit seinem Vater?«

»Na, nicht so viel.«

»Und warum?«

»Na, weil der immer weg ist. Entweder muss er irgendwo hinfliegen, oder er muss lange arbeiten.«

»Findet Paul das toll, dass er seinen Vater so wenig sieht?«

»Nö.«

»Möchtest du, dass ich auch so oft weg bin?«

»Nein.«

»Na, dann sei doch froh, dass ich Lehrer bin. Wir können jeden Tag miteinander frühstücken und Abendbrot essen. Oder am Nachmittag Tischtennis spielen. Puzzeln, Schach spielen oder in den Pool gehen. Ich habe genauso viel Ferien wie ihr, das heißt, wir verbringen sehr viel Zeit miteinander. Oder?«

»Ja.«

»Nun sag mir doch einmal, warum ich aus deiner Sicht nicht Lehrer sein sollte.«

Jonas schwieg. Dann antwortete er: »Stimmt eigentlich. Eigentlich ist es toll, dass du Lehrer bist.«

»Ich bin gerne Lehrer«, sagte Marc. »Lehrer ist ein spannender Job. Jeden Tag treffe ich viele Menschen, Kollegen und Schüler, mit denen gemeinsam ich tolle Dinge auf die Beine stellen kann. Also, ich bin froh, dass ich Lehrer bin. Und ich bin froh, dass ich so viel Zeit mit meiner Familie verbringen kann. Mama und ich verdienen zusammen genug Geld, dass wir uns tolle Reisen leisten können. Und euch fehlt es doch an nichts. Oder?«

»Nein.«

»Ich glaube, dass es sehr wichtig ist, zufrieden mit seinem Job zu sein. Ob es nun Lehrer oder Arzt oder Ingenieur oder ein ganz anderer Beruf ist.«

Nun war Jonas' verdrießliche Laune verschwunden. Er schien sogar sehr stolz auf seinen Papa zu sein.

»Du hast recht. Aber vielleicht werde ich trotzdem irgendwann einmal Ingenieur.« Er lächelte uns an.

Nun meldete sich auch Johanna zu Wort, die diplomatisch geschwiegen hatte. »Und ich werde Pferderanch-Besitzerin.«

Da mussten wir alle lachen.

Das hatten wir also geklärt.

Ich war auch glücklich, dass ich Lehrerin war. Es war der tollste Job, den es gab. Jeder Tag war anders, als man ihn sich vorgestellt hatte. Genauso, wie Schüler einen zur Weißglut bringen konnten, brachten sie einen auch zum Lachen. In jeder Klasse war das Unterrichten etwas anderes. Keine Stunde glich der anderen, selbst wenn es um denselben Unterrichtsstoff ging. Und immer wieder staunte ich über die Kreativität von Kindern und darüber, wie viele Talente sich unter ihnen befanden. Und Kinder waren so herrlich ehrlich. Sie sagten einem, wenn ihnen etwas nicht gefiel, aber genauso brachten sie zum Ausdruck, wenn sie etwas super fanden. Und vor allem arbeitete man weitestgehend selbstbestimmt. Man konnte aber auch im Team mit anderen Lehrern arbeiten.

Jederzeit würde ich wieder Lehrerin werden.

Michaela, die Mutter von Johannas Freundin, war zwar keine Lehrerin, aber auch sehr sportbegeistert. Sie war die Fußballtrainerin des Mädchenteams an der Schule, in das sie sogar Johanna geholt hatte, die bis vor kurzem nichts mit Fußball anfangen konnte.

Eines Tages fragte sie mich: »Sag mal, hast du Lust, mit zum Yoga zu kommen?«

Gesagt, getan. Und schon lernte ich dort erneut andere Taitais kennen. Die Berührungsängste schwanden auf beiden Seiten, und schon bald war ich zum ersten Geburtstag, zum Brunch, zur Kostümparty, Ladies Night, Stadterkundungs- oder Shoppingtour eingeladen. Eine neue Welt tat sich auf. Es war schon etwas merkwürdig, von einem Chauffeur abgeholt und zum Einkaufen gebracht zu werden. Dennoch fand ich das auch irgendwie spannend. Ich bekam Einblicke in die Höhen und die Tiefen eines Taitai-Lebens. Viele der Frauen waren Partymäuse, die das Feiern und Shoppen, Massagebesuche, Maniküre und Pediküre in Schanghai in vollen Zühn genossen. Ihre Ayis organisierten den Haushalt, brachten die Kinder zum Schulbus und holten sie wieder ab. Den Kindern dieser Frauen fehlte es auf den ersten Blick an nichts: Sie hatten ein riesiges Haus und modernste elektronische Geräte in Form von Fernseher, Tablet, Smartphone und Playstation.

Die weitaus größere Anzahl der Taitais engagierte sich jedoch in ihrem sozialen Umfeld: Sie halfen im Schulalltag und bei Festen, unterstützten den Klassenlehrer in allen Klassengeschäften, lernten fleißig Chinesisch oder erforschten die Stadt auf Kulturspaziergängen. Und vor allem: Sie hielten ihren Männern den Rücken frei und übernahmen den Großteil der Erziehung der Kinder, stellten ihre Interessen zunächst hintenan. Davor hatte ich großen Respekt. Die Frauen schufen auch soziale Netzwerke in Form von Coffee Mornings, Kindertreffs, Grillfeiern. Einige übernahmen Teile des Kommunions-, Firm- oder Konfirmationsunterrichtes, organisierten Sternsängerläufe oder Flötengruppen.

Auf den vielen Partys, die sich nun für uns wie Perlen einer Kette aneinanderreihten, lernten wir auch Expats anderer Nationen kennen: Franzosen, Engländer, Amerikaner, Schweden, Italiener, Spanier und Holländer. Auf einer Feier trafen wir eine französische Galeristin und ihren Mann, der als holländischer Rosenzüchter und Großverkäufer in Schanghai sein Geld verdiente. Diese Abende waren oft unglaublich inspirierend und lustig, da man mit vielen Leuten ins Gespräch kam, die aus völlig verschiedenen Gründen hier in Schanghai gelandet waren. Natürlich begegneten wir auch den üblichen Vorurteilen gegenüber Lehrern. Aber bald lachten wir gemeinsam darüber.

Genau das war es, was mir bisher gefehlt hatte. Ein Leben außerhalb der Schule. Plötzlich war es da. Wir waren mittendrin.

36.

Drachenbootrennen

An einem Morgen waren wir zu einem Geburtstagsfrühstück eingeladen, als uns ein Freund fragte: »Hey, ihr zwei, wie sieht's aus, habt ihr als junge dynamische Sportlehrer Lust, unser Drachenbootteam zu unterstützen? Wir haben uns für ein Drachenbootrennen angemeldet, und wir brauchen noch Unterstützung.«

Marc und ich schauten uns an.

»Jung und dynamisch. Das war gestern.« Ich zwinkerte ihm zu. Natürlich fühlte ich mich sehr geschmeichelt. Und in gewisser Weise stimmte es ja auch. Wir waren in dem Freundeskreis tatsächlich die Jüngsten.

Mittlerweile hatten sich ein paar weitere Gäste dazugesellt.

»Passen wir denn da rein, als Lehrer?«, fragte Marc.

»Was ist das denn für eine Frage?« Unser Freund stupste Marc an.

»Na, wenn das so ist ...«

»Grundvoraussetzung ist natürlich, dass wir gewinnen«, witzelte ich.

»Mit euch doch immer!«

»Sehr charmant.« Ich lächelte. Er wusste wirklich, wie er uns um den Finger wickeln konnte.

»Und wie heißt unser Team?«, wollte ich wissen.

»Wie wär's mit ›Lakeside Gang‹«, schlug er vor.

»Das geht ja wohl gar nicht«, erwiderte ich. »Du

erinnerst dich, wir wohnen im armen Lehrer-Compound.«

So frotzelten wir hin und her und kamen schließlich auf den unverfänglichen Namen »German Dragons«.

Also saßen wir nur zwei Wochen später mit rosafarbenen Kopftüchern und den Deutschlandfarben im Gesicht mit achtzehn anderen in einem riesigen Drachenboot. Unsere Fangemeinde in Form einer riesigen Kinderschar schwenkte Deutschlandfahnen und pustete in die Vuvuzelas, alles Überbleibsel der letzten EM.

Sechs weitere Boote waren am Start. In ihnen saßen kampfeslustige Chinesen. Lautstark gaben ihnen ihre Trommler, die am Bug des Bootes saßen, bereits den Takt zum Paddeleinstich vor, während wir noch damit beschäftigt waren, akrobatisch die Plätze zu wechseln, um strategisch günstig zu sitzen. Unser Boot schaukelte gefährlich und lag schräg zu den anderen. Die Paddler der anderen Boote belächelten uns mitleidig. Keiner von uns hatte je zuvor in einem Drachenboot gesessen, keiner wusste, wie wir das nun eigentlich alles zu machen hatten. Und vor allem: Keiner von uns war der Teamleader, so dass alle wild durcheinanderredeten und philosophierten, wie man wohl am besten paddelte. Der eine oder andere hatte vielleicht einmal ein Rennen im Fernsehen gesehen. Schon hieß es durch das Megaphon: Ab an den Start. Das konnten wir uns zusammenreimen, denn die anderen Boote machten sich gleichzeitig auf den Weg zur Startlinie.

Und schon fiel der Schuss.

Die anderen Boote setzten sich in Bewegung. Nur wir nicht. Unser Boot schaukelte noch immer.

Doch dann packte uns der Ehrgeiz.

Marc schrie: »Und zieh. Und zieh. Und zieh.«

Unsere Trommlerin setzte ein und nahm den Rhythmus auf.

Nun setzten auch wir uns in Bewegung. Aber wie. Alle begannen zu schreien. Marc gab vor: »Und ...«

Und die anderen schrien »... zieh« im Takt des Trommelschlags.

Wie im Rausch gewannen wir an Fahrt und näherten uns den anderen Booten. Unsere Fangemeinde jubelte und trötete. Der Hund meiner Freundin bellte. Die Paddel platschten ins Wasser. Unsere Oberarmmuskeln drohten zu platzen. Und wir schrien und schrien.

Wir zogen an den anderen Booten vorbei. Durch die Ziellinie. Und wurden Erste.

Was für ein Jubel. Mann, wie war das schön.

Nach der Siegerehrung wurden wir sogar von einem chinesischen Fernsehsender interviewt.

»What was your strategy to win the race?«, war die erste Frage.

Unser Team bebte vor Lachen.

Verwirrt gab der Moderator auf.

So vergingen die Wochen. Ein Event jagte das andere. Das Heimweh war in den Hintergrund gerückt. Dennoch freuten wir uns alle vier auf unseren ersten Heimatbesuch nach einem Jahr. Das Einzige, was auf die Stimmung drückte, war die Tatsache, dass meine mir sehr ans Herz gewachsene Freundin Petra nun die Segel strich und mit ihrer Familie nach Deutschland zurückkehrte.

Hatte man sich gerade gefunden, so musste man schon wieder Abschied nehmen. Ich war sehr betrübt.

»Sieh es so«, hatte sie mir zum Trost gesagt, »wären wir nicht nach Schanghai gekommen, hätten wir uns nie kennengelernt. Die Zeit hier ist für die meisten endlich. Aber man nimmt so viel mit. Erfahrungen. Erinnerungen an Reisen, Feiern, Gespräche, Menschen.

All diese Erfahrungen und Erinnerungen hätte man nicht gewonnen, wenn man zu Hause geblieben wäre. Man kehrt mit einem Sack voller neuer Freunde und Bekannter zurück.«

»Ja, aber du bist nun weg«, erwiderte ich. »Was mache ich hier nur ohne dich?« Ich nahm sie in die Arme.

»Es kommen andere nette Menschen«, sagte sie.

»Dich kann man nicht ersetzen«, erwiderte ich.

»Versuch, den Moment zu genießen«, fügte sie hinzu. »Denk nicht so viel nach. Und wenn es mit jemandem nicht passt, dann sei nicht enttäuscht. Die Nächste wird schon kommen. Du hast doch genug zu tun. Genieße dann die Stunden, die du für dich hast, bis dir die Richtige über den Weg läuft. Ich war nun schon oft für längere Zeit im Ausland. Man trifft immer wieder wunderbare Menschen. Natürlich sehe ich sie heute nicht mehr so oft wie damals. Aber sie sind da. In meiner Erinnerung und in meinem Herzen. Das will ich nicht missen.«

Nicht nur meine Freundin und ihre Familie verließen für immer Schanghai. Rund ein Fünftel der Schulgemeinschaft kehrte jeden Sommer zurück in die Heimat oder brach in andere Länder dieser Welt auf. Am letzten Schultag traf sich die gesamte Schulgemeinschaft in der Piazza. Gemeinsam wurde gesungen, und alle abgehenden Lehrer und Schüler wurden verabschiedet. Sie gingen auf die Bühne, bekamen je eine Rose und winkten allen auf Wiedersehen. Viele Tränen flossen. Zum ersten Mal wurde mir bewusst, wie hoch die Fluktuation hier war und mit wie viel Herzschmerz sie verbunden war.

Während viele andere ihren Container beluden, packten wir nur unsere Koffer. Denn die Sommerferien standen vor der Tür und damit unser erster Heimaturlaub. Bereits am Abend sollte es nach Berlin gehen.

Als mir das beim Packen so richtig bewusst wurde, kribbelte es im ganzen Körper. Marc und den Kindern schien es nicht anders zu gehen.

Deutschland – wir kommen.

37.

Familienbesuch

Wir genossen die Zeit in Berlin sehr. Keinen Moment dachte ich an Schanghai. Jede Minute mit der lieben Familie in Berlin und den wunderbaren Freunden sog ich auf wie ein ausgetrockneter Schwamm. Jede Minute, nein, Sekunde wollte ich voll ausschöpfen, erfahren, wie es unseren Freunden in der letzten Zeit ergangen war, Gespräche führen, gemeinsam Dinge erleben, von denen ich wieder ein Jahr zehren konnte, insbesondere in Momenten, in denen mir in Schanghai die Heimat, die Freunde, die Familie so sehr fehlen würden.

Unsere Familie und unsere Freunde nahmen sich sehr viel Zeit für uns, planten extra ihren Urlaub so, dass es mit unseren Plänen harmonierte. So viel Freundschaft und so viele Liebesdienste machten mich unbeschreiblich glücklich.

Gleich zu Beginn unseres Heimaturlaubs lud uns mein Bruder zu einem Familientreffen ein. Schöner konnte eine Wiederbegegnung im Kreise der Lieben nicht sein: Die Sonne schien, vom Grill duftete es lecker, fröhliche Kinder hüpften und sprangen durch den riesigen Garten, strahlende Erwachsenenaugen begegneten sich in angeregten Gesprächen. Noch am Abend desselben Tages feierten wir den 40. Geburtstag einer Freundin in einem der lauschigsten Gärten dieser Erde. Beinahe unser ganzer Freundeskreis war dort versammelt, aber nur ein Paar wusste, dass wir kommen würden. Wir hatten die anderen überraschen wollen. Als wir den Garten betraten, sprangen überall große und kleine Kinder herum, tummelten sich beim Bolzen, planschten im Pool oder verkrümelten sich in verborgenen Zauberecken des Gartens, wo sich die Erwachsenen nie hinbegaben. Aber die waren nicht weniger ausgelassen. Auf einer riesigen Leinwand verfolgte man ein WM-Fußballspiel und fieberte mit, die Bierflasche in der Hand. Gemurmel drang aus allen möglichen Ecken, und das vertraute Gackern und Lachen meiner Freundinnen schallte durch den Garten.

Booooooom! Da war es! Das Gefühl, auf das ich mich so gefreut hatte: Gemeinschaft, Vertrautheit, Vertrauen. Im Freien sein, die Luft, das Wetter genießen.

Als sie uns entdeckten, schrien sie: »Hey, die Chinesen sind da, kommt alle her.«

Das war eine Wiedersehensfreude. Mir wurde bewusst, wie unendlich wichtig mir diese Menschen waren.

Es dauerte nicht lange, und die vertraute Truppe Mädels saß auf ein paar Gartenliegen um mich herum, fragte und quatschte und gackerte. Bald schon lag China ganz weit hinter mir. Ich war ganz im Hier und Jetzt. Schön!

Am Dienstag hatten Tina und Daniel eine Willkommensparty im Bootshaus organisiert. Besser konnte es nicht laufen. Schritt für Schritt trafen wir dann fast alle, die wir treffen wollten. Sogar eine Freundin aus Karlsruhe mit ihren Kindern und Kindheitsfreunde, die nach Schweden ausgewandert waren, kamen nach Berlin, um uns zu sehen.

Neben den vielen Kuchentreffs, Sportevents und anderen Zusammenkünften unternahmen wir kleinere Ausflüge. So war ich zunächst mit meiner Frauenrunde in Erfurt, wo zumindest für mich Powershoppen angesagt war. Es passten einfach zu viele Sachen, ein Erlebnis, das ich aus Schanghai nicht mehr kannte.

Die Tage verflogen und waren gespickt mit Programm. Die ganze Zeit schienen wir uns draußen aufzuhalten. Frühstückten, tranken Kaffee, grillten und ließen oft den Tag bei einem Glas Wein mit Blick in den Sternenhimmel ausklingen. Wie lang waren hier die Tage. Noch um 22 Uhr war es hell. Was war das für ein Lebensgefühl. In Schanghai war es selbst im Sommer bereits um 19 Uhr stockfinster und man hielt sich drinnen auf, da es draußen schwül war und die Moskitos unerbittlich waren.

Wir mussten auch noch Zeit für Arztbesuche und andere Pflichtveranstaltungen finden. Aber alles ging leicht von der Hand. Alles erschien uns hier so einfach. Wir hatten ein eigenes Auto. Wir verstanden, was die Menschen sagten.

Und bald schon saßen wir wieder im Flugzeug zurück nach Schanghai, und ich musste zugeben, dass ich auch ein wenig erschöpft war von dem ganzen Trubel. Scheinbar nahtlos waren Aktivitäten und Verabredungen ineinander übergegangen. So viel wie in den letzten Wochen hatte ich, glaubte ich, noch nie am Stück gesprochen.

Anders als beim letzten Mal hatten wir diesmal ein Stückchen Heimat im Gepäck. Natalie. Marcs Schwester. Sie schlief neben mir. Und hatte uns alle nach dem tränenreichen Abschied ein wenig abgelenkt. Vier Wochen würde sie bei uns sein, und wir alle freuten uns auf die kommende Zeit.

Ein Stück weit war Schanghai nun doch auch meine Heimat geworden. Und so traurig ich war, mich wieder für eine so lange Zeit von Freunden und Verwandten zu verabschieden, freute ich mich auch schon wieder auf ein weiteres spannendes Jahr in China. Was würden wir dieses Jahr wohl alles erleben?

In Deutschland war es jetzt drei Uhr nachts und zehn Uhr morgens in Schanghai. Wir schwebten zwischen unseren Welten. Gerade hatte ich meine Uhr umgestellt. Alle um mich herum schliefen, sogar Jonas, der sich so auf das endlose Filmeschauen im Flugzeug gefreut hatte. Der Abschied war auch an den Kindern nicht spurlos vorbeigegangen. Solche Gefühle mussten verarbeitet werden, zur Not im kraftspendenden Schlaf. Als wir das letzte Mal in Richtung Schanghai aufgebrochen waren, wussten wir nicht, was uns dort erwartete. Nun wussten wir es, hatten ein Heim in der Ferne, kannten die Schule und hatten viele Bekannte vor Ort. Aber wir wussten auch, dass die Zeit der Trennung wieder sehr lang werden würde.

Ich war gespannt, wie unser Haus nach unserer Abwesenheit aussah. Ob unsere Sachen verschimmelt waren von der Feuchtigkeit? Davon hatten uns die erfahreneren Kollegen erzählt: Dadurch, dass die Klimaanlage über einen langen Zeitraum nicht laufen würde, bestand die Gefahr, dass Feuchtigkeit eindrang. Mit unseren Schuhen vor der Haustür hatten wir das bereits im Mai erlebt.

Ich freute mich auf die kommenden Wochen. Wir wollten unter anderem nach Nanjing, wo John Rabe 1937/38 eine Schutzzone für mehr als 200 000 seiner chinesischen Mitarbeiter für den Siemenskonzern eingerichtet hatte, um sie vor Massenexekutionen durch die Japaner zu schützen. Wir wollten auch nach Xi'an, wo 1987 die berühmte Terrakottaarmee durch einen Zufall ausgegraben worden war. In Gedanken an diese Ausflüge und Reisen fiel ich in einen tiefen zufriedenen Schlaf.

38.

Die Deutschen in Nanjing

Natalie war begeistert von unserem Haus und von der Schule, die wir ihr im noch lehrer- und schülerlosen Zustand gezeigt hatten.

Als wir nach Hause gekommen waren, schlug Marc vor:

»Lass uns doch jetzt einmal die Wochenenden planen. Wir haben ja viel vor.«

»Also wann fahren wir denn nun wohin?«, fragte Natalie.

»Am nächsten Wochenende geht es nach Nanjing. Da werden wir mit dem neuen Schnellzug hinfahren. Die Fahrt dauert etwa zwei Stunden.«

Glücklicherweise hatten wir durch die Schule eine Reisebürodame an der Hand, die Englisch sprach und sehr zuvorkommend und hilfsbereit war.

»Ich habe den Film *John Rabe* gekauft«, warf ich ein. »Den könnten wir doch vorher noch einmal schauen.«

»Gute Idee«, sagte Marcs Schwester.

»Okay. Dann fahren Natalie und ich am Wochenende drauf alleine nach Peking. Wir nehmen wieder den Nachtzug hin und fliegen zurück. Das Ganze ist ja schon ein recht teures Unterfangen – und ich kann mir nicht vorstellen, dass die Kinder schon wieder dorthin fahren möchten.«

»Das denke ich auch. Vielleicht haben sie dann auch einiges für die Schule zu tun«, erwiderte ich. »Nach der ersten Woche sind sie ja immer ein bisschen erschöpft.«

»Genau«, sagte Marc.

»Und am dritten Wochenende?«, wollte ich wissen. »Da fliegen wir doch nach Xi'an, oder? Zur Terrakottaarmee.« Ich war aufgeregt. Ich freute mich ganz besonders auf diesen Ausflug. Nach der Chinesischen Mauer war dies das Monument, das ich unbedingt gesehen haben wollte. Nanjing kannte ich bislang hauptsächlich aus dem Film *John Rabe*. Dort sollte es neben der Völkermordgedenkstätte auch eine Stadtmauer geben, auf der man mit Tandems ringsherum fahren konnte. Das stellte ich mir nett vor.

»Darauf freue ich mich auch schon sehr«, sagte Natalie. »Ich war vor einigen Jahren bei der Terrakottaarmeeausstellung in Berlin. Damals hab ich mir so einen kleinen Krieger gekauft. Es muss beeindruckend sein, diese ganze Armee einmal in echt zu sehen. Ich bin so gespannt!«

»Was gibt es in Nanjing eigentlich neben der Stadtmauer und der Völkermordgedenkstätte noch zu sehen?«, fragte ich in die Runde.

Natalie holte ihren dicken Chinareiseführer heraus.

»So wie ich das sehe, gibt es da noch ein Mausoleum«, sagte sie, als sie die entsprechende Seite gefunden hatte. »Sun Yat-sen, der Gründer der Republik China, liegt dort seit 1925 in einem Sarg aufgebahrt. Er war ein chinesischer Revolutionsführer, der Gründer der Kuomintang und der erste provisorische Präsident der Republik China. Er wird als Gründer des modernen China verehrt«, las sie vor.

»So, so«, sagte ich. Ich schaute nun ebenfalls in den Reiseführer und sah ein Foto von einem Hügel, auf dem hoch oben ein Monument stand. Viele Treppenstufen führten dort hinauf.

»Oje, ich weiß jetzt schon, wen wir da motivieren müssen«, fügte ich hinzu. Ich dachte an die Kinder, die sich bei sengender Hitze dorthinauf schleppen mussten.

»Was steht denn bei Xi'an?«, wollte Marc nun wissen.

Wieder blätterte Natalie. »Also«, sagte sie, »die Terrakottakrieger sind Teil des Mausoleums für den ersten chinesischen Kaiser Qin Shi Huangdi aus dem Jahre 210 vor Christus. Es befindet sich in Xi'an in Zentralchina.« Sie murmelte weiter und übersprang die Zeilen.

»Das war jetzt alles nicht so interessant. Aber hier. Hier steht noch Folgendes: Die gesamte Mausoleumsanlage nimmt eine Fläche von 56 Quadratkilometern ein. Hier stehen circa 7200 Terrakottasoldaten und 89 Wagen.«

»Das ist ja unglaublich!«, kommentierte ich.

»Wisst ihr übrigens, was mir die Chinesischlehrerin erzählt hat?«, fiel mir ein. Die beiden schauten mich fragend an.

»Qin, der Name des Kaisers, wird ›Chin‹ ausgesprochen. Die Kunde von einem fernen Reich im Osten mit einem Kaiser namens ›Chin‹ gelangte über die Seidenstraße nach Europa. Die alten Römer nannten daher das heutige China schon damals so. Nach dem Namen dieses Kaisers.«

Ich fand das höchst spannend. Also erzählte ich weiter:

»Die Chinesen selbst hingegen nennen ihr Land ›Zhongguo‹, was mit ›Reich der Mitte‹ übersetzt werden kann. ›Guo‹ heißt so viel wie ›Land, Reich‹ und ›Zhong‹ so viel wie ›Mitte‹.«

Mitte bedeutete so viel wie *Zentrum der Welt*.

»Deutschland nennen sie ›Deguo‹. Das leitet sich wie so viele westliche Wörter in der chinesischen Sprache von der Lautung Deutsch ab. England heißt deswegen auch ›Yinguo‹.«

Obwohl mir bereits klargeworden war, dass ich neben der vollen Stelle an der Schule und dem üblichen Aufwand für den Haushalt niemals die Zeit finden würde, die Sprache auch nur in Ansätzen zu lernen, fand ich sie spannend. Oft drückte sie in Bildern aus, was gemeint war. Auch die Lautung war lustig. Mohrrübe hieß »Cholobo«, Kartoffel »Todo«. Die Grammatik war im Gegensatz zum Deutschen oder Französischen sehr einfach. Es gab keine Zeitform des Verbs. Man drückte die Zeit mit dem Zusatz von »heute«, »morgen« oder »gestern« aus.

»Heute ich zur Schule gehen.«

»Morgen ich zur Schule gehen.«

»Gestern ich zur Schule gehen.«

Deshalb war es mir mittlerweile gelungen, mich ein wenig mit unserer Ayi über dies und das zu unterhalten. Oft nahm ich dabei das Lexikon oder Bilder aus meinem »Ayi Communication Guide« zu Hilfe – und Ke war sehr geduldig. Trotzdem würde ich niemals eine richtige Unterhaltung führen können, nicht einmal einen einfachen Smalltalk. Und mein unmittelbares Umfeld sprach ohnehin entweder Deutsch oder Englisch. Es bestand also gar nicht die Notwendigkeit, Chinesisch zu lernen. Ich hatte im vergangenen Jahr oft über Ausländer und Immigranten nachgedacht, die in Deutschland lebten und die nach vielen Jahren immer noch kaum Deutsch sprachen. Ich hatte das nie verstehen können. Nun hatte ich am eigenen Leib erlebt, wie es war, wenn man nur unter seinesgleichen blieb.

Natalie steckte ihre Nase wieder in den Reiseführer.

»Ich lese jetzt mal ein wenig über Schanghai und mache mir einen Plan, was ich hier so alles sehen möchte«, sagte sie. »Hier soll es eine große Apotheke für traditionelle Heilkräuter geben. Das interessiert mich sehr.« Sie studierte Medizin und wollte unbedingt mehr über die chinesische Heilkunst lernen. Vielleicht fiel dabei ja auch ein wenig Wissenswertes für uns ab.

Wir hatten fest vor, noch mehr innerhalb Chinas zu reisen, bevor wir nach Deutschland zurückkehrten. Hier gab es so spannende Orte. Die Karstfelsen und die Reisterrassen in Guilin, die Hochebene mit den Yaks und der überwältigenden Tigersprungschlucht, den große Stausee am Jangtse, die Insel Hainan im Südchinesischen Meer, dem Hawaii Chinas. Auch im Umland von Schanghai gab es viele Wasserstädte, die wir noch besuchen wollten: Suzhou, Zhujiajiao, Hangzhou. Die Innere Mongolei und die Seidenstraße. Das Land bot einfach so unglaublich viel nie zuvor Gesehenes. Wir würden das alles gar nicht schaffen. Nun musste nach unserem langen Heimaturlaub ja auch erst einmal wieder gearbeitet werden.

Die erste Schulwoche, während der wir Lehrer unsere neuen Kollegen kennenlernten und das Schuljahr planten, verging sehr schnell. Es war lustig: Schon nach einem Jahr fühlten wir uns wie alte Hasen. Dabei gab es für uns noch so viel zu entdecken, auszuprobieren und zu lernen.

Am Samstagmorgen fuhren wir früh zum Bahnhof und waren nach nur zwei Stunden Fahrt in einem modernen Zug bereits in Nanjing.

Nachdem wir 432 Treppenstufen hinaufgestiegen waren, konnten wir den aufgebahrten Körper des Dr. Sun Yat-sen in einem imposanten Mausoleum bewundern. Ein Schauer lief mir über den Rücken. Einbalsamierte Körper mochte ich nicht.

Wo wir standen und saßen, lief uns der Schweiß am Körper herunter. Das Thermometer zeigte 39 Grad, die Luftfeuchtigkeit betrug 80 %. Johanna hatte sich, als sie nach der ersten Etappe weitere Hunderte Stufen sah, verzweifelt auf den Boden gesetzt und gekrächzt: »Kind zu verkaufen, an eine faule Familie, die nie Ausflüge macht und immer nur zu Hause sitzt und fernguckt.«

Wie gut, dass sie niemand verstand. Ich beschloss, den Kindern ein Eis auszugeben. Sie suchten sich ein grünes Eis am Stiel aus und schleckten genüsslich drauflos. Doch schon bald rümpften sie ihre Nasen.

»Mama, das Eis schmeckt komisch«, sagte Jonas.

»Das ist ein Erbseneis«, rief daraufhin Johanna angewidert. »Da sind Erbsen auf der Verpackung abgebildet.«

Enttäuscht warfen sie ihr Eis in den nächsten Mülleimer und verzichteten auf eine weitere Kostprobe.

Wir fuhren tatsächlich die Stadtmauer mit Tandems ab und besuchten die Völkermordgedenkstätte, die furchtbare Bilder zeigte. Sie stimmte uns alle sehr nachdenklich. Wozu waren Menschen nur in der Lage?

Ansonsten war die Stadt wirklich sehr chinesisch. Nirgends sah man englische Schriftzüge, geschweige denn Langnasen. Und natürlich sprach hier kein Mensch Englisch. Zum Glück hatten wir unseren Guide. Auch das Essen war sehr chinesisch, so dass wir ein wenig hungern mussten. Es gab das übliche warme Frühstücksbuffet.

Um viele Eindrücke reicher, kehrten wir am Sonntagabend nach Hause zurück, um tags darauf die Schüler zu begrüßen und ins neue Schuljahr zu starten.

Gleich am zweiten Wochenende fuhren Marc und Natalie dann nach Peking. Ich blieb mit den Kindern in Schanghai und ging mit Jonas zu seinem ersten Judotraining. Er hatte sein Hobby im vergangenen Schuljahr sehr vermisst. In Berlin war er ein erfolgreicher Judoka gewesen und hatte sehr viel Spaß daran gehabt. Hier in Schanghai gab es sehr wenige

Judovereine. Judo ist eine japanische Sportart. Nach unserem Nanjing-Besuch war mir klar, dass Chinesen und Japaner nicht die besten Freunde waren. In China war Kung-Fu die Volkssportart. Das hatte Jonas an der Schule ausprobiert, aber es hatte ihm keinen Spaß gemacht.

Die meisten der wenigen Judovereine in Schanghai hatten keine Internetrepräsentanz, so dass es schwer war, sie ausfindig zu machen. Nun war es aber so weit. Wir machten uns auf den Weg.

Der Taxifahrer setzte uns vor einem hässlichen grauen Gebäude ab. Ein heruntergekommener Treppenaufgang sollte zur Sporthalle führen. Je höher wir stiegen, desto stickiger und feuchter wurde die Luft. Es roch nach Schweiß. Im zweiten Stock lagen Schuhberge vor der Sporthalle. Wir hörten Rufe, eindeutig die des Trainers. Wir zogen unsere Schuhe aus und betraten die mit Judomatten ausgelegte recht niedrige und kleine Halle. Eigentlich war es eher ein Saal.

»Mama, was soll ich denn jetzt machen?«, fragte mich Jonas.

»Ich weiß nicht. Lass uns erst einmal schauen. Anscheinend haben noch die Erwachsenen Training.«

Viele Kinder saßen vor uns und schauten beim Training zu. Jonas hatte sich in seinen alten Judoanzug gequetscht, der mittlerweile an Armen und Beinen viel zu kurz war. Er sah ein wenig lustig aus.

Nun verabschiedeten sich die erwachsenen Judoka, und die Kinder betraten die Matte.

»Na komm, mach einfach mit«, forderte ich Jonas auf. Er rannte mit den anderen durch den Raum. Schließlich rief ein mehr breit- als hochgewachsener Mann, anscheinend der Trainer, ein Kommando, und die Kinder stellten sich in einer Reihe auf. Ganz eindeutig sprach der Mann nicht Chinesisch. So viel Verständnis für die chinesische Lautung hatte ich mittlerweile entwickelt. Während die Kinder sich aufstellten und damit begannen, wieder und immer wieder die gleiche Bewegung zu machen, sprach ich eine der Mütter an, die nicht chinesisch aussah, in der Hoffnung, dass sie Englisch sprach. Das tat sie, und es stellte sich heraus, dass sie aus der Ukraine kam.

»The coach is Japanese. He only speaks Japanese. But your son will soon know what to do. He just has to watch the other kids.«

Gebannt verfolgte ich das Aufwärmtraining. Bekam mit, dass die japanische Zählweise ganz anders war als die chinesische. Jonas war Feuer und Flamme. Seine Augen leuchteten, und auch ich war regelrecht glückselig, ihn wieder im Judoanzug auf der Matte zu sehen. Selbstverständlich verstand er genau wie ich nichts von dem, was der Trainer sagte. Der Mann wies die Kinder an, einen Griff an ihrem Partner auszuprobieren. Er brüllte. Immer wieder. Zehnmal sollten sie die Übung wiederholen. Und noch zehnmal. Dann war der Partner an der Reihe, dann noch mal von vorn. Irgendwann schaute Jonas flehentlich zu mir herüber und deutete an, dass er gehen wollte. Aber da war der Spuk schon vorbei, und das Krafttraining begann. Oje. Jonas war ziemlich fit, aber dieses Training führte ihn ganz klar an seine Grenzen. 50 Liegestütze, 100 Kniebeugen, die knieunfreundlichen bis zum Boden, 100 Sit-ups und das Ganze wieder von vorn. Nach einer Stunde war ich entsetzt über die hiesigen Trainingsmethoden. Ich las meinem Sohn am Gesicht ab, dass es ihm genauso ging wie mir. Hier würden wir nicht mehr herkommen.

Nach dem Training raunte Jonas mir auf dem Weg zum Taxi zu: »Mama, das war furchtbar. Hast du gesehen, dass wir immer wieder das Gleiche machen mussten? Und wir haben gar nicht gekämpft. Was ist das denn für ein Training? Bitte, hier will ich nie mehr hin.«

»Ich glaube, wir warten einfach mit dem Judotraining, bis wir wieder in Deutschland sind.«

Traurig und enttäuscht trottete Jonas neben mir her. »Total doof.«

***

Am Wochenende, nachdem Marc und Natalie aus Peking wiedergekommen waren, hieß es wieder, Tasche packen und auf zum Bahnhof. Denn es ging nun endlich nach Xi'an zur Terrakotta-Armee.

Ganze 15 Zugstunden brauchten wir, um dort hinzukommen. Am Bahnhof wurden wir von einem Fahrer abgeholt und noch mal eine Stunde aus der Stadt hinaus zu der Ausgrabungsstelle gefahren. Unweit davon besichtigen wir eine Werkstatt, in der nach der alten Methode weitere Tonkrieger gebrannt werden. Man konnte sogar von überall auf der Welt ein Foto hinschicken und sich einen Soldaten mit den eigenen Gesichtszügen anfertigen lassen. Mit Verschiffung ins Heimatland und allem Drum und Dran kostete der Spaß 1000 Euro.

Die Ausgrabungen waren atemberaubend. Und unsere nette Führerin konnte uns das eine oder andere wirklich Wissenswerte gestenreich vermitteln.

Xi'an wiederum war wesentlich westlicher orientiert als Nanjing. Es gab viele große Shopping Malls und Restaurants mit westlicher Küche. Und es gab, wie immer, viele, viele Chinesen. Während in der »Kleinstadt« Nanjing nur 3,6 Millionen Menschen lebten, waren es in Xi'an 4 Millionen. So langsam bekam ich ein Gefühl für die Dimension der Bevölkerungsmassen in China. Insgesamt lebten hier 1,35 Milliarden Menschen. Das waren 16,5-mal so viele wie in Deutschland. Dieser Gedanke schüchterte mich ein. Marc holte mich zurück in die Realität.

»Schaut mal«, rief er, als wir uns gegen Abend inmitten der Menschenmassen durch eine Fußgängerzone zwängten. »Das Restaurant heißt ›Goldener Hans‹. Was meint ihr, wollen wir da rein?«

Die Kinder jubelten.

»Gibt's da auch Pommes? Und Schnitzel?«, fragte Johanna.

»Lass es uns doch einfach versuchen«, sagte ich. Guten Mutes betraten wir das Restaurant. Die Leute tummelten sich auf zwei Etagen. Essen gab es vom Buffet.

»Erst mal Hände waschen«, befahl ich. Das hatten wir mittlerweile gelernt. Immer wieder Hände waschen. Auf dem Klo hingen Karikaturen von Angela Merkel und Friedrich Merz. Darunter standen deftige Sprüche. Weit und breit war jedoch keine Langnase, geschweige denn ein Deutscher zu entdecken. Die Kellner rannten im Trachtenlook mit meterlangen Grillspießen umher, auf denen Fleisch ALLER Art steckte. Fettige Wurst, Rinderzunge als ganzes Stück, Leber, Innereien, knorpelige Hühnerstückchen. Eh wir uns versahen, hatten wir einen riesigen Berg Fleisch auf dem Teller.

Natalie kam gerade vom Buffet zurück und schaute ein wenig angewidert. »Also, das Gemüse badet in Öl. Vieles von dem, was da in den Terrinen schwimmt und auf den Tabletts liegt, erkenne ich einfach nicht. Ihr könnt ja mal schauen.«

»Ich glaube, wir müssen uns zunächst einmal um unsere Fleischportionen hier kümmern.« Marc zeigte auf unsere Teller. Kellner und Kellnerinnen rannten mit ihren Spießen durch die Tischreihen. Es war mal wieder ohrenbetäubend laut. Gäste schrien entweder ihr Gegenüber an oder in ihr Handy. Direkt hinter unserem Tisch sang jemand in gefühlter Lautstärke 25 Karaoke, krumm und schief. Die Lautsprecher schnarrten.

Ich fragte mich, ob sich die Chinesen so ein typisch deutsches Lokal vorstellten. Wir sahen zu, dass wir diesen Ort so schnell wie möglich wieder verließen.

»Kommt, wir gehen. Auf dem Zimmer habe ich noch eine Packung Müsliriegel«, sagte ich. In China hatte ich den wahren Wert von Müsliriegeln als Notration auf Reisen schätzen gelernt.

***

Der letzte Höhepunkt auf Natalies Reise sollte der Besuch der Expo sein.

Schanghai hatte sich herausgeputzt für diese Weltausstellung 2010. U-Bahn-Linien und Autobahnen waren gebaut, Parks neu angelegt worden. Breitflächig wurde die Expo beworben: *Better City. Better Life*. Unter diesem Motto stand die Ausstellung. Es gab sogar neue Taxis, die fortan nur noch Expo-Taxis genannt wurden: VW-Tourans, die wesentlich komfortabler als die alten VW-Santanas waren und vor allem über Anschnallgurte verfügten. Ganze Fabriken hatten vorübergehend ihre Arbeit eingestellt, damit sie die Luft während der Expo nicht so verschmutzten und sich China der internationalen Gemeinschaft von seiner besten Seite zeigen würde. Es war unglaublich. Die Kehrseite des Neuerungsprozesses war, dass ganze Straßenzüge abgerissen und neue gebaut worden waren. Man hatte viele Menschen kurzerhand von einem Wohnbezirk in den nächsten umgesiedelt. Alles in Windeseile. Und wir waren die ersten Nutznießer dieses Neuerungsprozesses. Vieles hatte sich zum Positiven verändert, insbesondere die Anbindung unseres Stadtteils an das U-Bahn-Netz.

Marc erklärte Natalie: »Die meisten Besucher sind Chinesen, die aus allen möglichen Provinzen nach Schanghai reisen. Die Stadt ist wahrscheinlich auch deshalb so voll. Damit sich auch die wenigen Gäste aus dem Westen in der Stadt zurechtfinden, hat die Regierung viele Straßenschilder ausgetauscht. Man kann Straßennamen nun auch in unserer Schrift lesen. Mehr und mehr wird auf Englisch ausgewiesen. Beispielsweise wird in U- und S-Bahnen der nächste Halt auch auf Englisch angekündigt.«

Es stimmte. Auch ich hatte den Eindruck, dass ein neuer Wind wehte. Auch bei Carrefour wurden immer mehr westliche Produkte angeboten. Allerdings zu utopischen Preisen.

Die Kinder waren nicht begeistert von unserem Plan, zur Expo zu fahren.

»Da ist es bestimmt wieder so voll. Wir werden überall stundenlang anstehen!«, protestierte Johanna.

»Ach, ihr wart schon da?«, fragte Natalie.

»Ja, wir haben im letzten Schuljahr mit der gesamten Deutschen Schule einen Ausflug zur Expo gemacht. Zu Ehren des Besuchs von Herrn Köhler, unserem Bundespräsidenten. Wir durften in den Deutschen Pavillon und wurden in seiner Ansprache sogar extra erwähnt.«

»Und *Zweiraumwohnung* hat gespielt«, erzählte Johanna stolz. »Ich hab sogar ein Autogramm bekommen.«

»Leider waren wir wirklich nur im Deutschen Pavillon, mehr haben wir nicht geschafft. Die Wartezeiten waren zu lang. Ich hoffe, dass der Besucherstrom mittlerweile ein wenig nachgelassen hat«, sagte Marc.

»Na, dann! Ich würde da gerne hingehen«, verkündete Natalie.

Also machten wir uns schon früh am Tage auf den Weg.

Pünktlich um zwei goss es wie in den vergangenen Tagen wie aus Kübeln, schwarze Wolken hatten sich hoch aufgetürmt und entleerten sich scheinbar alle auf einmal, in wenigen Minuten. Die Regenzeit hatte begonnen. Nach dieser Sintflut gingen wir mit den Kindern in den USA-Pavillon und schlenderten dann in der Dämmerung durch die Expo-Gassen Richtung Ausgang. Der Regen war bereits wieder fast verdunstet, und es war unerträglich schwül. Wie viele Langnasen hatten wir in den letzten zehn Stunden auf dem Gelände gesehen? Vielleicht zwanzig? Und obwohl bisher nur wenige Besucher tatsächlich aus dem Ausland gekommen waren, waren die Besucherrekorde bereits gebrochen.

Der Anblick der verschiedenen Länderpavillons war beeindruckend. Auf ganz verschiedene Weise hatten sie das Motto der Expo »Better City – Better Life« umgesetzt. Einige waren schlicht und modern, andere verschnörkelt und bunt. Sie luden zum Besuch ein und beherbergten jeweils Entwürfe und Ideen von Landschaftsarchitekten, Ingenieuren und Wissenschaftlern, die zu einem besseren Stadtleben beitragen könnten. Leider waren die Besucherschlangen davor so lang, dass wir es vorzogen, sie nur von außen zu betrachten. Aber das war wahrscheinlich ganz im Sinne der Kinder.

Zufrieden kehrten wir nach einem langen Tag mit langen Fußmärschen heim.

***

Der Abschied von Natalie fiel uns allen sehr schwer. Als ihr Taxi davonfuhr, konnten Johanna, Jonas und ich die Tränen nicht mehr zurückhalten. Marc tat sein Bestes, um uns wieder aufzumuntern.

Ich war nach diesen insgesamt sehr aufregenden zehn letzten Wochen regelrecht erschöpft. Zum Glück hatten wir am kommenden Mittwoch frei: Dann war Mondfest. Danach blieb nur noch eine Woche bis zu den Herbstferien. Wir wollten mit unseren Freunden aus Schanghai und ihren Kindern nach Südchina reisen, nach Guilin.

39.

Chinesischer Urlaub

Es war mittlerweile Oktober und in Schanghai ein wenig kühler geworden. Man konnte sich jedoch noch ohne zu frieren in kurzer Hose und Flip-Flops draußen aufhalten. Leider gab es hier keinen richtigen Herbst. Ab Ende Oktober wurde es kühler. Der »Winter« war dann gegen Ende November da. Dies äußerte sich neben dem Temperaturrückgang darin, dass die Bäume irgendwann kahl waren. Die Blätter verfärbten sich nicht so intensiv wie bei uns, und irgendwann fielen sie einfach ab. Fleißige Ayis fegten sie sofort zusammen und schafften sie weg. Richtiges Herbst-Feeling, wie wir es von zu Hause kannten, kam da nicht auf. Die meisten anderen Pflanzen waren immergrün.

Aber in Guilin war es schön warm, denn es liegt im Süden Chinas. Gemeinsam mit unseren Freunden und ihren Kindern flogen wir los und freuten uns auf unseren ersten richtigen Urlaub in China.

Unsere Unterkunft lag malerisch etwas oberhalb der Stadt Yangshuo in den Bergen, die aussahen wie riesenhafte Erdhügel. Es waren bewachsene Karstfelsen, die sich vor Jahrmillionen unterhalb des Meeresspiegels befunden hatten. Wir wohnten direkt an einem Fluss mit dem Namen Li, der sich durch das Tal schlängelte. An seinem Ufer wuchsen riesige Bambuspflanzen. Auf motorisierten Bambusflößen genossen wir das Panorama. Nichts Ähnliches hatte ich zuvor gesehen. Wenn nicht Millionen anderer Chinesen dieselbe Idee gehabt hätten, wäre es wahrscheinlich auch akustisch eine Wohltat gewesen. Es war gerade »Golden Week«, die einzige Woche neben der Woche zu Chinese New Year, in der die Chinesen landesweit Urlaub hatten und viele von ihnen auf Reisen gingen. Guilin war auch unter Chinesen ein beliebtes Reiseziel. Hier stauten sich also nicht nur die Autos auf den Straßen und die Menschen bei den Sehenswürdigkeiten, sondern auch die Flöße auf dem Wasser, so dass neben unserem Floß unzählige andere knatternde Dieselmotoren zu hören waren.

»Das Einzige, was hilft, die schöne Szenerie trotz der Menschenmassen zu genießen, ist, so zu tun, als ob ringsherum keine anderen Menschen wären«, erläuterte mir meine Freundin fachkundig, als sie neben mir auf dem Floß saß. Auch ich hatte mir mittlerweile einen Tunnelblick angewöhnt, um trotz der Menschenmassen Landschaft oder Stadt genießen zu können.

Aber die Staus hier in Guilin zu der Hauptreisezeit der Chinesen setzten allem vorher Erlebten die Krone auf. Am zweiten Reisetag steckten wir auf dem Rückweg zum Hotel für mehr als eine Stunde fest, ohne dass sich irgendetwas bewegte.

Wir kochten in unserer Blechschüssel, die keine Klimaanlage hatte. Schließlich wurde es mir zu viel.

»Ich halte das nicht mehr aus. Was ist denn da bloß los? Warum geht es nicht weiter?« Ich riss die Tür des Minibusses auf, sprang aus dem Wagen und knallte sie wieder hinter mir zu. Dann stapfte ich entnervt in Fahrtrichtung an den Autos vorbei, ich wollte herausfinden, was da los war.

Nur wenige Autos vor uns stand ein Laster auf unserer Spur. Er hatte uns die Sicht versperrt, so dass wir nicht sehen konnten, warum sich der Verkehr so staute. Nun sah ich, was er geladen hatte: eine riesige Betonplatte, die zu beiden Seiten der Ladefläche meterweit über die Straße ragte. Es war ein absurder Anblick. In keinem Land in Europa wäre ein derartiger Transport erlaubt gewesen.

Vor dem Laster entdeckte ich die ganze Misere: So weit das Auge reichte, standen Autos auf vier Spuren und bewegten sich keinen Millimeter. Das Schlimme daran war, dass direkt vor dem Laster *alle* Autoschlangen *entgegen* unserer Fahrtrichtung feststeckten. Verzweifelt hatten Autofahrer versucht, an den falsch herum stehenden Autos vorbeizufahren, so dass fünf Fahrspuren entstanden waren. Folglich ging einfach gar nichts mehr, da überhaupt kein Platz mehr zum Umfahren oder Rangieren geblieben war. Wie um Himmels willen sollte sich dieses Chaos wieder auflösen?

Verzweifelt lief ich zurück zu unserem Wagen.

»Ich glaube, wir laufen besser, da geht gar nichts mehr.«

»Laufen? In der Hitze? Und vor allem: wohin? Weißt du, wo wir hinmüssen?«, entgegnete Marc.

»Na, hier drin kochen wir doch auch schon. Draußen weht wenigstens ein kleines Lüftchen.«

Wir diskutierten hin und her, was am besten zu tun war, als der Wagen wie von Geisterhand wieder Fahrt aufnahm.

Mittlerweile war es später Nachmittag. Wir hatten Tropfsteinhöhlen besichtigt und uns darin in einem Matschbad gesuhlt. Wir hatten Berge bestiegen, in heißen Quellen gebadet, und wir hatten den ganzen Tag nichts gegessen. Wir waren ziemlich hungrig und müde.

Als sich die Fahrzeuge auf unserer Spur endlich in Bewegung setzten und wir uns auf das Restaurant freuten, zu dem uns der Fahrer fahren sollte, zog dieser plötzlich an den Straßenrand und erklärte unvermittelt: »Rest now and wait for one hour.«

Mit einer Mischung aus Gebärdensprache, Chinesisch und Englisch gelang es uns herauszufinden, warum der Fahrer ausgerechnet jetzt und hier Pause machen wollte.

Es stellte sich heraus, dass wir in die falsche Richtung unterwegs gewesen waren und dass die Gegenrichtung immer noch blockiert war. Die Sonne war mittlerweile untergegangen. So standen wir dann in der Dunkelheit, und um uns herum gab es nichts außer heruntergekommene Wohnhäuser und ein paar kleine Straßenrestaurants.

»You can eat here.« Er zeigte auf eine Ansammlung schmutziger Plastikstühle, die direkt am Straßenrand standen und zu einem Imbiss gehörten. Wir konnten einen Blick in die Küche erhaschen und beobachten, unter welchen Bedingungen das Essen dort zubereitet wurde. Wir sahen auch, wie hier Geschirr gespült wurde: in Plastikbottichen mit einer bräunlichen Brühe neben den Tischen der Gäste. Unsere Laune befand sich nun auf dem Tiefpunkt.

Da entdeckten wir die Leuchtschrift eines Hotels. Unsere Rettung. Wir entschlossen uns, die letzten Meter zu Fuß zu gehen und dort etwas zu essen.

Am nächsten Tag unternahmen wir eine mehrstündige Radtour durch das Hinterland, nachdem uns Bambusflöße mitsamt den Fahrrädern den Fluss hinauf gefahren hatten. Auch erklommen wir Reisterrassen, nachdem wir einige Tage später um 5 Uhr morgens aufgestanden waren, um dreieinhalb Stunden dorthin zu fahren. Auf dem Weg war ein Moped an uns vorbeigefahren, das ein halbes Schwein auf seinem Gepäckträger transportierte.

In den Reisterrassen sahen wir altertümliche Dörfer. An der Infrastruktur und der Konstruktion der Häuser schienen die letzten 500 Jahre spurlos vorbeigezogen zu sein. Frauen mit so langen Haaren, dass sie auf den Boden reichten, wunderbar geflochten und um den Kopf gebunden, in schönen Trachten.

Wieder einmal gewährte uns dieses Land Einblicke in völlig neue Welten.

Während einer nächtlichen Tour mit einem kleinen Holzboot sahen wir Kormoranfischern aus nächster Nähe bei ihrer Arbeit zu. In schmalen Holzbooten fuhren die Männer den Fluss entlang. Sie steuerten mit dem Fuß und nahmen gleichzeitig Fische von den großen schwarzen Kormorane entgegen. Man hatte den Vögeln die Hälse mit Schnüren abgebunden, um den Schlund zu verengen, so dass sie die großen Fische, die sie gefangen hatten, nicht hinunterschlucken konnten. Sie würgten sie wieder hoch und überließen sie dem Fischer, der sie am Ende des Fischfangs mit kleinen Fischen belohnte. Der Weg zur Anlegestelle war geheimnisvoll, beinahe unheimlich gewesen. Eine buckelige Frau hatte uns durch dunkle Gassen geführt und war so schnell gelaufen, dass wir Mühe hatten, hinterherzukommen. Immer wieder war sie hinter der nächsten Ecke verschwunden. Wir waren ihr hinterhergehechelt und konnten uns auf die Schnelle den Weg gar nicht merken.

In den folgenden Tagen kletterten wir einen Wasserfall hinauf, bestiegen einen steilen Hügel, den wir auf dem Rücksitz eines Mopedfahrers in einer halsbrecherischen Achterbahnfahrt wieder hinabbretterten.

Das letzte Abenteuer war eine Motorradfahrt zu unserem Hotel. Wir hatten erneut auf den Fahrer des Hotels gewartet, der im Stau feststeckte. Also entschieden wir uns, ein Motorradtaxi zu nehmen. Kurze Zeit später saßen Johanna und ich hinter einem vermummten Motorradfahrer und Marc und Jonas hinter einem anderen. So saßen jeweils drei Leute auf einem relativ kleinen Mitsubishi-Motorrad, das in atemberaubendem Tempo in Slalomkurven um die im Stau stehenden Autos herum manövrierte oder zwischen diesen hindurchbretterte. Auf dem Weg zu unserem Hotel, der sich in Serpentinen den Hang hinauf schlängelte, lieferten sich die Fahrer einen halsbrecherischen Wettstreit. Selbstverständlich hatten sie uns keine Helme angeboten. Diesen Höllenritt überlebten wir tatsächlich. Als wir ankamen, standen uns vom Fahrtwind und vom aufgewirbelten Staub die Haare zu Berge. Mein Herz pochte, und ich war froh, abzusteigen und wieder festen Boden unter den Füßen zu spüren. Die Männer hatten vor uns das Hotel erreicht, und Jonas grinste selig. Er befand, dass Motorräder in der Stadt doch eigentlich das beste Transportmittel seien.

»Mama, das war cool! Können wir das noch einmal machen?«

Mir schlotterten immer noch die Knie.

Heil und unversehrt und sehr zufrieden traten wir am Morgen darauf die Heimreise nach Schanghai an. Schon überlegten wir, wohin wir in China als Nächstes reisen konnten.

Nach dieser Reise stand für mich fest, dass China wirklich ein unglaublich facettenreiches Land war, das Einblick in spannende Lebenswelten bot. Trotz der unglaublichen Strapazen, die mit dem Reisen durch die Landschaft von Guilin verbunden gewesen waren, hatte ich Lust bekommen noch viel mehr von diesem Land zu entdecken. Den Kindern und Marc erging es auch so.

40.

Ein ungewöhnlicher Sonntag

Am Wochenende nach unserer Rückkehr aus Guilin fuhren wir mal wieder nach Schanghai. Wir wollten in einen Stadtpark gehen, wo wir ein wenig Grün um uns herum hätten und dem lustigen Tun und Treiben der Menschen zuschauen könnten. Da es nicht einfach war, von Schanghai aus mal eben ins Grüne zu fahren, und die Stadt selbst einer Betonwüste glich, waren Parks am Wochenende ein beliebtes Ausflugs- und Erholungsziel. Hier spielte sich das Leben ab, und für jede Altersklasse wurde etwas geboten. Es gab blinkende und jaulende Jahrmarktseisenbahnen für die Kleinen, Autoskooter für die Größeren, überschaubare Wiesen, wo man Drachen steigen ließ. Seniorengruppen trafen sich zum Volkstanz, Frauen und Männer machten Kung-Fu oder Tai-Chi, liefen einfach nur rückwärts oder schlugen sich mit einem Gurt zur Förderung der Durchblutung auf den Rücken. Es wurde Mahjong, Karten, Tischtennis und Badminton gespielt oder mit viel Inbrunst Karaoke gesungen. Allein den Menschen zuzuschauen war ein Ausflug in einen Schanghaier Park wert.

Während die Kinder sich beim Autoskooterfahren vergnügten, fragte Marc unvermittelt: »Hast du gesehen, dass an der Schule wichtige Stellen ausgeschrieben sind?«

»Ja. Im Sommer geht ja die halbe Schulleitung. Der stellvertretende Schulleiter, die Oberstufen- und die

Mittelstufenkoordinatorin«, erwiderte ich. »Ich habe tatsächlich überlegt, ob ich mich auf die Stelle der Mittelstufenkoordination bewerben sollte. Ich glaube, das würde mir Spaß machen. Was meinst du?« Fragend schaute ich ihn an. »Was hältst du von dieser Idee?«

Die Kinder juchzten und riefen, dass wir ihnen zuschauen sollten.

»Ich könnte mir das sehr gut für dich vorstellen. Bewirb dich. Und wenn du die Stelle bekommst, möchte ich dich dabei voll und ganz unterstützen«, antwortete er. Aber irgendetwas schwang in seiner Stimme mit.

»Aber?«, fragte ich.

»Nichts aber. Mach das.«

»Marc«, sagte ich, »was ist los?«

»Na ja, du sagtest ja selbst, es seien mehrere Stellen ausgeschrieben«, sagte er.

»Ja und?«

»Was würdest du davon halten, wenn ich mich auf den Stellvertreterposten bewerben würde?«

Mir fiel die Kinnlade herunter. Der normale Werdegang eines Lehrers sah so aus, dass man sich, wenn man ambitioniert war, nach einer gewissen Zeit auf eine Fachbereichsleitung bewarb. Dann gab es noch die Stelle des Mittelstufenkoordinators und die des Oberstufenkoordinators. Vor erst drei Monaten hatte Marc die Sportfachleitung übernommen, weil seine Vorgängerin in Mutterschutz gegangen war. Und nun stand er vor mir und unterbreitete mir allen Ernstes seinen Plan, sich auf den Posten des stellvertretenden Schulleiters zu bewerben.

»Ich will Schule mitgestalten. Will etwas bewirken. In Berlin schaffe ich das nicht so schnell. Denn ich bin ja nicht verbeamtet. Gegen verbeamtete Mitbewerber habe ich überhaupt keine Chance. Hier sieht das anders aus. Und ich bin mir sicher, dass sich so eine

Chance nicht noch einmal so schnell bieten wird. Falls ich die Stelle bekäme, hätte ich bei unserer Rückkehr nach Deutschland wesentlich bessere Berufsaussichten.«

Nun war ich erst einmal sprachlos. Ja, er hatte wieder einmal recht.

Wieder hörten wir die Kinder juchzen. Wenn die wüssten, über welch weitreichende Entscheidungen wir hier gerade diskutierten. Würde Marc diese Stelle tatsächlich bekommen, müsste er sich für weitere drei Jahre verpflichten, an der Schule zu arbeiten. Dann würden wir insgesamt fünf Jahre hier sein, weg von Familie und Freunden in Deutschland. Fünf Jahre in dieser Betonwüste. Ich hatte mich bereits sehr schwergetan, mich überhaupt einzugewöhnen, und immer wieder überkam mich furchtbares Heimweh. Eigentlich wollte ich nach Hause. Aber auch ich hatte mir Gedanken darüber gemacht, mich beruflich weiterzuentwickeln, weil sich hier die Möglichkeit dazu bot. In Berlin wäre das auch für mich nicht so einfach gewesen. Dennoch, als Marc diese Idee nun selber aussprach, und dies wieder im Brustton der Überzeugung, wurde mir klar, dass wir uns vorher darüber einig werden mussten, ob wir überhaupt noch weitere drei Jahre hierbleiben wollten.

Nach einer Weile fand ich die Sprache wieder.

»Weißt du was?«, sagte ich. »Wir müssen diese Entscheidung doch nicht hier und jetzt treffen. Lass mir einen Moment Zeit, darüber nachzudenken. Ich finde, wir müssten auch die Kinder fragen, ob sie sich vorstellen können, noch drei Jahre hierzubleiben. Für sie ist das ja gefühlt eine noch viel längere Zeit.«

»Das stimmt«, erwiderte Marc.

»Und ich glaube, wir müssen uns auch darüber im Klaren sein, dass wir nicht beide einen Posten in der

Schulleitung bekleiden können. Entweder du oder ich. Rein zeitlich geht das nicht mit den ganzen Sitzungen und Abendveranstaltungen und so weiter. Außerdem macht das bestimmt keinen besonders seriösen Eindruck, wenn in der Schulleitung zwei Vehlows sitzen.«

Marc schwieg. Nach einer Weile sagte er: »Was hältst du davon: Wir bewerben uns beide. Und wenn der Erste seine Zusage hat, zieht der andere seine Bewerbung zurück.«

»Das klingt gut. Aber nun Schluss damit. Ich brauche jetzt mal eine Auszeit. Das sind zu viele zu schwerwiegende Überlegungen.«

In dem Moment stürmten die Kinder aus dem Autoskooterparadies und bettelten, dass sie noch eine Runde fahren durften. Diesmal fiel es uns beiden nicht schwer, ihnen einfach nachzugeben.

41.

Kambodschanische Weihnacht

Weihnachten stand zum zweiten Mal vor der Tür. Und man konnte sagen, dass uns nach anderthalb Jahren nun auch hier im spannenden Schanghai der Alltag eingeholt hatte. Vieles erschien nun vertraut, selbst der Straßenverkehr mitsamt seinen merkwürdigen Erscheinungen, die Pflanzen, die Luft, die Gerüche, an die ich mich lange hatte gewöhnen müssen.

Während in Europa zu dieser Jahreszeit alle wieder in vorweihnachtlichen Trubel eintauchten, ging hier alles seinen gewohnten Gang. Tagein, tagaus. Denn hier gab es ja eigentlich nicht einmal ein klassisches Wochenende. Zwar war die Woche auch hier in sieben Tage eingeteilt (Tag 1: qinq**yi** = Montag, Tag 2: qinqy**er** = Dienstag etc., yi = 1, er = 2 etc.), aber es gab keinen »heiligen Sonntag«, an dem alle von der Arbeit ausruhten. Auf der Straße und in den Läden wurde an jedem Tag bis abends gearbeitet. Viele Büros und öffentliche Gebäude hatten an jedem Tag die gleichen Öffnungszeiten von früh bis spät. Daher war das Leben auch sehr »gleichmäßig«, vielleicht schon monoton. Es gab kein »Freitags-« oder »Montagsfeeling« oder »Sonntagabendfeeling«. Jeder ging schicksalsergeben seinen alltäglichen Geschäften nach. Das strahlten die Menschen hier auch aus. Dabei wirkten sie aber nicht unglücklich.

Und da Weihnachten hier nicht gefeiert wurde, gab es folglich auch keine weihnachtlich geschmückten

Straßen und Geschäfte. Wie schon im Vorjahr war es mir jedoch wichtig, im eigenen Heim eine gewisse Vorweihnachtsstimmung zu erzeugen. Am 10.12. begannen bereits unsere Weihnachtsferien. Also blieb uns dafür wirklich nicht viel Zeit. Außerdem wollten wir gleich am folgenden Tag für drei Wochen nach Kambodscha reisen. Daher hatten wir entschieden, dass der 10.12. unser privater Heiligabend sein sollte, an dem wir richtig Weihnachten feiern wollten, mit Geschenken und Weihnachtsbaum und leckerem Essen. Keinesfalls wollte ich wieder Weihnachtsgeschenke im Reisegepäck haben. Tatsächlich hatte ich bei IKEA einen Plastikweihnachtsbaum erstehen können. Nie im Leben hätte ich mir zuvor träumen lassen, jemals etwas Derartiges zu kaufen und im Wohnzimmer aufzustellen. Nun aber war das Bäumchen bereits seit Mitte November aufgestellt und geschmückt und zierte unser Wohnzimmer. Seit diesem Tag öffneten Johanna und Jonas auch die Türchen ihrer Adventskalender. Wir wollten volle vier Weihnachtswochen genießen.

In diese Zeit fielen auch die Bewerbungsgespräche für die neu zu besetzenden Stellen. Schließlich standen sie vor der Tür. Zunächst sollte über den Stellvertreterposten entschieden werden. Also war Marc als Erster von uns beiden an der Reihe. Noch zwei weitere Kandidaten hatten sich auf diese Stelle beworben.

Jedes Gespräch dauerte eine Stunde. Danach ließ sich das Gremium etwa eine halbe Stunde Zeit, um sich zu beraten, bevor der nächste Kandidat an der Reihe war.

Marc war als Letzter dran. Mit glühendem Kopf kam er nach einer Stunde aus dem Büro des Schulleiters und musste zunächst etwas verschnaufen.

»Die haben mich ganz schön ins Kreuzverhör genommen.«

Ich hatte Marc tatsächlich noch nie so ausgelaugt gesehen. Dennoch sah er zufrieden aus.

»Wann wird die Entscheidung denn fallen?«, fragte ich ihn. Mittlerweile war es 18 Uhr.

»Na, heute noch.«

Alle drei Kandidaten hatten sich an einen anderen Platz im Schulgebäude zurückgezogen, um auf das finale Urteil zu warten.

Nach zwei weiteren nervenzerreißenden Stunden öffnete sich schließlich die Tür des Schulleiters.

Der Schulleiter betrat das Lehrerzimmer. Auch er sah unendlich erschöpft aus. Er streckte Marc die Hand entgegen.

»Herr Vehlow, ich gratuliere Ihnen zu Ihrem neuen Amt des stellvertretenden Schulleiters. Herzlichen Glückwunsch. Ich freue mich auf eine gute Zusammenarbeit. Wenn Sie mich jetzt entschuldigen ...«

Er nickte mir zu und verließ das Lehrerzimmer. Weg war er. Marc und ich schauten uns an und fielen uns in die Arme. Ich war unglaublich stolz. Wie sehr freute ich mich für ihn. Aber zugleich wurde mir das Herz schwer wie ein Stein. Nun stand fest, dass wir tatsächlich weitere drei Jahre hierbleiben würden.

»Weißt du was, mein Schatz«, flüsterte Marc mir ins Ohr, »noch heute buche ich einen Flug für dich nach Berlin, damit du im Februar beim 70. Geburtstag deiner Mutter dabei sein kannst.«

»Und weißt du was? Ich glaube, ich brauche jetzt erst einmal Ferien, um all diese Neuigkeiten zu verarbeiten«, erwiderte ich. »Und natürlich finde ich das mit dem Flug zum Geburtstag meiner Mutter eine super Idee. Jetzt lass uns feiern gehen!«

Mit uns freuten sich sehr viele Kollegen und Freunde. Ein neuer Lebensabschnitt sollte beginnen. Für mich war die Bewerbung auf die Stelle als Mittelstufenkoordinatorin hinfällig geworden. Wie besprochen, zog ich sie zurück.

Nun waren es nur noch zwei Wochen, bevor es nach Kambodscha gehen sollte, wo wir diesmal unsere Weihnachtsferien verbringen wollten. Eine Auszeit und ein wenig Abstand würden nun sicherlich guttun.

***

Unser Hotel in Siem Reap lag an einer Hauptstraße. Busse, Motorräder, Tuktuks und Fahrräder schleppten sich daran vorbei. Schulkinder in Uniform spielten gegenüber auf dem baufälligen Bürgersteig. Es war staubig, rote Erde wirbelte durch die Luft. Hier hörte man ein Hupen, dort ein Motorengeräusch, irgendwo knatterte eine Motorsäge. Palmen wiegten sich im Wind. Ich schaute auf Wellblechdächer, riesige Reklameschilder und einen Tempel mit einem goldenen Dach. Wir hatten etwa 20 Grad. Der Himmel war bedeckt. Mir war beinahe ein bisschen kühl. Aber das tat gut nach den letzten Tagen der Hitze. Glücklicherweise war es nicht ganz so schwül.

Nun lag fast eine Woche Kambodscha hinter uns. Die Eindrücke waren so überwältigend, dass wir täglich nach den Ausflügen eine kleine Siesta hielten, um sie zu verarbeiten. Unsere Reise begann in Phnom Penh, der Hauptstadt Kambodschas südlich des Tonle Sap, des größten Süßwassersees Asiens. Wie in China waren Ausflüge hier sehr anstrengend. Der Lärm, der Straßenverkehr, die Armut, der Dreck, das waren Bilder, die man von Europa nicht gewohnt war und die man erst einmal verarbeiten musste.

Hauptverkehrsmittel waren Mopeds oder Tuktuks (Motorradrikschas). Vereinzelt sah man protzige Wagen, die in Anbetracht der Straßensituation völlig deplatziert wirkten. Der Kontrast zwischen Arm und Reich hätte nicht größer sein können.

Kambodscha war aus dem Reich Kambuja hervorgegangen, das seine Blüte vom 9. bis zum 15. Jahrhundert erlebte. Seine Ruinen, die unter anderem in Angkor zu finden waren, wurden ins UNESCO-Weltkulturerbe aufgenommen. Nachdem im Jahr 1954 die Unabhängigkeit von der französischen Kolonialmacht erklärt worden war, folgten jahrzehntelange Bürgerkriege, die viele Opfer in der Bevölkerung kosteten und die Wirtschaft schwer schädigten. Auch der Vietnamkrieg und die Diktatur der kommunistischen Roten Khmer von 1975 bis 1979 brachten dem Land wirtschaftlichen Verfall.

Die Roten Khmer hatten es sich zum Ziel gesetzt, in Anknüpfung an das Reich von Angkor einen kommunistischen Bauernstaat zu schaffen: Städte galten im ideologischen Koordinatensystem der Roten Khmer als konterrevolutionär und mussten daher aufgelöst werden. Ein großer Teil der Bevölkerung Phnom Penhs wurde ermordet oder starb bei Arbeitseinsätzen in landwirtschaftlichen Kommunen an Hunger, Entkräftung und Krankheit.

Seit der Vertreibung der Roten Khmer durch vietnamesische Truppen im Januar 1979 begann sich die Stadt langsam von der Diktatur Pol Pots zu erholen. Jahrelang hausten in den 1980er Jahren im Stadtgebiet obdachlose Kambodschaner, die sich Kühe, Schweine und Hühner auf der Straße hielten. Von 1992 bis 1993 wurde Kambodscha unter die Aufsicht der UNO gestellt, was zur Folge hatte, dass die fremden Soldaten große Mengen an Devisen in die Wirtschaft der Stadt einbrachten, was einen enormen Boom auslöste.

Bevor Pol Pot mit seinen Roten Khmer in den 70er Jahren an die Macht kam, dominierte der Einfluss der Franzosen, die hier lange als Kolonialmacht regierten. Noch heute sieht man viele Gebäude im französischen Stil. In Cafés und Läden wurde besondere Handwerkskunst angeboten, Taschen, Kleider, Schals, Einrichtungsdekor. Alles wirkte edel und schlicht zugleich, da sie kunstvoll aus Materialien lokaler Herkunft hergestellt waren.

Ganz eindeutig war die Blütezeit der Hauptstadt Phnom Penh vorüber. Die Lebensumstände der einfachen Leute auf der Straße erinnerten stark an die in China. Viele Häuser waren verfallen und von Pflanzen überwuchert. Dennoch erschienen viele kleine Ecken, Lädchen, Häuser liebevoll gestaltet. Es gab weniger Neonleuchten und mehr Pflanzen. Die Farben, in denen Häuserwände und Zimmer gestrichen waren, waren in dunklem Blau-, Orange-, Gelb-, Beige- und Weißtönen gehalten. Viele Häuser waren aus dunklem Holz gebaut.

Die Menschen hier waren leiser, ihre Stimmen zarter und weniger aufdringlich als die der Chinesen, obwohl man auch hier an jeder Ecke aufgefordert wurde, etwas zu kaufen oder Geld zu spenden. Man grüßte sich, indem man die Handflächen auf Brusthöhe aneinanderlegte und sich verbeugte. Öffentlicher Körperkontakt war hier verpönt. Es gab sehr viele chinesische Touristen, die wie immer laut und in großen Gruppen unterwegs waren. Lustigerweise nannten die Kambodschaner die Chinesen »Zikaden«.

In Phnom Penh sah man auffällig viele Mönche, eingehüllt in ihre orangefarbenen Tücher. Der Buddhismus beeinflusste das Leben hier entscheidend.

Mönche galten als Stellvertreter Buddhas auf Erden und genossen daher ein hohes Maß an Anerkennung.

Interessant fand ich die Tatsache, dass man nicht sein ganzes Leben in den Dienst des Mönchseins stellen musste, sondern dass es durchaus üblich war, nach dem Schulabschluss nur ein paar Monate im Kloster zu leben. Söhne armer Familien erhielten oft in den Klostermauern ihre Schulausbildung. Männer, die ein paar Monate das Mönchsein durchlebt hatten, waren besonders attraktive Schwiegersöhne, da sie gelernt hatten, sich konzentriert einer Sache zu widmen, und als willensstark und zielstrebig galten.

Tempel und Buddhafiguren sah man überall in den Städten, auf dem Land, im Dschungel und auf dem Wasser. In Phnom Penh besichtigten wir neben vielen Tempeln auch den Königspalast und das Nationalmuseum.

Am Morgen des dritten Tages fuhren wir mit dem Taxi nach Siem Reap, nördlich des Sees Tonle Sap. Von hier aus konnte man die Tempelanlagen der Angkor Era besichtigen. Das taten wir bei Sonnenaufgang, am Tage und auch bei Sonnenuntergang, so sehr genossen wir das Wandern durch die Ruinen und durch die wiederaufgebauten Anlagen. Überall knatterten Tuktuks durch die Gegend, Busse bretterten die holprigen Straßen auf und ab, und man sah sie wieder: die unzähligen wissensdurstigen Chinesen, die offenbar überall in Asien in Schwärmen unterwegs waren.

Wir besichtigten 21 Tempel, einen Dschungelwasserfall, ein schwimmendes Dorf, sahen einen Tempeltanz, Tages- und Nachtmärkte. Unsere Tage sahen so aus: Morgens ins Tuktuk, auf die Schotterpiste, Tempel besichtigen, beklettern, bestaunen, raus aus dem Tempel, rein ins Tuktuk, los zum nächsten Tempel. Bis zur Abenddämmerung.

Highlight war natürlich Angkor Wat. *Wat* bedeutet

Tempel. Wir erkundeten die Anlage in der Nachmittagssonne und noch einmal bei Sonnenaufgang.

Belohnt wurde unser Entdeckergeist mit unglaublichen Natur- und Bauwundern, Skulpturen und anderen Steinmetzarbeiten. Beeindruckend waren auch die Urwaldriesen, die im Verlaufe von Hunderten von Jahren Wurzeln durch die Steinmauern getrieben hatten und in die Höhe geschossen waren. Manche von ihnen hatte man bei der Freilegung der Tempelanlagen nicht fällen können, da ansonsten die Gemäuer zusammengestürzt wären.

Tausend Jahre waren die meisten Tempel alt, und Hunderte von Jahren hatten sie zugewuchert im Urwald geschlummert, bis die Franzosen Angkor Wat um 1860 entdeckten und danach auch die anderen Tempelanlagen freilegten.

Von Siem Reap fuhren wir achteinhalb Stunden auf einer sehr abenteuerlichen Bootsfahrt nach Battambang. Dort wohnten wir in einer kleinen Bungalowanlage. Kreisförmig waren fünf Bungalows um einen Naturpool angeordnet. Die Anlage erschien mir wie eine Oase in einer doch recht trostlosen und ärmlichen Stadt.

Ein mulmiges Gefühl stieg in mir auf. Was genau hatte uns eigentlich dazu bewogen, trotz der offensichtlichen Gefahren, die das Reisen in diesem Land mit sich brachte, hierherzukommen. In Angkor Wat durften wir die Wege nicht verlassen wegen der Landminengefahr. Wir juckelten in Tuktuks durch die Gegend, bei denen ich mir nicht sicher war, ob die Anhängervorrichtung unser Gewicht auch wirklich tragen würde. Giftige Tausendfüßler von der Länge unserer Füße krabbelten überall durch die Gegend. Im ganzen Land bestand die Gefahr, nach einem Moskitostich an Malaria oder am Denguefieber zu erkranken, und es herrschte so große Armut, dass Raubüberfälle nicht abwegig erschienen.

Während unserer Bootstour passierten wir einfachste Pfahlhütten. Unbekleidete Menschen gingen dem Alltagsgeschäft wie Fischen, Wäschewaschen oder Kochen an den Ufern des Flusses nach. Es war Trockenzeit. In der Regenzeit erstreckte sich die Wasserfläche über ein dreifach großes Areal. Die Hütten, die jetzt stolz auf Holzpfählen in die Höhe ragten, versanken dann fast im Wasser.

Wir überquerten einen kurzen Teil des Tonle Sap und befuhren einen kleinen Flussarm, der sich immer mehr verengte. Immer dichter rückten die Wasserblumenwiesen, die Wassergrasfelder, die Büsche und Bäume, die aus dem Wasser ragten, zusammen. Reiher, Störche, Pelikane kreisten durch die Lüfte oder standen reglos am Ufer. Hier und da sah man ein kleines Fischerboot. Die kleinen Dörfer, die wir passierten, sahen so aus, als hätte sich das Leben hier seit 400 Jahren und länger nicht verändert. Lediglich der Plastikmüll am Ufer und die Motorengeräusche der Boote holten uns in die heutige Zeit zurück.

Wir hatten die letzte Ansammlung von schwimmenden Hausbooten hinter uns gelassen, als unser Schiff geradewegs in ein Wasserblumenmeer schipperte. Wo um Himmels willen wollte der Kapitän hin? So weit das Auge reichte, sah man grüne Wasserpflanzen. Nicht ein freies Stück Wasser. Wir bremsten ab, der Motor heulte auf. Es ging nicht mehr weiter, denn die Pflanzen hatten sich, o Wunder, in der Schraube verfangen.

Der Rückwärtsgang wurde eingelegt. Der Motor heulte auf. Mit einem lauten Rums wurde der Vorwärtsgang eingelegt, so dass der Motor wieder aufheulte. Rums. Wieder der Rückwärtsgang. Das konnte doch unmöglich der Plan sein. Der Motor lief heiß und begann zu qualmen. Die Besatzung schrie sich quer über das Boot irgendetwas zu. Die Männer holten riesige Holzstangen, um das Boot aus all den Schlingpflanzen und Wurzeln freizubekommen. Aber wohin? Wir waren mittlerweile umringt von Pflanzen. Wollten sie uns so bis nach Battambang stoßen?

Schließlich schaltete der Kapitän den Motor aus.

Mir nichts, dir nichts hatte ein Mann den Motor hochgeholt und die dreiblättrige Propellerschraube durch eine zweiblättrige ersetzt. Die Besatzung war durchgeschwitzt und hechtete, mittlerweile nur noch mit Unterhosen bekleidet, über das Deck, rannte das Schiff rauf und runter, um sich mit sechs Meter langen Holzstangen vom Grund des Flusses abzustoßen.

Wir fuhren nun ganz dicht an den aus dem Wasser ragenden Bäumen am Ufer vorbei, wohl, um nur an einer Seite mit dem Wurzelwerk der Wasserpflanzen kämpfen zu müssen. Die Folge war, dass die Äste der Bäume und Büsche ins Boot schnellten. Mit Blättern und Stöckchen flogen aufgeschreckte Moskitos, Libellen, Gottesanbeterinnen, Grashüpfer und Raupen mit ganz langen Haaren und Stacheln ins Boot herein …

In einem Anfall von Panik durchwühlte ich meinen Rucksack auf der Suche nach dem Insektenschutzspray. Es begann bereits am ganzen Körper zu jucken. Da war es. Ich riss den Deckel ab und besprühte wahllos Johanna, die nichtsahnend hinter mir auf der Bank friedlich in ihrem Buch las. Die Hälfte des öligen Sprays landete auf den Buchseiten. Ich sprühte und schmierte, bis alles klebte. Johanna schrie auf.

»Was soll das, Mama?«

»Möchtest du gestochen werden?«, fragte ich.

»Die Hälfte hätte es auch getan.«

Sie wischte sich das Spray am T-Shirt ab und rümpfte die Nase.

Wir fuhren und fuhren. Der Motor kämpfte, die Besatzung schwitzte, das Schiff ächzte.

Um 14.30 Uhr hatten wir endlich die Wasserblumenlandschaft hinter uns gelassen und schipperten auf einem bräunlich gelben Fluss entlang. Immer wieder bot sich das gleiche Bild: armselige Blätterhütten, Fischerboote, spielende und winkende Kinder, Mütter, umringt von Kindern und einem Baby auf der Hüfte. Hier und da lag jemand in der Hängematte. Trotz der ärmlichen Bedingungen wirkten die Menschen glücklich. Strahlende Augen leuchteten aus Schiffsluken oder Fenstern hervor. Frauen wuschen Wäsche im Fluss, Kinder halfen Eltern, die Fische aus den Netzen zu holen. Planschende Kinder spritzten und jauchzten im Fluss, schnatternde Frauen saßen am Ufer. Wenn wir an ihnen vorbeifuhren, winkten sie und lachten. Wie mussten wir wohl auf sie wirken? Hier traf Moderne auf Mittelalter. Nach insgesamt 16 Stunden erreichten wir schließlich unser Gästehaus. Sechs kleine Bungalows standen kreisförmig um einen naturbelassenen Pool, in dem neben den Gästen auch Kois und Goldfische schwimmen durften.

***

Ich hatte gelesen, dass die Franzosen in ihrer Kolonialzeit in Kambodscha eine Schienenstrecke durch den Norden des Landes gezogen hatten. Diese war nicht sehr lang, aber funktional und wichtig für den Transport, wahrscheinlich vorrangig von Waren oder anderen Schätzen, die ins Heimatland verschifft werden sollten. Diese Schienen waren noch heute unverändert und nicht modernisiert in Gebrauch. Auch die Lokomotive und die Waggons, die einmal am Tag die Strecke befuhren, stammten aus jener Zeit. Seit dem Abzug der Franzosen im Jahre 1953 war diese Bahnstrecke weiterhin in Betrieb und diente der Bevölkerung zum Reisen und zum Warentransport. Komfortabel und schnell war eine Reise mit der Bahn in diesem Land also nicht – und die Züge boten Reisenden nicht ausreichend Platz. Dennoch war es die einzige Möglichkeit, diese Strecke zu bewältigen, da es dort kein Straßennetz gab. Das Geld zur Modernisierung fehlte. Also entwickelten die ansässigen Kambodschaner kurzerhand ihre eigene Transportmöglichkeit: den Bambootrain. Er bestand aus zwei Achsen und den Radtrommeln eines Autos, einer verstärkten Bambusmatte, die auf die beiden Achsen gelegt wurde, und einem Motor, der die hintere Achse antrieb. Die Menschen transportierten auf diese Weise Reisende, Kühe und Ziegen, Mopeds und Autoteile, Früchte und andere Waren. Trafen sich zwei solcher Bambootrains auf den Schienen, wurden sie kurzerhand von den Schienen gehoben und anschließend wieder draufgesetzt.

Das wollten wir natürlich gerne ausprobieren. Schon am folgenden Tag rasten wir mit fünfzig Stundenkilometern und wehenden Haaren die holprigen Schienen aus der Kolonialzeit mitten in Kambodscha entlang. Durch Reisfelder, vorbei an Hütten und Palmen. Es war atemberaubend. Viel zu schnell mussten wir das Gefährt dann wieder verlassen, damit es umgedreht werden konnte, um wieder zurückfahren zu können.

Am selben Tag besichtigten wir noch eine Krokodilfarm und hatten das große Glück, genau zur Fütterung zu kommen. Die Krokodile erhielten nur einmal im Monat Fische. Wir standen auf wackeligen Hängebrücken, die über den Tiergehegen angebracht waren. Ich stellte mir vor, was wohl passieren würde, wenn diese Konstruktion einstürzen sollte. Ein Schauer durchzog mich. Nun kamen die Wärter und kippten bergeweise kleine Fische in die Gehege. In Bruchteilen von Sekunden fielen die Krokodile über die Beute her. Dabei wurde auch so manches Krokodil gebissen, und Blut floss. Es bot sich uns ein abscheuliches Spektakel. Ich wollte die wackeligen Brücken so schnell es ging wieder verlassen.

Nach zwei Tagen reisten wir nach Kep weiter, dem letzten Ort vor der Landesgrenze nach Vietnam, ganz im Süden des Landes. Hier sagten sich Katz und Hund gute Nacht. Unsere Unterkunft war eine grüne Oase mit Pool, Bungalows und einer Restaurantterrasse ganz aus Holz. Dahinter ragten Berge in den Himmel. Das Meer war in Hörweite. Hier verbrachten wir die Weihnachtsfeiertage hauptsächlich mit Lesen und Schwimmen. Mit kleinen Motorrädern erkundeten wir eigenständig die menschenleere Gegend und stapften durch den Dschungel. Unser Weg führte uns auch nach Kampot, dorthin, wo der Pfeffer wächst. Wo man hinschaute, erstreckten sich Felder mit Pfefferbüschen. Dieser Pfeffer, so erfuhren wir, war sehr beliebt bei Gourmetköchen.

Danach flogen wir über Phnom Penh nach Hongkong, wo wir Silvester feiern wollten. Hongkong war eine Stadt, in der ähnlich wie in Schanghai das Leben nie stillzustehen schien. Und eigentlich ging es dort nur um eines: shoppen, shoppen, shoppen. Kaufen und verkaufen. Cartier, Gucci, Chanel, Louis Vuitton, Armani – einfach alles, was die Reichen und Schönen begehrten. Was für ein Kontrastprogramm zu dem ärmlichen Kambodscha. Der Reichtum und der Überfluss, die uns hier begegneten, insbesondere nach der Reise durch eines der ärmsten Länder dieser Erde, waren beinahe unheimlich. Überall leuchteten Lichtreklamen, hingen riesige Werbeplakate.

Aber Hongkong hatte auch viele andere schöne Dinge zu bieten. Am Hafen ragten moderne Hochhäuser in den Himmel. Auch diese Stadt hatte eine beeindruckende Skyline. Überall gab es kleine und große Parks und viele Bäume, die der Stadt trotz der herrschenden Geschäftigkeit eine gewisse Gemütlichkeit verliehen. Und die Lage am Meer war umwerfend. An der Waterfront fuhren keine Autos, es gab keine Läden, lediglich eine Promenade, auf der man ungestört flanieren und die wahnsinnige Skyline von Hongkong Island bewundern konnte. Die Stadt erstreckt sich über mehrere Inseln und Halbinseln. Viele Tanker, Fracht- und Containerschiffe, Fähren und Dschunken schipperten auf dem Meer, und man konnte mit ihnen die Gedanken in die Ferne schweifen lassen. Auf Hongkong Island gab es eine Erhöhung, den sogenannten Peak. Diesen wollten wir erreichen, um eine wunderbare Aussicht über die Bucht und die Stadt zu haben. Die Straße nach oben hatte 15 % Steigung und viele, viele Stufen. Irgendwann gaben wir auf und nahmen die längste Rolltreppe der Welt nach oben. Fünfzehn Minuten rollten wir den Hang hinauf, und oben angekommen, passierten wir kleine Gässchen, Hunderte von winzigen Läden, Bars, Restaurants und Kneipen. Wir beschlossen, hier am Silvesterabend essen zu gehen, um die vom Feuerwerk erhellte Skyline von der Waterfront aus bewundern zu können.

Der Blick über die Bucht war traumhaft. Die Sonne schien, und es wehte ein Lüftchen. Aber obwohl es so schön war, hätte ich hier nicht leben wollen. Dicht an dicht standen die Wohnhäuser. Bis auf die Parks gab es kaum freie Flächen, auf denen man sich in der Freizeit austoben konnte. Wie hielten die Bewohner diese Enge nur aus?

Nach unten nahmen wir die Tram, eine uralte Kettenbahn.

Das Feuerwerk am Silvesterabend war natürlich toll, im Vergleich zu dem in Sydney und auch zu Feuerwerken in Berlin oder Schanghai zu Chinese New Year aber wirklich winzig. Wie in Sydney im letzten Jahr teilten wir uns den Platz an der Waterfront mit gefühlten Millionen anderen Menschen aus aller Welt. Die Stimmung war umwerfend, die Feiernden waren ausgelassen und fröhlich. Auch wir genossen den Moment und freuten uns auf das nächste Jahr.

42.

Zeitraffer

Kaum waren wir von unserem Abenteuerurlaub zurückgekehrt, ging es los mit den Konferenzen für die Halbjahreszeugnisse. Und schon standen die Chinese-New-Year-Ferien vor der Tür, und ich saß abermals im Flugzeug nach Berlin, um mit meiner Familie den Geburtstag meiner Mutter zu feiern. Jeden Tag sog ich auf, wollte nicht schlafen, um noch mehr Leute zu treffen und Gespräche zu führen. Natürlich wollten unsere Freunde wissen, wie es denn nun mit uns weiterging, denn sie hatten von Marcs nahendem beruflichen Aufstieg und der damit verbundenen Aufenthaltsverlängerung gehört. Ich merkte, dass ich mich zwar freute, dass Marc nun diese Chance erhalten würde. Andererseits erfüllten mich diese Gespräche mit Wehmut, denn es bedeutete, dass wir nun noch mal länger weg sein würden, doppelt so lang und noch ein Jahr länger. Plötzlich erschien mir diese Zeit endlos. Wir waren nun anderthalb Jahre in Schanghai, und immer wieder holte mich starkes Heimweh ein. Ich fühlte mich hin- und hergerissen. Ich hatte Lust auf viele weitere Abenteuer, andererseits sehnte ich mich nach der Heimat und den Menschen dort. Ich wollte mich wieder auf der Straße unterhalten können. Mir war klar, dass ich neben dem vollen Job und der Betreuung der Kinder nie richtig Chinesisch lernen würde. Ich würde also weiterhin als taubstumme Blinde durch die Straßen Schanghais wandeln und stets darauf hoffen müssen, dass mich die Technik nicht im Stich ließ oder ich jemanden fand, der Englisch verstand.

Viel zu schnell war die Zeit in Berlin vorüber, und ich musste meinen Koffer packen. Natürlich sehnte ich mich nach Marc und den Kindern. Aber plötzlich kam ein heftiger Widerwille in mir hoch, nach Schanghai zu fliegen. Mich schüttelte regelrecht die Verzweiflung darüber, dass ich noch so oft würde Abschied nehmen müssen und weiterhin an einem Ort leben musste, für den ich einfach keine Heimatgefühle entwickeln konnte.

Es half nichts. Der Flieger ging, Marc und die Kinder und meine Klassen warteten auf mich. Ich musste zurück. Diesmal fiel der Abschied noch viel schwerer als sonst. Ich war sehr schwermütig und nur mit Mühe gelang es mir, mich selbst von der Richtigkeit unserer Entscheidung, für weitere drei Jahre in Schanghai zu leben, zu überzeugen. Ich dachte an all unsere Reisen, an all die netten Menschen, die wir nun dort kannten.

Bekanntlich heilt die Zeit alle Wunden. Und auch Schlafen ist heilsam. Ich war so erschöpft von der intensiven Woche in Berlin und den vielen Grübeleien und Zweifeln, dass ich die ganze Reise über schlief, egal wo ich gerade saß oder stand. In der Wartehalle vorm Boarden, im Flugzeug nach Peking, bei Starbucks am Flughafen in Peking, in der Wartehalle vorm Boarden nach Schanghai, im Flieger nach Schanghai, im Taxi zu unserem Compound. Noch nie hatte ich so viel am Stück geschlafen. Als wollte mein Körper den Kummer einfach wegschlafen.

Gut gelaunt und ausgeschlafen betrat ich schließlich unser Haus in Schanghai. Nun war ich glücklich, wieder bei Marc und den Kindern zu sein.

Das nächste Halbjahr begann. Und wir hatten schöne Aussichten, denn mein Bruder hatte mir erzählt, dass er mit seiner Familie und unserer Mutter über die Osterferien nach China kommen wollte. Das fiel genau in die einzige freie Woche, die wir diesmal bis zu den Sommerferien haben würden.

***

Es war erstaunlich, wie schnell die Zeit bis dahin verging. Genau wie damals, beim Besuch von Tina und Daniel, genossen wir es, ihnen unsere Wahlheimat zu zeigen. Das Wetter spielte mit, und gemeinsam erkundeten wir die Stadt auf bekannten und noch unbekannten Wegen. Unsere Besucher waren begeistert und reisten mit dem schönen Gefühl wieder ab, nun zu wissen, wo und wie wir wohnten und wovon wir sprachen, wenn wir ihnen von der Schule, dem Compound oder Tschallefu erzählten.

Die Zeit bis zu den Sommerferien verging wahnsinnig schnell. Eh wir uns versahen, standen sie vor der Tür. Wieder verabschiedete man sich tränenreich. Wieder wurden Container und Koffer gepackt, und die deutsche Community machte sich auf den Weg in die Heimat. Viele nahmen den sogenannten »Fluchtbomber«, um nach Hause zu fliegen. Das war der erste mögliche Flug, der einen an den gewünschten Heimatort brachte. Die wenigsten verreisten in andere Länder. Noch weniger blieben in Schanghai. Wir flogen gleich am Abend des letzten Schultages nach Berlin.

***

Nach diesem zweiten, sechswöchigen Heimatbesuch kam ich tatsächlich gerne wieder nach Schanghai zurück. Ich freute mich auf mein Zuhause, obwohl wir uns noch kurz vor den Sommerferien entschieden hatten, in einen anderen Compound zu ziehen, wo es mehr Kinder in Jonas' und Johannas Alter gab. Hier trafen sich die Kinder auf dem zentralen Bolzplatz, bei den Tennisplätzen oder in einem riesigen Outdoorpool. Ein weiterer Treffpunkt war ein Kiosk, der Produkte aus dem Westen anbot. Hier trafen sich nicht nur die Kinder. Er war auch ein beliebter Begegnungspunkt für Erwachsene. Nicht nur, dass ich nicht extra zu Tschalefu musste, wenn eine Kleinigkeit im Haushalt fehlte. In unserem neuen Compound hatte ich viel mehr soziale Kontakte. Hier wohnten auch mehr Lehrer der Deutschen Schule. Insgesamt fühlten wir uns alle gleich sehr wohl an unserem neuen Wohnort.

Im neuen Haus standen noch einige Kisten in den Zimmern und warteten darauf, ausgepackt zu werden. Das Wetter war tropisch wie immer, aber ich empfand es nicht mehr als schlimm. Das Klima gehörte zu unserem zweiten Zuhause, das Schanghai inzwischen geworden war. Ich freute mich auf die anderen Taitais, die bestimmt auch viel von ihren Ferien zu berichten hatten. Ich hatte sie vermisst. Am schönsten war, dass eine meiner engsten Freundinnen, Ina, auch in diesen Compound gezogen war. Ihre Tochter gehörte zu Johannas besten Freundinnen.

Während wir noch langsam die Ferien ausklingen ließen, saß Marc in seinem neuen Büro und bastelte eifrig an den Stundenplänen, führte die neuen Kollegen ein und bereitete die Schule auf das neue Schulhalbjahr vor. Er war gut gelaunt zur Schule gefahren und freute sich auf die Herausforderung im neuen Job. Ich hoffte für ihn und für uns, dass wir die Umstellung gut meistern würden.

Bald waren dann auch wir an der Reihe, und das Schuljahr begann auch für uns los. In Jonas' und Johannas Klassen saßen viele neue Schüler, andere waren nicht mehr da. Jedes Jahr mussten sich die Klassen wieder neu finden. Erstaunlicherweise klappte das immer sehr gut. Die erfahrenen Schüler waren neugierig auf die Neuankömmlinge und nahmen diese immer recht schnell und gut in die Klassengemeinschaft auf. Auch wir hatten viele neue Kollegen.

Bald hatten sich die Kinder super im neuen Compound eingelebt, kurvten gemeinsam mit ihren Klassenkameraden durch die Gegend und hüpften auf unserem neuerstandenen Trampolin. Marc lebte in seiner neuen Aufgabe auf, die er wirklich gut meisterte. Und ich freute mich über all diese Leichtigkeit.

43.

Yunnan

Bald standen bereits die Herbstferien vor der Tür, in denen wir Großes vorhatten.

»Mama, ich kann es kaum glauben«, sagte Johanna am ersten Ferienmorgen. »Heute kommen Tina und Daniel mit Thorben, Clara und Anna.«

»Ja. Ich freue mich auch schon riesig. Und erst recht auf unsere gemeinsame Reise.«

Zehn Tage wollten wir mit ihnen und den Kindern nach Yunnan reisen, eine chinesische Provinz östlich von Tibet. Sie liegt im Süden Chinas hoch oben in den Bergen. Von Schanghai flog man fast vier Stunden dorthin. So groß war das Land.

Ich holte eine Landkarte.

»Schau mal, Kunming ist der erste Stopp. Von dort aus werden wir dann weiterreisen, mit maximal zwei Übernachtungen am selben Ort. Die Reise wird also anstrengend, aber unbeschreiblich abwechslungsreich und schön werden. Das verspreche ich dir.«

Nun erzählte Marc. »Wenn wir mit dem Flugzeug ankommen, befinden wir uns bereits auf einer Höhe von 2000 Metern. Im Verlauf unserer Reise werden wir bis auf 3500 Meter kommen. Und zwar das erste Mal in Shangri-La. In dieser Höhe wird das Atmen schwerer, weil der Luftdruck abnimmt. Es gibt nicht mehr so viel Sauerstoff in der Luft, also wird jede Betätigung anstrengender als auf Meereshöhe.«

In Shangri-La stand hoch oben auf dem Berg ein

wunderschöner Buddha-Tempel. Er sah aus wie der in Lhasa in Kleinformat. Drum herum standen Holzhäuser, und in kleinen, verwinkelten Gassen befanden sich Läden mit lokaler Handwerkskunst. Das alles wollten wir gemeinsam mit unseren Freunden entdecken.

Und so war es dann auch. Tina und Daniel landeten mit ihren Kindern wohlbehalten in Schanghai. Wieder einmal hatten die Schlaftabletten Tina geholfen, ihre Flugangst einfach wegzuschlafen. Die Wiedersehensfreude war groß. Johanna und Jonas waren glücklich, nun auch endlich einmal Kinderbesuch zu haben. Und obwohl die ganze Familie aus Berlin nach dieser langen Anreise recht erschöpft war, ging es gleich am nächsten Tag weiter, und wir flogen in den Süden Chinas.

Vom ersten Moment an, als wir diesen Teil des Landes betraten, waren wir wie verzaubert. Hier war China ganz anders, als wir es bisher erlebt hatten. Die Uhren tickten langsamer. Das Leben war sehr ursprünglich. Wir trafen Aussteiger aus aller Welt, die sich hier anscheinend gerne niederließen, um ein kleines Geschäft oder Lokal zu eröffnen – im wahrsten Sinne des Wortes am Ende der Welt.

Zu dieser Jahreszeit war es noch recht kalt hier oben in den Bergen. Eine Mountainbike-Tour führte uns ins Hinterland, wo Yaks auf der Hochebene grasten und uns Fremdlinge erstaunt anmuhten. Ein einheimischer Bauer lud uns in seine verräucherte tibetische Holzhütte ein, wo er uns salzigen Yak-Buttertee und Yak-Käse kredenzte. Die Hütte war sehr niedrig und hatte keine Fenster. In der Mitte des Raumes loderte ein Feuer und spendete Wärme. Sonnenstrahlen drangen durch die Ritzen zwischen den Holzplanken und brachen sich im Rauch des Feuers, um das wir uns im Kreis herum gekauert hatten. Die Kinder schwiegen andächtig, und wir versuchten mit dem Bauern ins Gespräch zu kommen, was jedoch ein unmögliches Unterfangen war.

Schließlich verabschiedeten und bedankten wir uns herzlich und nahmen unsere Fahrt wieder auf.

Bevor unsere weitere Reise uns nach Shangri-La führte, kletterten wir in die Tigersprungschlucht hinab, eine der tiefsten Schluchten der Welt. Ausläufer des Himalaya ragten in den Himmel und waren eindrucksvoll in ihrer Macht und Größe. Nach einer Wanderung, bei der unsere Herzen aufgrund der Anstrengung in der ungewohnten Höhe pochten, nächtigten wir in einer urigen »Pension« in den Bergen, wohin sich nur verrückte Bergsteiger und junge Studenten aus aller Welt verlaufen hatten. Wir fielen mit unseren fünf Kindern schon sehr auf. Auf einer hölzernen Terrasse, an deren Rand der Berg steil abfiel, nahmen wir eine Erfrischung zu uns. Unten in der Schlucht toste der Fluss. Die Sonne ging langsam unter. Dieser Anblick hatte beinahe etwas Spirituelles.

Auf dieser Reise hatte ich das erste Mal das Gefühl, zu mir selbst gefunden zu haben. Dieses langsamere Lebenstempo verlieh mir unglaubliche Kraft und innere Ruhe. Wie sonderbar lebten Menschen an den verschiedensten Orten der Erde. Und ich durfte das erleben und erspüren. Ich war mir dessen sehr bewusst. Unglaubliche Dankbarkeit durchströmte mich.

Shangri-La hielt das, was es versprach. Auch die Kinder waren von dem wunderschönen weißen Tempel beeindruckt. Gemeinsam erkundeten wir die Anlage mit ihren vielen Winkeln und Ecken und kehrten danach zum letzten Mal in unsere urige Unterkunft zurück, um ein letztes Mal *Hotpot* zu essen, ein traditionelles Essen, das einem Fondue in Fleischbrühe ähnlich ist.

In der Mitte des Tisches wurde ein riesiger Topf Brühe serviert, in dem man verschiedene Gemüsesorten garte. Ein kulinarischer Genuss.

Wehmütig nahmen wir von diesem zauberhaften Teil Chinas und auch von unseren Freunden Abschied. Doch schon bald würden Jonas, Johanna und ich wieder neue Gegenden des Landes kennenlernen. Kurz nach den Herbstferien begann die Zeit der Klassenfahrten. Meine sollte mich diesmal in das Kloster der Shaolin-Mönche im Herzen Chinas führen. Dort lernten und lehrten die Meister des Kung-Fu. Ich war gespannt.

44.

Eine etwas andere Klassenfahrt

Ich war relativ erschöpft, denn kurz vor den Klassenfahrten hatte unsere Schule, hauptsächlich der Sportfachbereich, die Ostasienspiele ausgerichtet. Voller Einsatz auf dem Sportplatz, in der Halle und überhaupt an der Schule war gefordert gewesen. Unsere beiden Gastkinder waren am Morgen von uns auf den Weg in die Heimat gebracht worden. Erst wenige Momente danach dämmerte mir, dass dieser Tag auch unser Abreisetag war. Wir fuhren auf Klassenfahrt.

»Wann musst du denn nun heute los?«, fragte Marc.

»Ich glaube, gegen Nachmittag. Ich rufe gleich mal an. Lass mich erst einmal ein wenig das Chaos beseitigen und verschnaufen.«

»Wie du meinst. Aber nicht, dass du die Abfahrt verpasst.«

»Marc, ich kann noch gar nicht klar denken. Lass mir ein paar Minuten.«

»Ich sag ja nur«, erwiderte er.

Kurze Zeit später klingelte das Telefon.

»Hallo Susanne. Ich stehe schon vor der Schule. Abfahrt ist um 12.30 Uhr«, hörte ich meinen Kollegen am Ende der Leitung sagen. »Der Bus ist schon da.«

Wie vom Donner gerührt sprang ich auf. Ich rannte nach oben, um meinen Koffer zu packen. Es war bereits 11.30 Uhr. Ich riss die Klamotten aus dem Schrank, stopfte alles in den Koffer und schaffte es gerade noch, mich von Marc und den Kindern zu verabschieden und auch ihnen eine schöne Klassenfahrt zu wünschen.

Den Pass hatte ich dabei. Das war das Wichtigste.

Dann nahm ich das nächste Taxi, das vorbeikam, und schaffte es gerade noch rechtzeitig, pünktlich am Bus zu sein.

Stress.

Frei nach dem Motto »Der Weg ist das Ziel«: sollten wir insgesamt drei Tage unterwegs sein, bevor wir an unserem eigentlichen Ziel ankamen. China war einfach riesig, und viele Orte waren noch immer sehr schlecht erreichbar.

Zunächst waren wir mit dem Bus zum Bahnhof gefahren, um dann 16 Stunden mit dem Zug in Richtung Westen ins Landesinnere nach Dengfeng zu gelangen.

Während der Zugfahrt hatte ich es mir so gut es ging im in Neonlicht getauchten Speisewagen bequem gemacht.

»Wir sind alle in Vier-Bett-Abteilen untergebracht«, hatte mein Kollege mir erläutert, als wir uns durch die Gänge im Zug quetschten.

»Also teilen wir uns ein Abteil mit Schülern?«, hatte ich entgeistert gefragt.

Ich wusste, was das bedeutete. Auf Klassenfahrten brauchten Schüler erstaunlich wenig Schlaf, hatten sich furchtbar viel, noch viel mehr als im Unterricht zu erzählen und kamen auf die blödesten Ideen. Kein Auge würde ich zumachen.

»O Mann!«, hatte ich ausgerufen.

»Die Frage ist, wer mehr leidet«, hatte mein Kollege mich zu trösten versucht. »Die Schüler oder wir.«

Ich hatte danach meinen Koffer im Abteil mit drei Schülern verstaut und ihnen mitgeteilt, dass ich mich in den Speisewagen setzen würde, damit sie freie Bahn hätten.

»Falls ihr mich braucht, wisst ihr, wo ich bin.« Dann hatte ich mir die deutsche Zeitschrift geschnappt, die mir Marc ein paar Tage zuvor für viel Geld gekauft hatte. Lange und ausgiebig schmökerte ich in der Zeitschrift und ließ mich nicht von den neugierigen Blicken des Restaurantpersonals stören, das schmatzend an irgendwelchen Hühnerbeinen knabberte und Suppe schlürfte. China pur.

Da saß ich dann im miefigen und klebrigen Bordrestaurant und konnte es immer noch nicht glauben, dass ich nach dem ganzen Trubel der vorangegangenen Tage nun schon wieder auf Reisen war. Im Zug in Richtung Niemandsland in der Mitte Chinas, im Gepäck zweiundzwanzig pubertierende Schülerinnen und Schüler einer 9. Klasse und einen neuen Kollegen, den ich so gut wie noch gar nicht kannte. Ich versuchte, so gut es ging Kräfte zu sammeln für die kommenden Tage. Dann kamen drei Schülerinnen auf mich zu. Eindeutig wollten sie mir etwas mitteilen.

»Frau Vehlow, Lisa hat morgen Geburtstag. Wir haben einen Kuchen mitgebracht und wollten fragen, ob wir reinfeiern dürfen.«

Obwohl damit meine Hoffnung, wenigstens zu ein bisschen Schlaf zu kommen, wie Seifenblasen zerplatzte, sagte ich: »Na klar. Das ist doch wohl selbstverständlich.«

Wahrscheinlich würden sie die Nacht zum Tage machen und die ganze Nacht durchfeiern.

Zufrieden zogen sie von dannen.

Ich lehnte mich zurück und seufzte. Das konnte was werden.

Aber ich wurde eines Besseren belehrt. Ab 20 Uhr tummelten sich achtzehn Kinder in einem anderen

Abteil und hatten ihren Spaß, spielten, hörten Musik, sangen zu Gitarrenklängen. Ich konnte mich also genüsslich auf meiner Pritsche ausstrecken und schlafen. Denn ich hatte das Abteil für mich.

Pünktlich um sechs Uhr am folgenden Morgen fuhren wir in den Bahnhof von Luoyang ein. Diese Kleinstadt (Wortlaut des Reiseführers) hatte drei Millionen Einwohner und empfing uns mit Pladderregen und dem typisch chinesischen Geräuschpegel und Menschenandrang auf großen öffentlichen Plätzen. Der Hunger trieb uns zu einer Fastfoodkette. Dort fielen wir mit unseren Koffern und dem Handgepäck ein, erkämpften uns einen Platz und stellten uns in die Warteschlange. Die Menschen um uns herum staunten Bauklötze. Mit offenen Mündern starrten sie uns an.

Bei den Getränken konnten wir zwischen Bohnenmehlmilch und warmem Wasser mit Orangensaftgeschmack wählen. Essen konnten wir Pommes mit Zucker und alle möglichen Sorten von merkwürdigen Burgern, die keiner so wirklich probieren wollte. Dann entdeckte ich eine Art Sesamblätterteigbrötchen mit Mayonnaise und Spiegelei. Auf diese Weise gestärkt, konnte der Tag für uns beginnen.

Der Regen wollte nicht aufhören. Ein Bus holte uns vom Restaurant ab, und wir fuhren durch die trostlose Kleinstadt, von der ich nicht wusste, warum sie irgendjemand auf unser Programm gesetzt hatte. Wir fuhren an zahllosen Baustellen vorbei. Die Schüler ließen sich die Laune jedoch nicht verderben. Der Reiseführer schleppte uns in ein Jademuseum, in ein Porzellanmuseum und in ein Scherenschnittmuseum, wo man Scherenschnitte kaufen konnte. Unter Anleitung durften wir einen Schmetterling aus einem gefalteten Papier schneiden. Ich bewunderte die Schüler für ihre gute Laune. Denn Scherenschnitt und Bastelstunden gehörten sicherlich nicht zu den Lieblingsbeschäftigungen von 15-Jährigen. Auch aus dieser Situation machten sie das Beste und amüsierten sich über ihre doch sehr eigenwillig aussehenden Falter. Sinn, Zweck, Spaßfaktor dieses Ausfluges? Wir konnten es nicht ergründen, als wir uns auf den Weg zum Mittagessen machten.

Satt und einigermaßen zufrieden checkten wir im Hotel ein. Der geplante Grottenbesuch musste abgesagt werden, da es immer noch in Strömen regnete.

Am nächsten Morgen konnten wir dann zu den Grotten fahren.

»Die Longmen Grotten gehören zu den Nummer eins Touristen-Attraktionen in China«, erzählte der Guide in gebrochenem Englisch. »Sie sind 1500 Jahre alt. Hunderte von Buddha Figuren aller Größen und Formen sitzen in diesen Grotten.«

Mir war es ein Rätsel, dass ich von diesen Grotten noch nichts gehört hatte. Und eigentlich gab es doch hier in China kaum etwas, was älter als sechzig Jahre war, denn Mao hatte alle Kulturstätten in der Kulturrevolution zerstören lassen. Nun war ich doch recht gespannt.

Es stellte sich heraus, dass es sich bei den Grotten um in den Stein gemeißelte Vertiefungen handelte, in denen Stein-Buddhas saßen. Nachdem wir gefühlte 1000 Buddhas in ihren Grotten besichtigt hatten, verkündete der Reiseführer: »Nach dem Mittagessen werden wir noch weitere Grotten in der Nähe besuchen.«

Ein Raunen ging durch die Schülerreihen.

Also fuhren wir nach dem Essen zu Buddha-Grotten im Landesinneren. Meine Schüler traten missmutig den Fußmarsch an.

»Kommt schon«, versuchte ich sie aufzubauen, wenigstens regnet es nicht.« Aber ich erhielt keine Antwort. Im Gegensatz zu uns war der Reiseleiter enthusiastisch. Immerfort erzählte er: »Hier könnt ihr einen dicken Buddha sehen und hier einen dünnen. Da drüben ist ein kleiner Buddha. Ein alter, ein junger, dort einer mit langen Ohren und da einer mit kurzen Ohren ...«

Ich konnte verstehen, dass sich die Begeisterung der Schüler in Grenzen hielt. Nachdem wir unzählige Buddhas bewundert hatten, fuhren wir endlich zu der Stadt Dengfeng, wo sich das berühmte Shaolin-Kloster befinden sollte.

Es regnete zwar nicht, aber alles war in grauen, diesigen Nebel getaucht. Die Stimmung im Bus befand sich auf dem Tiefpunkt. Wir verließen die Stadt Luoyang und wenig später die befestigte Straße. Die mit Regenwasser gefüllten Schlaglöcher wurden immer größer und immer mehr. Unser Bus schaukelte auf der holprigen Piste hin und her. Einigen Schülern wurde schlecht. Dort lief eine Ziege am Straßenrand, hier ein Huhn. Kinderscharen säumten die Straße und winkten uns ungläubig zu. Hier und da überquerte ein Tuktuk unvorhergesehen die Straße, dort ein Moped, da ein Greis, der sein Schwein in der Mitte der Straße vorantrieb und das laute Hupen unseres Busfahrers einfach nicht zu hören schien. Immer wieder musste unser Fahrer eine Vollbremsung machen.

Allmählich veränderte sich die Landschaft. Höhere Berge waren im Nebel erkennbar, die Straßenverhältnisse verbesserten sich. Die Sonne ging im Nebel unter und tauchte ihn in ein tiefes Orange. Wir schaukelten dem Sonnenuntergang entgegen. Es war mystisch.

Endlich kamen wir an. In der prachtvollen Lobby eines 4-Sterne-Hotels wurden wir freundlich begrüßt. Von neuen Lebensgeistern geweckt, bezogen die Schüler fröhlich ihre Zimmer. Um 18 Uhr hieß es Abfahrt in ein nahe gelegenes Restaurant. Also wieder rein in den Bus und auf einen Weg, der weder beleuchtet noch ausgeschildert war. Hatte sich der Busfahrer geirrt? Anscheinend nicht. Irgendwo in der Dunkelheit hielt er an und wies uns an auszusteigen. Er wirkte zufrieden. Also stiegen wir aus, und im Scheinwerferlicht des Busses erkannten wir Treppenstufen, die uns auf eine breite steinerne Terrasse führten. In der Ferne leuchteten rote chinesische Laternen am Eingang eines Hauses. Um dorthin zu gelangen, mussten wir einen finsteren Fußweg entlanglaufen. Alles war in Nebel getaucht. Gruselig. Schließlich betraten wir ein altes chinesisches Restaurant und speisten köstlich. Jede chinesische Provinz hatte ihren ganz eigenen kulinarischen Stil. Dieser hier war ein Genuss. Wieder war der Hauptbestandteil des Mahls gekochtes, gebratenes und frittiertes Fleisch, angemacht mit exotischen Gewürzen. Als Beilage gab es Reis und gekochtes und gebratenes Gemüse. Danach machten wir uns zufrieden auf den Heimweg. Als wir zum Hotel zurückkehrten, waren wir überrascht. In Dunkeln trainierten auf dem riesigen Vorplatz des Hotels Hunderte von Kung-Fu-Schüler mit ihren Lehrern bei eisigen Temperaturen. Immer wieder hörte man von hier und dort ein »hu«, »ha« oder ein Abzählen, »i, er, san« (eins, zwei, drei). Alle trugen den gleichen roten Trainingsanzug, und keiner der Schüler sah aus, als wäre er älter als zehn Jahre. Auf ihren Jacken stand »Shao Lin«. Wir waren am Ziel der Reise. Am nächsten Tag sollten wir endlich zum Shaolin-Kloster fahren.

Am nächsten Morgen um sechs Uhr hatte ich die Kung-Fu-Schüler wiedergesehen, als ich Joggen gegangen war. Scharenweise waren sie in ihren roten Trainingsanzügen in Dreierreihen, mit Fahnen, Schwertern, Stäben, im Gleichschritt an mir in Richtung Klosterschule vorbeimarschiert und hatten »i, er, san« skandiert.

Wenig später saß ich frisch geduscht in meinem Hotelzimmer und schaute aus dem Fenster. Es war Mitte November, und draußen war es grau. So weit das Auge reichte. Alles war eingetaucht in Nebel und grauen Dunst. Ich hörte das Hupen von 40 Jahre alten Lastern und sah sie die Straße vor dem Hotel entlangbrettern. Knatternde Tuktuks und Mopeds hetzten ihnen hinterher. Schweißgeräusche von der Baustelle direkt vorm Hotel drangen an mein Ohr. In der Ferne ließen sich die Silhouetten von Bergen erahnen.

Wir befanden uns in fünf Kilometer Entfernung zum berühmten Shaolin-Kloster, was die Neuntklässler, die ich auf ihrer Klassenfahrt begleitete, nicht gerade in Begeisterungsstürme versetzte. Wir würden das Kloster der weltberühmten Shaolinmönche heute besichtigen, ihnen beim Meditieren und Trainieren zuschauen, selbst etwas Kung-Fu ausprobieren und dann mit den Shaolinschülern speisen. Kloster und Tempel hatte meine Klasse allerdings in ihrer bisherigen Zeit in China genug gesehen. Ein Schüler meinte trocken: »Tempel? Kennst du einen – kennst du alle.« Ich musste ihm insgeheim zustimmen. Ob Asiaten Ähnliches dachten, wenn sie in Europa die vielen Kirchen besichtigten? Wehmütig hatten die Schüler von ihrer letzten Klassenfahrt geschwärmt, bei der sie an die Küste gefahren waren. Ich konnte sie verstehen. Aber vielleicht würden sie sich später doch auch gerne an diese Reise erinnern.

»Die Schüler unserer Schule leben sehr weit entfernt von dem Kloster und dem dazugehörigen Schulcampus in Wohnheimen. Sie müssen jeden Tag zwei Stunden zur Schule laufen. Und am Abend müssen sie die Strecke auch wieder zurückmarschieren«, erzählte uns ein Lehrer, als wir am Vormittag das Schulgelände betraten. Das erklärte auch die Schülermärsche, die ich an diesem Morgen gesehen hatte.

Bei dem Shaolin-Kloster handelte es sich um eine riesige Anlage im Wald in den Bergen in der Nähe vom Gelben Fluss. Das Herzstück war eine in sich geschlossene Tempelanlage, bestehend aus drei großen und vielen kleinen Tempeln. Daneben lagen diverse Gebäude, in denen Kung-Fu-Shows für Besucher aufgeführt wurden. Etwas weiter weg lag der sogenannte Pagoda Forrest. Dabei handelte es sich um eine Ansammlung von Hunderten von etwa fünf und zehn Meter hohen Stupas, kleinen kegelförmigen Türmchen. Sie symbolisierten die Person Buddhas. Ihr Anblick war sehr imposant.

Das Gelände an sich betrat man über einen riesigen Vorplatz, wo man von einer zwanzig Meter hohen Statue – einem Shaolin-Mönch – begrüßt wurde. Täglich wurden hier 10 000 Kung-Fu-Schüler unterrichtet. Eine unfassbare Anzahl. Überall auf dem Gelände begegnete man Schülertrupps, die marschierten oder im Freien trainierten. Die Trainingsplätze waren riesig. Auch dort herrschte reges Treiben.

Die Schulgebäude befanden sich in einem erbärmlichen Zustand. Sie waren in den 40er Jahren spartanisch erbaut und seitdem nicht mehr renoviert bzw. restauriert worden. Überall bröckelte der Putz. Und selbstverständlich gab es hier keine Heizung. Auf der ganzen Ebene wurden Geist und Körper der Schüler und Lehrer an ihre Grenzen geführt.

Die Klassenräume waren mit winzigen Schulbänken ausgestattet, wie man sie aus der Vorkriegszeit kannte. Die Räume waren düster und feucht. Kaputte Basketballkörbe und improvisierte Tischtennisplatten befanden sich auf dem Pausenhof. An den Körben hingen Bügel mit gewaschener Wäsche zum Trocknen. Jungen im Alter von sieben bis achtzehn Jahren saßen vor Plastikschüsseln und wuschen darin ihre Wäsche und anschließend ihre Beine und Füße. Tatsächlich lebten auf dem gesamten Campus auch acht Mädchen, die auch im Kung-Fu ausgebildet wurden. Sie teilten sich ein winziges Zimmer. Die einzige Verbindung zur Außenwelt waren Telefone, die auf dem Schulhof an einem Brett hingen.

Es war erstaunlich, mit welch stoischer Ruhe die Schüler diese Bedingungen hier ertrugen. Sie schienen sogar glücklich und stolz zu sein, hier lernen zu dürfen. Wahrscheinlich hatte nicht jeder Zugang zu dieser Schule. Nur die Besten wurden genommen. Und ebenso wahrscheinlich waren die Bedingungen auf dem Campus zumindest besser als die in ihrem Heimatort.

Später ging es auf eine Wanderung. Dazu muss man wissen, dass in China etwas anderes unter Wandern verstanden wird als anderswo auf der Welt. Es hieß: Treppensteigen auf befestigten Wegen. Also bestiegen wir eine Stunde lang den Berg, indem wir Hunderte von Treppenstufen erklommen. Die Sonne schien, es wehte ein kühler Herbstwind, tatsächlich verfärbten sich hier die Herbstblätter in den buntesten Farben, und die Schüler waren ausgelassen, weil sie sich endlich austoben konnten. Natürlich wurde auch gemeckert, weil das Klettern so anstrengend war. Die Nörgelei verstummte jedoch abrupt, als ein Trupp Shaolin-Jungen an uns vorbei die Treppen hinauf- und auch wieder herunterjoggte, bevor wir überhaupt den Gipfel erreicht hatten. Manchmal lösten sich Probleme ganz von allein.

Am nächsten Morgen fuhren wir wieder zum Kloster und trafen uns mit zwei Trainern in einem heruntergekommenen Sportsaal. In zwei Gruppen ging es nun zum Kung-Fu-Training. Wir hatten zwei Stunden Training am Morgen, ein spartanisches Mittagessen und wieder zwei Stunden Training am Nachmittag. Das Training beinhaltete Joggen, Liegestütze, Kurzsprints, Sit-ups und schließlich eine lange Kung-Fu-Choreographie, bestehend aus vierzig Einzelbewegungen. Währenddessen mussten wir immer in einen großen Ausfallschritt gehen, in die Hocke, wieder aufspringen, kicken, dehnen, Handstand, ein Rad schlagen, Flugrolle oder Judorolle machen. Zum Schluss führten wir dann in der Großgruppe die Choreographie mehrere Male vor, durften »zur Belohnung« noch eine Pendelstaffel und dreißig Liegestütze machen. Wir alle waren am Ende des Tages sehr erschöpft und hatten gar kein Problem mit der langen Rückreise, auf der wir uns erholen konnten.

Alle waren beeindruckt von diesem besonderen Tag und vor allem von den Kung-Fu-Schülern, die tagtäglich ein noch viel härteres Training absolvierten, als wir es in den vergangenen Stunden getan hatten.

45.

Rückfall

Der Herbst neigte sich dem Ende zu. Bald hatten wir auch unsere Halbzeit hier in China erreicht. Zweieinhalb Jahre lagen hinter – aber eben auch noch vor uns. Meine Stimmung befand sich gerade auf einem Tiefpunkt. Wie sollte ich das schaffen? Jonas und Johanna erging es ähnlich. Sie hatten nun auch vermehrt Heimweh und sehnten sich nach Familie und Freunden in Berlin.

»Was haltet ihr davon, wenn wir dieses Jahr zu Weihnachten nach Thailand fahren?«, fragte Marc eines Tages am Abendbrottisch.

Wir drei sahen uns an. Wir hatten Marc nicht von unseren Heimweh-Gesprächen erzählt, vor allem wohl, um ihn nicht traurig zu machen. Er war so unheimlich glücklich hier in Schanghai. Ich sagte vorsichtig:

»Marc, diesmal wollen wir Weihnachten mal wieder zu Hause in Berlin feiern.«

Erwartungsvoll schauten wir ihn an. Enttäuschung machte sich auf seinem Gesicht breit.

»In Berlin ist es kalt und matschig. Die Leute sind genervt. Warum sollten wir Tausende von Euros ausgeben, um das dann in Kauf zu nehmen?«

Jonas hielt dagegen:

»Oft liegt zu Weihnachten auch Schnee. Ich will gerne mal wieder im Schnee spielen, rodeln gehen, so richtigen Winter haben. Außerdem möchte ich gerne wieder mit Oma und Opa, mit der ganzen Familie

Weihnachten feiern. Am Strand kann man nicht richtig Weihnachten feiern.«

Johanna schaute Marc mitleidig an.

»Papa, in Australien und in Kambodscha war es total schön. Wirklich. Wir wollen einfach nur gerne mal wieder nach Hause. Wir haben alle ein wenig Heimweh.«

Marc kaute und wackelte mit den Füßen. Er schaute aus dem Fenster.

»Wenn das so ist und ihr drei nach Hause wollt, dann bin ich wohl überstimmt. Ich finde es zwar schade, aber dann machen wir es eben so.«

Jonas und Johanna schrien vor Freude und sprangen auf. Sie umarmten Marc und liefen dann schnatternd nach oben in ihre Zimmer. Sie wollten unbedingt mit Berlin skypen und die Neuigkeit verkünden.

»Ist das wirklich okay für dich?«, fragte ich Marc. »Ich weiß, dass du darauf eigentlich gar keine Lust hast.«

»Ach«, erwiderte er, »ich habe aber auch keine Lust, am Strand unter Palmen in trübe Gesichter zu schauen.«

Verständnisvoll sah er mich an. »Das wird bestimmt auch ganz nett in Berlin. Ich suche gleich mal nach günstigen Flügen.«

Nun erst konnte auch ich mich so richtig freuen.

Weihnachten in Berlin. Ich konnte es kaum erwarten.

***

Und es wurde so schön, wie erhofft. Mir kamen die Wochen zu Hause ewig vor, wenn ich die Fülle der Erlebnisse betrachtete, andererseits wie ein paar Tage, weil die Zeit abermals wie im Fluge verging. Es blieb mir nicht genug Zeit, meine Freunde mehr als einmal zu sehen. Aber die Zeit reichte aus, um wieder anzuknüpfen an Vergangenes, um Gespräche zu führen, Spaziergänge zu machen und zu feiern. Neben den vielen Präsenten zu Weihnachten wurden wir auch emotional reich beschenkt. Die Warmherzigkeit und Großzügigkeit unserer Freunde und Verwandten vermittelte uns ein großes Glücksgefühl – das Bewusstsein, trotz der Entfernung, die uns trennte, dazuzugehören. Dafür konnte ich nicht dankbar genug sein.

46.

Zweifel

Am Tag nach unserer Rückkehr hatte Jonas ein absolutes Tief. Er wollte sofort wieder zurück nach Deutschland fliegen. Er vermisste Oma und Opa und die lieben Freunde, die er seit so langer Zeit kannte. So was war einfach unersetzbar. Johanna weinte solidarisch mit ihm. Nach wenigen Stunden Schlaf erwachte ich am Montagmorgen und wusste weder, wo ich mich befand, noch was eigentlich an diesem Tag passieren sollte. Ich konnte wirklich gar NICHTS mit dem Zimmer, den Vorhängen, den Möbeln anfangen. Wo war ich nur? Totale Verwirrung. Marc bekam einen Lachanfall, und so langsam dämmerte mir, wo ich war und dass ich bald vor der Klasse stehen musste. So oder ähnlich erging es bestimmt auch den Kindern, die am Morgen vor mir saßen. Sie waren entweder wie wir am Tag zuvor nach Hause gekommen oder – sogar noch schlimmer – direkt vom Flughafen zur Schule gefahren. Weihnachten war an der Deutschen Schule Shanghai die Hauptreisezeit. Erfüllt von unglaublich vielen und schönen Erlebnissen, Erinnerungen und Empfindungen taumelten sie durch die Gänge der Schule. Die halbe Schule lief entweder braun gebrannt oder im Jetlag durch die Gegend.

Unsere Schränke zu Hause waren nach unserem Heimaturlaub wieder aufgefüllt mit deutschen Tütensuppen, Grießbrei, Milchreis, Deos, Zahnpasta, Zahnseide, Shampoo, Honig, Keksen, Rooibostee etc.

Jonas' Geburtstag rückte näher. Immer wieder fragten wir ihn, was er an diesem Tag machen wollte.

»Ich will nichts machen. Ich will im Sommer in Berlin feiern, mit meinen alten Freunden und mit der Familie. Klettern gehen oder Kanu fahren oder eine Radtour machen. Hier kann man eh nichts machen.«

Er hatte immer noch unglaubliches Heimweh, obwohl wir nun schon zwei Wochen wieder zurück in Schanghai waren. Diesmal schien ihm der Abschied besonders schwerzufallen. Also feierten wir im engsten Familienkreis. Ein wenig Gedanken machte ich mir trotzdem.

»Meinst du, mit Jonas ist alles in Ordnung?«, fragte ich Marc. »Dass er gerade so negativ ist, macht mich ganz nervös.«

»Jonas ist dreizehn. Wahrscheinlich kommt er so langsam in die Pubertät. Da darf man auch mal negativ und traurig sein. Das gehört dazu, das wird sicherlich bald vorüber sein«, versuchte Marc mich zu beruhigen.

»Aber ich glaube, dass an seinem Heimweh tatsächlich etwas dran ist. Im Moment ist die Luft schlecht. Und wo willst du denn hin außerhalb des Compounds? Überall nur Straßen, hupende Autos, keine Grünfläche in Sicht. In Berlin waren wir so viel draußen. Spazieren, eislaufen, Schneeballschlacht machen«, entgegnete ich.

»Jonas muss einfach auch mal seine Fühler ausstrecken und sich auf die Socken machen. Schanghai alleine erkunden. Er ist alt genug. Er muss nicht immer im Compound hocken.«

»Das Heimweh hat ja nun nichts mit diesen Dingen zu tun. Wenn man seine Familie und seine Heimat vermisst, dann kann man dieses Gefühl nicht einfach abstellen. Ich weiß, du hast anscheinend nie Heimweh, aber ich kann ihn verstehen. Es ist doch auch schön, wenn man weiß, wo man hingehört.«

Ich fühlte mich unverstanden, verschränkte die Arme und lehnte mich zurück.

»Aber ihr müsst doch auch sehen, welche Vorteile wir hier haben. Wir verdienen mehr Geld, machen wunderbare Reisen. Zu Hause wäre das undenkbar. Außerdem sind die Klassen hier viel kleiner. Und davon profitieren auch Jonas und Johanna. Die Schule ist super.«

Ich schwieg zunächst. Wir hatten uns schon oft über Heimweh unterhalten. Und immer wieder war es Marc gelungen, es zu vertreiben, indem er die positiven Seiten des Lebens in Schanghai hervorgehoben hatte. Diesmal aber konnte ich das alles nicht mehr hören.

»Marc, bestimmte Dinge kann man nicht logisch erklären. Auch emotionale Empfindungen haben ihre Berechtigung. Sie verdienen es, ernst genommen und akzeptiert zu werden.«

Nun schwieg auch er. Er schaute mich an.

»Ja. Das stimmt.«

Ungläubig schaute ich ihn an.

»Nein, ehrlich. Du hast recht. Ich will nur nicht, dass Jonas im Selbstmitleid zerfließt. Aber vielleicht braucht er einfach ein wenig Zeit.«

Ich war erleichtert.

»Was hältst du davon, wenn wir in den Chinese-New-Year-Ferien mal wieder etwas Schönes in Schanghai unternehmen?«, schlug Marc vor. »Ich überleg mir was. Du wirst sehen. Jonas wird es bald bessergehen.«

Ich seufzte. »Hoffentlich!« Und fügte hinzu: »Weißt du, wenn ich traurig bin, dann ist das eine Sache. Aber wenn das eigene Kind so unglücklich ist, dann ist es viel schlimmer.«

Die Chinese-New-Year-Ferien standen vor der Tür.

Diese Zeit mussten wir nutzen, um Schanghai mal wieder von seiner spannenden Seite kennenzulernen. Ein schwieriges Unterfangen. Vor allem zu dieser Jahreszeit.

***

»Kinder, ich habe eine Überraschung für euch. Ihr müsst lediglich eine kleine Tasche packen mit Schlaf- und Schwimmsachen. Wir machen einen Ausflug über Nacht«, eröffnete uns Marc am ersten Ferienmontag. Er hatte Zimmer in einem tollen Hotel in Downtown direkt an der Fußgängerpromenade am Fluss gebucht, die »The Bund« genannt wurde. Auf diese Weise würden wir einen tollen Blick aufs Wasser, auf die futuristische Skyline Schanghais und vor allem auf das Feuerwerk zum chinesischen Neujahrsfest haben. Bei dieser Neuigkeit leuchteten Jonas' Augen seit langem endlich wieder.

»Da gibt es auch einen Pool?«, fragte er.

»Ja, und wisst ihr was? Ihr zwei habt sogar ein eigenes Zimmer.«

»Cool, Papa! Danke, das ist toll«, rief Johanna.

Wenig später waren wir in die Stadt gefahren und planschten in einem Pool mit Blick auf die Skyline. Am Abend gab es für Marc und mich noch eine Ölmassage und einen Drink in der Hotelbar mit Blick auf das Feuerwerk.

Am Morgen konnten wir uns am reichhaltigen Buffet bedienen und danach nochmals schwimmen gehen. Urlaub in Schanghai. Am frühen Nachmittag brachen wir dann wieder nach Hause auf.

»Na, ihr zwei«, fragte ich nach dem Abendbrot, »wie geht es euch nach all diesem Luxus?«

»Super!«, platzte es aus Johanna heraus.

Jonas schaute wieder betrübt. Hätte ich mal nicht gefragt.

»Ich vermisse Deutschland. Ich will nach Hause.«

»Ich glaube, es wird Zeit, dass das Wetter wieder besser wird und du draußen Basketball und Fußball spielen kannst.«

»Nein, Mama. Das ist es nicht. Ganz bestimmt.«

»Kommt, lasst uns eine Runde spielen, um das Heimweh zu vertreiben.«

Marc musste noch an den Schreibtisch. Man merkte schon sehr deutlich, dass er viel mehr arbeitete als zuvor. Aber er war sehr glücklich und hatte es noch keinen Moment bereut, diesen Job angenommen zu haben. Im Gegensatz zu Jonas konnte er sich sogar vorstellen, noch länger als die geplanten fünf Jahre in Schanghai zu bleiben.

Ich sorgte mich um unseren Sohn. Sein Heimweh ebbte nicht ab. Ich wusste nicht, was ich tun sollte. Mal reagierte ich verständnisvoll, mal genervt. Er fand in Schanghai alles schrecklich. Die Menschen, die Sprache, die Läden, das Essen, die Straßen, das Wetter, die Tatsache, dass sich alles um die Schule drehte und dass er nur im Compound unterwegs sein konnte.

Aber vielleicht lag es doch einfach nur an der Pubertät? Ich hoffte inständig, dass sich seine Gemütsverfassung bald wieder ändern würde.

47.

Myanmar

Leider ging dieser Wunsch nicht in Erfüllung. Es gab gute Tage. Aber dann kam wieder eine Reihe schlechter, an denen Jonas abends betrübt im Bett saß und einfach nur nach Hause nach Deutschland wollte.

Nun stand jedoch eine schöne Ablenkung bevor. Unsere Reise nach Myanmar. Dieses Land ist auch bekannt als Birma. Es war Mai und Urlaubszeit.

Myanmar ist ein Staat in Südostasien und grenzt an Thailand, Laos, die Volksrepublik China, Indien, Bangladesch und den Golf von Bengalen.

Im Birmanischen bedeutet die Silbe Myan »fest zusammenhaltend«, die Silbe Mar »hart«, »stark« oder auch »mächtig«. Das Land stand seit 1962 unter einer Militärherrschaft, bis diese am 4. Februar 2011 einen zivilen Präsidenten als Staatsoberhaupt einsetzte.

Seit 1993 war über eine neue Verfassung beraten worden. Mit Verweis auf die fehlende Verfassung hatte die Militärregierung jahrelang freie Wahlen verhindert. Die Verfassung wurde im Mai 2008 zur Abstimmung vorgelegt. Allgemeine Wahlen wurden 2010 in Myanmar durchgeführt.

Seit einiger Zeit war in Myanmar ein Demokratisierungsprozess zu verzeichnen. Ausgehend von der Regierung in Rangun wurden die ersten wirklich freien Wahlen seit langem eingeleitet. Ziel dieser Politik ist die Lockerung der internationalen Handelsblockaden, die das Land in der Vergangenheit stark isoliert hatten.

Bei den Wahlen am 1. April 2012 zog Aung San Suu Kyi mit ihrer Partei NLD in das Parlament ein, dies wurde vielerorts als Aufbruchszeichen für eine weitere Demokratisierung gewertet.

Auch diesmal wollten wir ein Land bereisen, über das wir, ähnlich wie über Kambodscha, nicht viel wussten. Wir wollten das Land in seiner Ursprünglichkeit erfahren, ohne die ganzen Annehmlichkeiten für Touristen. Wie müßig erschien das eigene Leben, wenn man über die Armut, die politische Unsicherheit und Ungerechtigkeit in Myanmar las.

Jonas freute sich sehr auf diese Reise und sagte kurz vor der Abreise: »Mama, ich glaube, das wird unsere bisher abenteuerlichste Reise.«

Johanna war einfach froh, dass wir wieder etwas gemeinsam erleben würden.

Fest stand, dass diese Reise kein Erholungsurlaub im eigentlichen Sinn werden würde, sondern wahrscheinlich auch sehr anstrengend.

Diesmal hatten wir uns nicht nur im Hinblick auf die Organisation der Reise im Vorfeld aufs Minimum beschränkt. Auch unser Gepäck beschränkte sich auf das Nötigste.

Wir mussten uns zunächst an die Temperaturen von 38 bis 40 Grad gewöhnen. Wir würden mit unseren Kräften haushalten müssen – und mit den Dollars, denn wenn sie ausgegeben waren, ging nichts mehr. Es gab hier keine Banken, bei denen man Geld abheben konnte.

Man merkte, dass wir uns ganz nahe dem Äquator befanden, denn bereits um sechs Uhr morgens stand die Sonne hoch oben am Himmel. Um acht Uhr hatte man das Gefühl, es sei mittags. Ich empfand es wie immer als Herausforderung, in einem anderen Land, dessen Sprache ich nicht verstand und nicht lesen konnte, von A nach B zu kommen. Ich konnte die Distanzen in einer unbekannten Stadt nicht richtig einschätzen und wusste nicht, wie viel bestimmte Strecken kosteten. In vielen Ländern hatten die Taxis Taxameter, man wusste jedoch als Tourist nie, ob dieser manipuliert war. Daher war es am sinnvollsten, im Vorhinein einen Fahrpreis auszuhandeln.

Der erste Fahrer, den wir in Yangon hatten, war freundlich und ließ sich aufs Verhandeln ein. 3000 Kyats (ca. 4 $) sollte der Weg bis zum Restaurant kosten. Das Gute am Vorverhandeln war, dass der Fahrer dann den schnellstmöglichen Weg nahm und nicht dreißigmal um den Pudding fuhr, um den Betrag auf dem Taxameter in die Höhe zu treiben.

Später ging es ins Stadtzentrum und an den Binnenhafen – denn die Stadt lag an einem Fluss, dem Yangon.

Wir passierten Gebäude aus der Kolonialzeit. Sie waren jedoch so verfallen und verrottet, dass sie ein trauriges Bild abgaben. Die Menschen, denen wir begegneten, waren sehr freundlich. Im Gegensatz zu den Chinesen gaben sie uns nicht das Gefühl, durch unsere Haut- und Haarfarbe aufzufallen. Außerdem waren wir Riesen im Vergleich zu ihnen. Marc und ich fühlten uns wie Gulliver bei den Liliputanern. Die Menschen hier waren noch kleiner als in China oder Kambodscha. Sogar Jonas überragte die meisten Männer.

Im Hafen wurden in den Dschunken ähnlichen Schiffen Menschen und Waren von einem Ufer zum anderen übergesetzt. Unrat und Tierkadaver trieb in Ufernähe im Wasser. Es herrschte reges Treiben. Männer und Jungen spielten mit Styroporkugeln Fußball, Frauen und Mädchen trugen entweder Lebensmittel nach Hause oder verkauften diese. An der Mole wurde ein LKW, der offensichtlich aus den 40er Jahren stammte, entladen. Das Wasser war schmutzig gelb. Es roch süßlich und nach geräuchertem Fisch. Hier und da mussten wir über Urinpfützen oder anderen Unrat springen. Der Himmel war diesig, und es war schwülheiß, 38 Grad.

Am nächsten Tag wollten wir den unglaublich prächtigen Shwedagon Paya, eine Pagodenanlage, besichtigen. Die besten Besuchszeiten sollten die frühen Morgenstunden oder die Sonnenuntergangszeit sein. Der Anblick einer mächtigen vergoldeten Stupa, in der sich die untergehende Sonne spiegelte, verschlug uns allen den Atem. Die Tempelanlage erstreckte sich auf einem Hügel. Bevor wir diese betreten durften, mussten wir Schuhe und Strümpfe ausziehen. Ein schöner Weg führte zu der Anlage, an beiden Seiten gesäumt von Hunderten von goldenen Türmchen und Zinnen, weiteren kleineren Stupas. Kleine Tempelhallen reihten sich aneinander, in denen Hunderte von Buddha-Figuren saßen. Im Zentrum der Anlage ragte die 98 Meter hohe und 100 Meter breite vergoldete Stupa empor. Im Laufe der Jahre war diese immer wieder mit Blattgold überzogen worden. Mittlerweile hatten sich 52 Tonnen Blattgold auf ihr angesammelt, und ihre Spitze zierten mehr als 5000 Diamanten und 2000 andere Edelsteine. Der Anblick war imposant. Hinter ihr brauten sich am Himmel riesige graue Monsungewitterwolken zusammen. Die untergehende Sonne tauchte alles in gelbes Licht. Die ganze Szenerie wirkte unwirklich. Ein starker warmer Wind zerzauste uns das Haar, und überall flatterten die orangefarbenen Gewänder der Mönche. Bald würde ein gewaltiger Schauer auf uns niedergehen. Menschen knieten vor Buddha-Figuren, beteten inbrünstig oder sangen. Andere wuschen die Statuen mit heiligem Wasser. In einem kleinen Tempelhäuschen saß ein uralter Mönch und meditierte. Dann plötzlich fingen die Leute an zu laufen. Als wären die Himmelsschleusen geöffnet worden, setzte der Monsunregen ein, und es goss in Strömen. Mönche und Besucher liefen in die vielen Tempelhäuser und fanden dort Unterschlupf. Wir folgten ihnen und fanden uns inmitten von gläubigen Buddhisten wieder, die den Yogasitz einnahmen und beteten. Alles war still und friedlich. Nur der Regen prasselte auf den weißen Marmorboden der Wege und auf die Stupas. Dann war der Schauer vorbei, die Wolken lösten sich langsam auf. Und mystisches Sonnenuntergangslicht tauchte alles für kurze Zeit in ein tiefes Orange. Dann war die Sonne ganz plötzlich weg, und es war stockfinster.

Was für ein mystisches Spektakel. Wir sprachen kein Wort, sondern staunten ganz einfach nur.

Schließlich entzogen wir uns dem Bann dieser heiligen Stätte und machten uns auf den Heimweg.

Seit dem Morgen hatten wir nichts gegessen. Also kehrten wir in ein romantisches italienisches Restaurant nahe unserem Hotel ein. Es passte tatsächlich gar nicht in diese Landschaft, war aber hinreißend. Wir saßen auf weißen Rattanmöbeln in einem Garten, der im Schein Hunderter kleiner Laternen leuchtete. Palmen wehten im Wind, leise erklang sanfte italienische Musik aus im Boden eingelassenen Lautsprechern. Wieder genossen wir einfach nur das wunderschöne Ambiente.

Wir wollten am nächsten Tag mit dem Nachtzug nach Bagan. Daher kauften wir an einem schäbigen Schalter die Tickets für ein Schlafabteil in der ersten Klasse. Danach begaben wir uns zu unserem Gleis. Das Bild, das sich uns hier bot, erinnerte an Indien. Es wimmelte von kleinen dunkelhäutigen Menschen, die ihr Gepäck auf dem Kopf transportierten. Wenn sie nicht umherliefen, hockten sie auf dem Boden. Imbissverkäufer boten ihre Ware auf großen Tabletts feil, die sie auf dem Kopf durch die Menge balancierten. Reisende plauderten und lachten.

Mein Blick fiel auf die Schienen. Uneben und ungleichmäßig verliefen sie an der Bahnsteigkante entlang. An einigen Stellen klafften zentimeterlange Lücken.

»Marc, bist du dir sicher, dass wir diese Reise überleben werden? Schau dir mal die Gleise an!«, raunte ich ihm zu.

»Die reisen doch auch damit. Dann wird das schon in Ordnung sein«, entgegnete er mir.

Ich seufzte. Das konnte ja was werden.

Wir warteten gemeinsam mit Hunderten von Birmanen auf die Einfahrt des Zuges. Omas, Opas, Babys, Kleinkinder, Mütter, Polizisten, Gemüsehändler tummelten sich auf dem Gleis, hatten in Scharen ihr Lager aufgeschlagen und hockten auf dem Betonboden. Hühner flatterten in Käfigen. Hunde liefen über die Gleise. Es war ein buntes und lustiges Treiben.

Durch die Lautsprecher wurden Durchsagen gemacht. Wir verstanden nichts und befragten mit Händen und Füßen unsere Mitreisenden. Schließlich bekamen wir heraus, dass die Abfahrtszeit des Zuges sich immer weiter nach hinten verschob. Die Kinder waren tapfer, inspizierten den Müll, der auf den Schienen lag, genauer, beobachteten eine Ratte, die dort hin und her lief, und spielten Abzählreime.

Jonas verkündete schließlich: »Mir ist so langweilig, dass mir schon gar nicht mehr langweilig ist.«

Endlich rollte der uralte Zug in den Bahnhof ein. Wir hatten unser eigenes Abteil. In dem Waggon gab es auch ein Stehklo. Es gab acht Sitze, die man so ausziehen konnte, dass sie ein Bett ergaben. Über ihnen hingen zwei Pritschen. Der Zug gewann an Fahrt und wackelte angsteinflößend die Schienen entlang. Die Räder sprühten Funken, die in der Dunkelheit leuchteten. Es war mittlerweile recht dunkel geworden. Eine heiße Brise blies durch den Waggon. Selbstverständlich hatte der Zug keine Klimaanlage. Aber das war egal. Wir fuhren. Auf zu neuen Ufern. Das Leben konnte so schön sein.

Eine Stunde später, der Zug hielt mitten in der Pampa, kam ein junger Mann auf seinen Flipflops die Schotterpiste neben den Schienen angelaufen und rief: »Hallo, Madam?« Ich schaute aus dem Fenster und sah, dass er mir eine Plastiktüte, gefüllt mit zwei riesigen Eisstücken und vier Dosen, entgegenstreckte. »You need something to drink. It is a long journey.«

»When will we arrive in Bagan?«

»Tomorrow at 2 pm.«

Plötzlich setzte sich der Zug mit einem Ruckeln wieder in Bewegung. Hektisch nahm ich die Tüte entgegen und rief ihm zu, dass ich später zahlen würde. Er rief zurück: »You want some coffee tomorrow morning?«

»Yes«, rief ich zurück, »two with milk and sugar and two teas.«

»Okay.«

Fröhlich sprang er auf den anfahrenden Zug und winkte mir zu.

Der Zug ruckelte auf dubiosen Schienen den Weg entlang und schaukelte uns in die Nacht. Unser Waggon hing direkt an der Diesellok, die den Zug durch das trockene und unwirtliche Land zog. Alle vier Fenster hatten wir geöffnet, um ein wenig Durchzug zu haben. Immer noch war es unerträglich warm. Nun qualmte uns die Lok mit ihrem Ruß zu. Wir fuhren vorbei an einfachen Strohhütten, in denen gelacht, gespielt, gestritten wurde. Immer wieder blieb der Zug stehen, um weitere Fahrgäste aufzunehmen.

Von dem Schaukeln des Waggons wurde ich am nächsten Morgen als Erste wachgerüttelt.

Um 5.30 Uhr schoben wir die Fensterläden hoch und beobachteten, wie die Sonne am Horizont des völlig vertrockneten Landes hinter sich im warmen Wind wiegenden Palmen aufging.

Ich hatte mir Myanmar irgendwie ganz anders vorgestellt. Tropisch, da es doch so nah am Äquator lag. Hier erinnerten mich Klima und Landschaft eher an Afrika, wie wir es aus der Kalahari kannten. Wohin das Auge reichte, sah man weißen Sand, Palmen, ausgetrocknete Flussbetten. Menschen auf Ochsenkarren bestellen die Felder. Johanna hatte im Sachkundeunterricht gerade die Steinzeit durchgenommen. Anders als auf den Zeichnungen in ihrem Hefter sah das alles hier eigentlich nicht aus.

Der Bahnhof in Bagan bestand aus zwei Gleisen und einem winzigen Bahnhofshäuschen. Wir hatten 20 Stunden für 450 Kilometer gebraucht. Ich musste schmunzeln. Da beklage sich noch mal jemand über die Deutsche Bahn.

Auf dem Weg zum Hotel wurden wir bereits für die lange Zugfahrt belohnt. Überall ragten kleine Stupas empor. Hunderte. In Ziegelrot, in Weiß, in Gold. Es war ein wunderschöner Anblick. Wunderbar – aber auch sonderbar. So etwas hatten wir wirklich noch nie gesehen.

Insgesamt standen auf dem Gebiet um Alt- und Neu-Bagan, einer Fläche von 42 Quadratkilometern, verstreut über 4400 Stupas. Alle waren um die 800 Jahre alt. Um 1200 war Bagans Goldenes Zeitalter gewesen, eine Periode fieberhaften Tempelbaus. Und nun kamen wir in den Genuss, dieses einmalige Kulturerbe zu bestaunen.

Das Hotel lag am Ende der kleinen Siedlung, die

ausschließlich aus Strohhütten bestand. Lediglich die Hotelanlagen hoben sich durch eine robustere Bauart von diesen Hütten ab.

Nach einem erfrischenden Bad im Pool mieteten wir uns vier Fahrräder und machten uns auf Erkundungstour.

Wieder erinnerten mich die Menschen- und das Straßenbild an Indien. Frauen und Männer trugen Longyis, bodenlange bunte Wickelröcke. Gefäße wurden auf dem Kopf transportiert. Die Menschen hatten sehr dunkle Haut und waren ungemein zierlich und klein. »Heilige« Kühe liefen am Straßenrand entlang, und auf dem Fluss schipperten lange, schmale Bötchen. Es herrschte eine unglaubliche Stille, obwohl doch so einige Menschen unterwegs waren. Die Birmanen waren anscheinend ein recht stilles Volk.

Am Abend genossen wir birmanisches Essen. Es schmeckte wie eine Mischung aus indischem und thailändischem Essen und war unglaublich scharf. Den Kindern liefen bereits die Tränen. Aber wir wurden satt und genossen die fremdartigen Gewürze.

Am nächsten Morgen holte uns Koko mit seiner Kutsche ab. Wir hatten ihn am Abend zuvor kennengelernt, und er hatte uns eine Rundfahrt mit seiner Pferdekutsche aufgeschwatzt. Ein winzig kleines Pferdchen, Johanna nannte es Ponypferd, zog unser Gespann über Schotterpisten durch die brütende Hitze. Im Schatten waren es 38 Grad. Die Begeisterung der Kinder, nun eine Stupa nach der anderen zu bewundern, hielt sich in Grenzen. Nach der dritten war klar: Es sollte sich stets dasselbe Bild zeigen. In ihnen gab es sitzende, stehende, liegende Buddhas in allen Formen und Größen. Ich fand das schön, aber nach der sechsten Stupa hatte auch ich genug. Die Kinder blieben schon nach der dritten in dem Wagen sitzen.

Koko konnte ihren mangelnden Elan wohl nachvollziehen und ließ abwechselnd Johanna und Jonas mit der Kutsche um die Stupas fahren, während Marc und ich Buddhas bestaunten. Die Kinder hatten ihren Spaß. Das arme Pferdchen jedoch schäumte bereits aus dem Maul.

Wir brachen zu unserem nächsten Aufenthaltsort auf. Dafür mussten wir zunächst einen Privatfahrer buchen, der uns zum Flughafen fuhr. Danach flogen wir nur 40 Minuten mit einem winzigen Flugzeug nach Mandalay. Dort blieben wir im Flugzeug sitzen, hoben noch einmal ab und flogen weitere 30 Minuten nach Heho. Von dort aus fuhren wir dann auf der Ladefläche eines Pick-ups eine weitere Stunde, stiegen in ein Boot um und schipperten 50 Minuten auf Kanälen entlang bis zum Inle Lake. Eins stand fest: Die Infrastruktur funktionierte hier zwar, war aber nicht besonders effektiv.

Wir wurden nach dieser mühsamen, aber durchaus spannenden Reise mit wunderbarer Natur belohnt. Auf Liegestühlen auf der Veranda unseres Pfahlhauses, das mitten im See lag, ließen wir den Blick in die Ferne schweifen. Am diesigen Horizont sah man die Silhouetten der Berge, davor Sumpflandschaft und Schilfgras. Andere Pfahlbauten ragten hier und dort aus dem Wasser, schmale Fischerboote schipperten hin und her. Es war herrlich. Die Temperaturen waren angenehm, etwa 25 Grad, ein leichtes Lüftchen wehte. Hier konnte man einfach nur abschalten.

Am Morgen unseres zweiten Tages am Inle Lake holte uns ein kleines Bötchen um neun Uhr ab. Wir fuhren den Fluss hoch und besuchten ein schwimmendes Dorf, dort unter anderem eine Weberei, in der Seide, aber auch die Fäden von Lotusblumen auf traditionelle Art auf hand- und fußbetriebenen Webstühlen zu Stoffen verwebt wurden. Dort wurde auch Papier geschöpft, woraus die schönen landestypischen Sonnenschirmchen hergestellt wurden. Vor dem Gebäude saßen drei Frauen im traditionellen Gewand. Dies bestand nicht nur aus der farbenfrohen gewebten Kleidung, sondern auch aus Messingringen, die sie an Knie, Armen und Hals trugen. Eine Dame war schon recht betagt und trug einige Messingringe um den Hals, die diesen unnatürlich in die Länge gestreckt hatten. Sie war sichtlich stolz und bot anscheinend ein Beispiel, an dem sich die beiden Mädchen neben ihr orientierten.

Dann ging es zu einem Kloster, in dem Mönche Katzen durch Reifen springen ließen. Ich hatte nie zuvor dressierte Katzen gesehen, von Löwen und Tigern mal abgesehen. Die vielen Katzenbabys wurden von Jonas und Johanna ausgiebig gestreichelt und geknuddelt.

Weiter ging es zu einer ganz besonderen Pagode, die auch auf Pfählen stand. Frauengruppen mit braunen Longyis und weißen Blusen hatten sich reihum auf den Boden gesetzt und sangen vermutlich dasselbe Lied – nur mit unterschiedlichem Einsatz. Dieses vielstimmige Wirrwarr wurde von Lautsprechern nach draußen übertragen und tönte laut über den Fluss und das Land. Es hatte etwas Mantrahaftes.

In der Mitte des Tempels befanden sich neben vielen Buddhas fünf Goldklumpen. Diese waren vor langer Zeit einmal Buddhafiguren gewesen. Sie wurden über Jahrzehnte von ihren Anhängern immer wieder mit Blattgold beklebt, anscheinend an Festtagen wie dem heutigen, dem wir nun beiwohnen durften. Unser Kapitän erklärte uns, dass es sich um das *Phaungdaw U*-Fest handelte. Es wird im Herbst zu Ehren Buddhas auf dem Inle-See gefeiert. Dabei wird eine Buddha-

Statue auf einer geschmückten Barke über das Wasser gefahren. Dieses Fest gehört zu den schönsten und farbenfrohsten Festen Myanmars.

Immer wieder kamen und gingen Menschen, die ebenfalls fünf kleine Figürchen auf einem goldenen Tablett auf einem goldenen Kelch aus der Pagode trugen. Vielleicht waren sie für den eigenen Hausaltar bestimmt und geweiht worden. Ganze Familien machten ein Picknick in der Pagode. Rings um die großen goldenen Klumpen waren Tische aufgebaut, auf denen sich Gefäße befanden. Sie waren gefüllt mit Obst, Süßigkeiten und Reis. Kinder bedienten sich daraus.

Zum krönenden Abschluss fuhr der Kapitän uns mitten auf den Inle-See, in dem Marc und die Kinder ein Bad nahmen.

Nach zwei Tagen nahmen wir Abschied von diesem friedlichen Ort und machten uns auf den Weg zu unserer vorletzten Station in Myanmar. Nach mehreren kurzen Flügen kamen wir schließlich im Paradies an.

Unsere Unterkunft war ein einfacher Bungalow am weißen Sandstrand unter Palmen mit Blick auf den türkisblauen, 28 Grad warmen Golf von Bengalen. Außer uns gab es keine weiteren Gäste in der winzigen Hotelanlage. Auch die anderen kleinen Hotelanlagen waren mäßig belegt. Wir hatten daher den Strand so gut wie für uns alleine.

Wellenreiten, schwimmen, Sandburgen bauen, Strandfußball, Strandspaziergänge, schlafen, Bücher lesen, plaudern. Das waren unsere Beschäftigungen in den folgenden vier Tagen am Strand. Das war Erholung pur. Auch die Kinder genossen es.

Am letzten Urlaubstag weckten wir Marc mit einem »Happy Birthday«-Ständchen. Gleich nach dem Frühstück machten wir einen wunderbaren Strandspaziergang, schwammen noch ein letztes Mal im warmen

Indischen Ozean und packten dann unsere Sachen zusammen.

Die Sonne stand bereits hoch am Himmel, als wir in Richtung Flughafen aufbrachen. Der Strand leuchtete weiß, das Meer schimmerte türkisgrün. In der Hauptstadt Yangon buchten wir uns einen privaten Fahrer, der uns zu einem Wallfahrtsort bringen sollte. Er befand sich mitten im Dschungel hoch oben in den Bergen. Dort lag ein riesiger Findling so auf einem anderen Felsen, dass man jeden Moment befürchten musste, dass er herunterrollen würde. Angeblich fiel er nur deshalb nicht herunter, weil ein Haar Buddhas ihn festhielt. Diese Tatsache ließ ihn zu einer heiligen Stätte werden, und man hatte ihn golden angemalt. Und die Bewohner errichteten auf diesem Stein – natürlich wieder eine Stupa.

Der Spaziergang durch die Tempelanlage war ein gelungener Abschluss der Reise. Am nächsten Tag ging es wieder zurück nach Yangon, von wo aus wir wieder nach Schanghai zurückflogen.

48.

Herbst in Schanghai

Immer deutlicher wurde mir bewusst, dass wir von Ferien zu Ferien lebten. Im Alltag blieb keine Zeit mehr für Entdeckungsausflüge in die Stadt. Wir hatten sie ja nun auch wirklich schon sehr ausgiebig erkundet. Nach wie vor waren Ausflüge nach Downtown mit großem Aufwand verbunden, und uns gingen mittlerweile die Ziele aus. Marc wollte sich am Wochenende gern etwas entspannen, und so blieben wir oft im Compound. Unser Leben beschränkte sich zusehends darauf, zur Schule zu fahren und zurück und ab und an Freunde in der ganz nahen Umgebung zu treffen. Im Umfeld von unserem Compound wurde überall gebaut. Ein riesiges Messezentrum und unzählige Wohnblocks enstanden. Laster bretterten vollbeladen die Straßen auf und ab und wirbelten den grauen Lehmboden auf. Bäume und Büsche, Autos und Räder, alles war von einer feinen grauen Staubschicht bedeckt. Selbst der Regen konnte sie nicht fortspülen. Sehr oft waren die Luftwerte wegen der unglaublich hohen Feinstaubbelastung sehr schlecht. Gerne ging man außerhalb des Compounds also nicht vor die Tür. Mir fiel immer öfter die Decke auf den Kopf. Ich freute mich daher ungemein auf die Sommerferien, für die wir dieses Jahr eine vierwöchige Rundreise in den USA geplant hatten. Wir wollten einmal außerhalb Asiens reisen.

Mit dem Wohnmobil bereisten wir Kalifornien, Nevada, Utah, Oregon, Idaho und Wyoming und tauchten ein in eine faszinierende Landschaft mit riesigen Naturschutzparks und beeindruckenden Naturschauspielen. Das Reisen erschien uns hier unglaublich komfortabel. Wir genossen in vollen Zügen und schlossen die Reise mit einem fünftägigen Aufenthalt in New York ab. Als wir durch die Häuserschluchten von Manhattan spazierten, erklärte Johanna: »Du, Mama, hier fühle ich mich zu Hause. Das ist irgendwie eine Mischung aus Berlin und Schanghai.«

Ich musste ihr zustimmen. Auch ich fühlte mich unglaublich wohl in dieser Stadt. Vielleicht war es ja möglich, einmal an der Deutschen Schule New York zu arbeiten? Marc und ich schmiedeten Zukunftspläne. Das machte Spaß.

Nach den vier Wochen in den USA flogen wir über Berlin zurück nach Schanghai. Der Heimaturlaub fiel diesmal sehr kurz aus. Aber die Reise hatte sich allemal gelohnt. Ein erlebnisreicher Sommer lag hinter uns. Ich fürchtete mich ein wenig vor der Rückkehr nach Schanghai. Das letzte Mal, als wir aus Deutschland nach Schanghai zurückgekommen waren, hatte Jonas schlimmes Heimweh bekommen, das nicht aufhören wollte. Wie würde es nun wohl werden?

Wider Erwarten verlief die Rückkehr jedoch gut. Johanna freute sich auf die gemeinsamen Reitstunden mit ihrer Freundin, und auch Jonas blickte dem Schuljahr optimistisch entgegen. Ich freute mich auch darauf, denn ich sollte die Klassenleitung für eine 5. Klasse übernehmen. Einziger Wermutstropfen war die Tatsache, dass am Ende des Schuljahres der Großteil meiner Freundinnen, viele von Johannas Klassenkameraden und die beiden engsten Freunde von Jonas Schanghai verlassen würden. Wir hatten nun immer wieder von lieben Menschen Abschied nehmen müssen. Das Ende dieses Schuljahres brachte jedoch den bisher größten Umbruch mit sich. Ich konnte mir nur schwer vorstellen, wie unser letztes Jahr in Schanghai ohne diese vielen lieben Menschen, die uns von Beginn an begleitet hatten, werden würde.

***

Mittlerweile war wieder Herbst geworden, jedenfalls laut Kalender. Jonas übte neben dem Sport und den vielen Klassenarbeiten fleißig für einen Klavierabend.

Schließlich war der große Tag gekommen und wir saßen im Auditorium einer Schule irgendwo in Schanghai, um der gesamten Schülerschaft von Jonas' Klavierlehrerin beim Vorspielen zuzuhören. Alle Kinder spielten ihre Stücke fehlerfrei vor. Es wirkte unwirklich und befremdlich, roboterhaft. Normalerweise verspielten sich die Kleinsten ja doch hin und wieder einmal. Zumindest war das in Deutschland der Fall gewesen. Nicht hier. Fehler waren offenbar nicht zu tolerieren.

Ich fragte mich, wie die Eltern es geschafft hatten, ihre Kinder, egal wie klein, zu dieser Perfektion anzutreiben. Mir fiel das Buch *Tigermutter* ein, das gerade weltweit auf den Bestsellerlisten aufgetaucht war. Darin beschrieb eine chinesische Mutter, mit welch harten Erziehungsmethoden sie ihr Kind zu Höchstleistungen gebracht hatte. Wieder merkte ich, wie fremd mir dieses Land war. Was für eine Atmosphäre mochte in vielen Familien herrschen, wenn Leistung wichtiger war als alles andere? Auch in der Schule gehörten die Kinder aus rein chinesischen Familien oder aus Mischehen zu den besten Schülern. Oftmals waren sie nicht nur in ein bis zwei Fächern außergewöhnlich gut. Meist hatten sie fast nur Einsen im Zeugnis stehen. Dazu spielten sie dann noch ein Instrument und beherrschten dies in Perfektion, nahmen Chinesisch-Privatunterricht, wo sie die siebenundachtzigtausend Schriftzeichen lernen mussten, besuchten einen Malkurs und nahmen etliche andere Verpflichtungen wahr. »Abhängen« oder »Chillen« war für diese Kinder ein Fremdwort. Es war mir schlichtweg ein Rätsel, wie ihre Eltern sie zu einem solchen Freizeitprogramm motivieren konnten.

Ansonsten regnete es viel. Regen, Regen und wieder Regen. Das drückte langsam auf die Stimmung. Endlich kam der Tag, an dem es wieder trocken war. Aber die Luftwerte wurden stetig und besorgniserregend schlechter. Oft durfte ich keinen Sportunterricht geben, weil die Luftwerte so schlecht waren und die Gefahr bestand, dass die Kinder ihre Lunge und ihren ganzen Körper mit der Bewegung zu stark belasteten. Wir durften uns noch nicht einmal in der Sporthalle aufhalten. Also ging ich mit ihnen in die Klassenräume, schaute Lehrfilme über verschiedene Sportarten an oder brachte ihnen Jonglieren bei. Zufriedenstellend war das nicht.

Ich sehnte mich nach Berlin, nach dem Wald und der guten Luft. Dachte an die Herbstspaziergänge und Schneeballschlachten, die unsere Freunde dort sicherlich um diese Jahreszeit machten.

Mich nervten auch zusehends die elend langen und beschwerlichen Wege. Johanna hatte eine neue Geigenlehrerin, die in einem etwas heruntergekommenen, riesigen, rein chinesischen Hochhaus-Compound wohnte. Überall stand Gerümpel herum, sogar im Treppenhaus. Kam man aus dem Fahrstuhl, empfing einen Bauschutt, eine zerbeulte Badewanne und aller mögliche Unrat. Betrat man ihre Wohnung, stand man bereits im Wohnzimmer, das mit uraltem Linoleum ausgelegt war. Es war so klein, dass nur eine kleine Couch und ein Sessel, ein kleines Sideboard mit Fernseher und ein winziger Esstisch sowie der Notenständer dichtgedrängt Platz darin fanden. War man zu dritt in diesem Zimmer, trat man sich bereits auf die Füße. In einer Ecke befand sich ein winziges Fenster. Geheizt wurde mit einer Klimaanlage an der Decke. Das bedeutete, dass es vom Bauchnabel abwärts eiskalt in der Wohnung war. Die warme Luft zirkulierte nur in der oberen Hälfte des Raumes. Auf der Couch begrüßte uns stets ihr drolliger weißer Pudel. Sein gesamter Körper war kahlrasiert, sein Kopf jedoch sah aus wie ein aufgeplatztes Sofakissen. Er hatte sich sofort in Johanna verliebt. Auf dem Tisch stapelten sich Kekse, Instantsuppen und irgendwelche anderen chinesischen Trockennahrungsprodukte. Vor dem Sessel stand ein winziger Glastisch, groß genug für ihren pinkfarbenen Hello-Kitty-Laptop. Vom Wohnzimmer ging es nahtlos über in die Küche. Diese hatte die Lehrerin jedoch umfunktioniert in einen Abstellraum. In der Ecke stand ein winziges Klappfahrrad. Die Schränke waren komplett gefüllt mit Notenheften. Auch auf der Arbeitsfläche stapelten sich die Noten. An die Wand gelehnt stand ein Porträt, das sie als Violinistin im Abendkleid zeigte. Das war ein Kontrast zu dem Bild, das sie nun in ihrem Wohnzimmer abgab. Dort stand sie in dicken Plüschpantoffeln und rosafarbenem Fleece-Hausanzug.

An einem Samstag nutzte ich die Geigenstunde, um neue Noten zu kaufen. Das hatte mir die Lehrerin aufgetragen. Also fuhr ich 20 Minuten mit dem Taxi in die Innenstadt. Dort gab es eine Straße, in der sich ein Musikgeschäft an das andere reihte. Im ersten Laden waren die gewünschten Noten anscheinend ausverkauft, und ich wurde mit einem unfreundlichen »Meijou« (gibt es nicht mehr) abgespeist, ohne auch nur eines Blickes gewürdigt zu werden. Das zweite Geschäft war geschlossen, weil die Besitzerin mit Kind und Kegel auf Plastikhockern sitzend ihre Mittagssuppe schlürfte. Als ich klopfte, machte sie mürrisch auf und warf einen kurzen Blick auf meinen Zettel mit den chinesischen Hieroglyphen der Geigenlehrerin. Ich bekam die gleiche Antwort. Im fünften Geschäft gab es endlich die gewünschten Noten. Mission erfüllt. Wieder setzte ich mich in ein Taxi und fuhr durch den zähen Verkehr zurück zu Johanna. Meine Tochter wurde derweil wieder von dem Pudel in Beschlag genommen, weil die nächste Schülerin schon eingetroffen war. Durch enge Gässchen, wo die Menschen in erbärmlichen Verhältnissen lebten, ging es zurück zum Taxistand. Wir passierten eingefallene Hochhäuser, in deren Ruinen Menschen hausten. Mittlerweile hatte es wieder einmal angefangen zu regnen.

Obwohl wir alle das vierte Jahr in Schanghai positiv angegangen waren, verspürten vor allem die Kinder und ich starkes Heimweh und wollten unbedingt zu Weihnachten wieder nach Hause fliegen. Marc hingegen wäre gerne wieder in die Wärme geflogen.

Ich fragte mich, warum es uns dreien so anders ging als Marc. Vielleicht war der Alltag nach den Sommerferien zu schnell eingekehrt? Nichts war mehr exotisch, neu und aufregend gewesen, so dass die Wochen langsamer vergingen. Marc war insgesamt sehr beschäftigt. Seine Aufgabe erfüllte ihn. Wenn er zu Hause war, genoss er es, einfach mal nichts zu tun, die Füße hochzulegen, zu lesen, zu entspannen. Wir anderen drei hatten jedoch insgesamt mehr Freizeit als in den Jahren zuvor, weil sich alles so gut eingespielt hatte. Aber mehr und mehr wurde zumindest mir und den Kindern bewusst, dass es schwer war, diese Freizeit nach unserem Geschmack zu gestalten. In Berlin hatten wir Radtouren unternommen, Ausflüge ins Grüne gemacht, waren zu Events und Ausstellungen gegangen. Hier schreckten einen die weiten, umständlichen Wege zusehends ab. Und abgesehen davon gab es einfach keine nennenswerten schönen Ausflugsziele, wo man sich vorbehaltlos und unbeschwert im Freien aufhalten konnte. Entweder war die Luft schlecht, oder die Plätze, meistens Parks, waren unerträglich voll, oder der Ort lud zu keinem längeren Verweilen ein. Im eigenen Garten konnte man sich auch kaum aufhalten, denn man wurde binnen kürzester Zeit von Moskitos zerstochen. Es war zum Verzweifeln. Oft kam ich nach Hause und wusste nicht, was ich mit meiner Freizeit anfangen sollte. Und ich wollte mich nicht immer nur zum Kaffee verabreden. Denn das fand ja meist in geschlossenen Räumen statt und war auf die Dauer ein wenig langweilig. Ich befand mich in einem absoluten Shanglow, so viel stand fest.

49.

Der Entschluss

Als wir nach den Weihnachtsferien in Berlin wieder nach Schanghai zurückkehrten, merkte ich, dass etwas in der Luft lag. Etwas war anders als sonst.

Im Flugzeug flossen große Krokodilstränen und auch in Schanghai stellte sich die Zufriedenheit über das große schöne Haus und die zurückgewonnene Privatsphäre nicht so recht ein.

Auch in den folgenden Tagen hielt das Heimweh an. Abend für Abend saß ich an Jonas' Bett und versuchte Tränen zu trocknen und das Leben in Schanghai als lebenswert und spannend zu verkaufen. Aber wie sollte ich ihn stärken und ermutigen, wenn auch mir zum Weinen zumute war? Ich wusste genau, was er fühlte, verstand, dass dieses Gefühl kaum zu unterdrücken war. Er war eigentlich unsere Frohnatur. Ihn wie ein Häufchen Elend zu sehen zerriss mir das Herz. Manchmal versuchte ich es mit aufbauenden Worten, manchmal mit Humor, manchmal auch mit Ungeduld: Warum schaffte er es nicht, die positiven Dinge hier in Schanghai anzunehmen?

»Wir werden noch anderthalb Jahre bleiben. Möchtest du so lange jeden Abend weinen?«, sagte ich eines Abends, als ich einfach nicht mehr weiterwusste.

»Natürlich nicht, Mama. Aber die Aussicht, dass wir noch so lange bleiben reißt mich dann immer wieder runter.«

Was sollte ich dazu noch sagen? Ich konnte verstehen, dass es für einen jungen Menschen gefühlt eine noch viel längere Zeit sein musste als für einen Erwachsenen. Dass ihn diese Aussicht verzweifeln ließ, war nachvollziehbar. Nur konnte ich daran einfach nichts ändern. Oft weinte auch ich mich in den Schlaf, weil ich mich so hilflos fühlte. Ein weiterer, mindestens genauso wichtiger Grund nährte seinen Wunsch, nach Deutschland zurückzugehen.

»Mama, ich will ganz einfach frei sein. Mit dem Fahrrad drauflosfahren und die Welt erkunden, durch den Wald joggen und gute Luft atmen, Sport in Vereinen außerhalb der Schule treiben und im Sommer Campen gehen. Das geht hier alles nicht.«

Das ließ mir keine Ruhe mehr, denn in diesem Punkt hatte er recht. Das Compoundleben engte ihn zusehends ein, und das Leben draußen in Schanghai erschien ihm grau, hässlich und laut.

Ich dachte an meine Kindheit und Jugend, als ich frei wie ein Vogel die Welt erobert hatte. Mich stets mehr draußen als drinnen aufgehalten und das so sehr genossen hatte. Marc konnte diese Diskussion nicht verstehen.

»Hier leben zwanzig Millionen Einwohner und unter ihnen auch viele Kinder und Jugendliche. Du kannst doch nicht allen Ernstes behaupten, dass sie sich nicht entwickeln können, weil sie nicht mit dem Fahrrad fahren können.«

Jonas probierte alles Mögliche, traf andere Schulkameraden und begann, massiv Sport zu treiben. Basketball, Fußball, Tennis, ein Tanzkurs.

Dennoch, sein einziger Wunsch war noch immer, nach Deutschland zurückzugehen, und zwar früher als geplant. Er schlug vor, ein Jahr früher nach Hause zu gehen und bei den Großeltern zu wohnen. Dem wollten wir natürlich nicht zustimmen. Er wurde trotzig. Auch Johanna begann unter der Trauerstimmung ihres Bruders zu leiden. Sie konnte ihn auf der einen Seite sehr gut verstehen. Aber sie sah auch die vielen Vorteile und war zufrieden mit ihrem Leben hier in Schanghai. Dennoch klagte auch sie gelegentlich darüber, dass sie die Großeltern und ihre Cousinen und Freunde in Berlin sehr vermisste.

Die Wochen vergingen. Schließlich hielt ich es nicht mehr aus. Ich nahm mir ein Herz und holte beide Kinder an den Esstisch, unseren Platz für Lagebesprechungen. Ich wollte nun von Johanna und Jonas ganz genau wissen, wie groß ihr Wunsch war, nach Deutschland zurückzukehren.

Die arme Johanna spürte sofort, dass die Situation etwas in sich barg, was dem Papa gegenüber nicht ganz fair war. Normalerweise besprachen wir so wichtige Dinge immer zu viert.

»Ich möchte natürlich auch nach Hause. Aber mir gefällt es gut in Schanghai und ich kann auch noch bleiben. Wenn es Jonas natürlich nicht so gutgeht …«

Wir sprachen über die Vor- und Nachteile beider Standorte und legten eine Liste an. Ich merkte, wie wichtig es mir war, nicht nur nach Deutschland, sondern vor allem nach Berlin zurückzugehen. Dort war unser soziales Netzwerk. Die Liste der Gründe, warum wir nach Berlin zurückwollten, wurde immer länger. Am Ende kamen wir zu dem Entschluss, dass wir alle drei gehen wollten, und zwar lieber heute als morgen.

»Ich verspreche euch, dass ich mit Papa reden und ihm klarmachen werde, dass wir bereits zum Ende des laufenden Schuljahres nach Hause wollen, okay?«

Nun begann Johanna zu weinen.

»Papa wird bestimmt total traurig sein.«

»Mein Schatz, nicht weinen. Ich werde ihm sagen, dass wir die Zeit in Schanghai wirklich genossen haben, dass es ganz toll hier war. Aber dass es nun an der Zeit ist zu gehen. Wir sind nun mal eine Familie. Da muss man einander auch alles sagen dürfen.«

Das beruhigte sie ein wenig. Ich wusste aber, dass es ein schwieriges Unterfangen werden würde. Denn Marc hatte sich für drei Jahre für den Stellvertreterposten verpflichtet. Würde er überhaupt früher aus dem Vertrag herauskommen? Würde er es vor allem wollen? Sollten wir in Kauf nehmen, ein Jahr getrennt zu leben?

In Anbetracht von Jonas' Verzweiflung, die er nun so lange versucht hatte zu bekämpfen, schien mir selbst eine räumliche Trennung von Marc auf Zeit möglich. Manchmal musste man die eigenen Interessen hinter die der Kinder stellen.

Meine Gedanken drehten sich fortan um nichts anderes mehr. Tage und Nächte der inneren Unruhe folgten. Doch ich schob das Gespräch vor mir her.

Schließlich entschied ich, Marc einen Brief zu schreiben. Darin würde ich ihm klar und deutlich unsere Argumente darlegen. Hoffentlich würde er es verstehen.

Noch am selben Abend verkündete ich beim Essen: »Marc, wir müssen dir etwas sagen. Wir wussten nicht genau, wie, und deswegen habe ich dir einen Brief geschrieben.« Meine Hand zitterte, als ich ihm das Blatt reichte.

Marc schaute mich skeptisch an, nahm den Brief und begann zu lesen. Während er las, zogen wir uns zurück nach oben. Ich fühlte mich schrecklich.

Marc drehte, nachdem er den Brief gelesen hatte, erst einmal eine Runde um den Block, um die Nachricht zu verdauen. Als er zurückkam, sagte er:

»Euer Entschluss ist ja ziemlich eindeutig und unmissverständlich. Eins steht fest: Ich kann und will nicht ein Jahr von euch getrennt leben.«

Er schaute mich an.

»Wie stellst du dir das vor? Natürlich komme ich mit. Wir sind doch eine Familie. Dann muss ich jetzt eben kündigen und in Berlin nach etwas Neuem suchen.«

Mit einer derartigen Antwort hatte ich nicht gerechnet.

»Ich wusste einfach nicht mehr weiter«, sagte ich.

»Lass mir ein wenig Zeit, das Ganze zu verdauen. Anscheinend war mir nicht klar, wie wichtig euch die Rückkehr ist. Vielleicht habe ich auch nicht richtig zugehört. Oder zuhören wollen.«

Ich seufzte. Ich war froh, dass Marc unseren Wunsch respektierte. Wir alle waren ganz schön aufgewühlt. Ob andere Expat-Familien auch derlei emotionale Tiefen durchlebten wegen der Entscheidung, zu gehen oder noch länger zu bleiben?

Ich war völlig erschöpft.

***

Eines Abends suchte Marc nun wieder das Gespräch mit mir.

»Was hältst du davon, wenn wir einen Kompromiss finden?«, fragte er.

»Was meinst du?«

»Na ja. Euer Plan ist ganz schön rigoros. Vielleicht könnten wir uns ja in der Mitte treffen? Das heißt, ihr bleibt bis zum Halbjahresende des nächsten Schuljahres, also bis Januar, und ich komme im Sommer nach.«

»Hm«, brachte ich nur hervor. »Ich kenne jemanden, der damit nicht ganz so zufrieden sein wird.« Ich dachte an Jonas.

»Wie soll so schnell ein Ersatz für mich und auch für dich gefunden werden? Wir waren beide länger eingeplant. Außerdem ist es für mich sehr schwer, zum Halbjahreswechsel etwas Adäquates in Berlin zu finden. Du weißt, dass im Sommer Lehrer eingestellt werden.«

»Das stimmt natürlich«, musste ich zugeben.

»Das würde heißen, ihr geht vor und lebt euch ein, und dann komme ich nach.«

Ich fand Marcs Vorschlag gut und fair. So hörte sich das alles gar nicht mehr dramatisch an.

»Okay, dann sagen wir das so den Kindern. Daran wird dann auch nicht gerüttelt. Ich denke, das ist gut so.«

Wir unterbreiteten unser Vorhaben den Kindern noch am selben Abend. Jonas war natürlich nicht besonders begeistert, konnte unsere Überlegungen aber gut verstehen.

Auch Johanna war froh. Alle schienen sich mit der Lösung anzufreunden.

50.

Malaysia

Dann stand unsere vorerst letzte Reise in Asien vor der Tür, die wir schon seit längerem geplant hatten. Sie kam genau recht, damit wir uns von all der Aufregung erholen und ein wenig abschalten konnten. Diesmal ging es nach Malaysia, unter anderem nach Kuala Lumpur, wo die riesigen Petronas Towers in den Himmel ragten.

Tatsächlich hielt dieses asiatische Land ganz neue Schätze für uns bereit. Oft hatte ich insgeheim gedacht, dass sich die Länder Südostasiens glichen. Aber wie in Europa unterschieden sie sich stark voneinander. Mal war es die Sprache, mal die Landschaft, mal die Architektur. Hier gab es wieder palmengesäumte weiße Sandstrände und die tropisch-schwüle Hitze, aber Land und Leute unterschieden sich sehr von denen der Nachbarländer.

Während die kambodschanische Sprache aus harten Knalllauten bestand, mit mindestens einem »a« pro Silbe wie beispielsweise im Städtenamen Battambang, hörte sich die Sprache hier sehr sanft an. Man hörte wenig Konsonanten und viele Aneinanderreihungen von Vokalen heraus.

Die Bevölkerung war durchmischt. Es gab Malaien, Chinesen, Inder und einen geringen Anteil sonstiger ethnischer Minderheiten. Die Lingua franca war Englisch. Neben verhüllten muslimischen Frauen traf man Chinesinnen in Miniröcken auf den Straßen. Aus Minaretten riefen Muezzine mehrmals am Tag zum Gebet. Neben buddhistischen Tempeln gab es christliche Kirchen. Es gab kaum Kriminalität, weil hier drakonische Strafen für kleinste Straftaten verhängt wurden. Generell wirkten die Menschen sehr freundlich und fröhlich und nicht so neugierig wie die Chinesen. Obwohl wir rein optisch auch hier nicht ins Bild passten, fotografierten uns Einheimische nicht, sondern grüßten höchstens höflich, wenn sich unsere Blicke begegneten. Hier gab es sogar riesige Supermärkte, in denen man internationale Produkte kaufen konnte. Es sei denn, man begab sich in sehr ländliche Regionen. Dort musste dann morgens, mittags und abends scharfes, nein SEHR scharfes Curry gegessen werden.

Den Menschen schien es hier besser zu gehen als in Kambodscha oder Birma. Viele Familien hatten schicke Autos, als Statussymbol galten Buicks und Chevrolets. Marc klärte mich auf: Bei Malaysia handelte es sich um einen sogenannten Tigerstaat. Das hieß, es war kein Dritte-Welt-Land mehr, auch kein Schwellenland, sondern eins, wo es der breiten Mittelschicht gutging.

Wir landeten in Kuala Lumpur, der Hauptstadt, und fuhren in die Cameron Highlands. Hier wurden Erdbeeren und Tee angebaut. In dieser Höhe erinnerte das Klima an einen Sommer in Deutschland. Dennoch war es wesentlich feuchter und damit tropischer. Es war sehr angenehm, durch Urwälder und Teeplantagen zu streifen. Viele Stunden waren wir unterwegs und bestaunten die Natur. Abends gab es vielerorts das sogenannte *Steamboat* zu essen. Es war eine Art Fondue und ein hongkong-chinesisches Gericht. Auf dem Tisch stand eine Gaskochplatte, auf der dann in einem zweigeteilten großen Kochtopf Brühen mit zwei verschiedenen Aromen gekocht wurden. Dort hinein kamen dann Nudeln, Glasnudeln, Fleisch, Meeresfrüchte, Gemüse und dergleichen. Nach ausreichender Garzeit tat sich jeder nach Belieben auf. Es war sehr lecker und scharf.

Nach den Cameron Highlands peilten wir ein Naturreservat im Flachland, im tropischen Regenwald, an, das Taman Negara. Auf dem Weg dorthin sahen wir Affen am Straßenrand toben. Sie boten ein drolliges Bild inmitten einer erschreckenden Monokultur: Palmölplantagen, so weit das Auge reichte.

Bei dem Naturreservat handelte es sich nicht um ein künstlich angelegtes Gebiet, sondern vielmehr um einen riesigen geschützten Bereich, wo Monokultur und Rodung nicht betrieben werden durften. Hier gab es Vogelspinnen, Schlangen, Nashörner, Elefanten, Tiger, Pumas und Tapire. Und natürlich noch viele andere Tiere, die ich lieber nicht sehen wollte. Zu Gesicht bekamen wir diverse Insekten, Schlangen, Affen, Wildschweine, Kingfisher und viele andere bunte Vögel, Rehe und am letzten Abend tatsächlich einen Schabrackentapir. Das war eine ganz eigene Gattung der Säugetiere: In etwa so groß wie kleine Nilpferde, hatten die Tapire einen ähnlichen Rüssel wie die Seeelefanten. Sie waren schwarz und hatten einen weißen »Sattel« in der Mitte des Rückens. Sie sahen sehr niedlich aus und waren äußerst scheu. Es war also ein ungeheures Glück, dass sich ein Schabrackentapir im Dunkeln nach einem heftigen Tropengewitter an uns vorbeischlich.

Unser Aufenthalt im Dschungel hielt auch eine Raftingtour für uns bereit. Mit einem kleinen Motorboot fuhren wir erst durch Stromschnellen flussaufwärts und später in einem Schlauchboot, bewaffnet mit Paddeln, Schwimmwesten und Helmen, wieder flussabwärts. Eigentlich wirkten die Stromschnellen gar nicht so heftig, aber zur Gaudi der anderen reichten sie aus, um mich nach kürzester Zeit aus dem Boot zu katapultieren. Johanna schrie, Marc und Jonas lachten, während ich einen Moment brauchte, um mich wieder nach oben an die Wasseroberfläche zu retten. Als Johanna mich dann erblickte, musste auch sie lachen.

Nach drei Tagen verließen wir den Dschungel und fuhren mit dem Mietauto eine Tagesstrecke in Richtung Nordosten zu einer Insel namens Redang mit weißem Sand und Palmen. Hier wollten wir ausschließlich schnorcheln und schwimmen. Wir wurden zu verschiedenen Schnorchelplätzen gefahren, wo wir eine zauberhafte Unterwasserwelt bestaunen durften. Neben bunten Fischen wie Clownfischen und Skalaren schwebten riesige Meeresschildkröten, Muränen, Riffhaie und Stachelrochen, Kofferfische und Zackenbarsche durch das warme Meerwasser. Highlight war der Schnorchelgang zu einem uralten Schiffswrack, das in Ufernähe auf Grund lag.

Nach vier Tagen brachte uns das Jetty wieder ans Festland. Mit dem Auto fuhren wir zurück nach Kuala Lumpur und bewunderten dort die imposanten Petronas Towers und andere Sehenswürdigkeiten. Und wir feierten Marcs 40. Geburtstag.

Die Stadt war wunderschön, dort verband sich Moderne mit Traditionellem, und das bei Sonnenschein und viel guter Laune. Ein schöner Ausklang der Reise.

51.

Vorbereitungen

Es blieben nur noch wenige Wochen bis zu den Sommerferien. Die Kinder und ich flogen alleine voraus. Marc würde zehn Tage nach uns ankommen, da ihn zwei Freunde in Schanghai besuchen wollten, um gemeinsam mit ihm noch ein wenig durch China zu reisen. Das ließ mir ein wenig Zeit, um in Berlin Fäden für die Rückkehr zu spinnen, Häuser zu besichtigen und einen Wagen für uns zu finden.

Seit Monaten hatte ich mir im Internet Häuser in Berlin angeschaut. Aber nichts passte. Gleich einen Tag nach meiner Ankunft rief mich diesbezüglich jedoch meine Freundin Tina an. Sie hatte etwas aufgetan.

»Ich habe da was im Internet in eurem alten Bezirk gesehen. Das sieht genauso aus, wie ihr es euch wünscht. Willst du da nicht mal hinfahren?«

Gesagt, getan, ich rief beim Makler an und fuhr noch am selben Tag mit einer anderen Freundin dorthin. Wir betraten das Haus. Es war schön hell und befand sich in einem guten Zustand und hatte einen kleinen Garten. Ich schaute meine Freundin an.

»Das hört sich jetzt vielleicht komisch an. Aber ich glaube, das ist es. Es ist zwar das erste Haus, das ich besichtige, aber ich fühle mich gleich wohl.«

»Ich finde es auch schön, wirklich. Und es hat genau die richtige Zimmeranzahl.«

Leider stellte sich heraus, dass wir uns lediglich auf der Warteliste eintragen konnten. Ich war begeistert von dem Haus, aber es gab einen weiteren Interessenten.

Ich ließ mich auf die Warteliste setzen und zog ein wenig traurig von dannen. Das wäre es gewesen, wenn es gleich geklappt hätte.

Nachdem Marc nach Berlin gekommen war, entschieden wir uns für den Kauf eines Wagens und brausten in den folgenden Tagen mit unserem neuen Auto durch die Stadt, um uns diverse Häuser anzuschauen. Nichts, aber wirklich nichts war dabei. Die Wochen vergingen.

Nach einem Sommer voller schöner Erlebnisse fiel mir dann das erste Haus wieder ein, das ich mit meiner Freundin besichtigt hatte.

»Mein Schatz, da ist noch ein Haus, das ich dir gerne zeigen würde. Ich habe es mir angeschaut, als du noch in Schanghai warst. Es hat mir auf Anhieb gefallen, aber wir waren nicht die einzigen Interessenten.«

»Na gut, dann ruf doch mal an, ob wir noch heute vorbeikommen können.«

Also rief ich erneut den Makler an. Und wieder war er spontan bereit, nun auch Marc das Haus zu zeigen.

Als wir das Haus betraten, ließ ich Marc keinen Moment aus den Augen. Ich wollte sehen, wie es ihm gefiel. Nach einer Weile sagte er zu dem Verkäufer:

»Und Sie sagen, es gibt noch einen Interessenten? Wir sind sehr dran interessiert.«

Ich strahlte. Nun musste nur noch der andere Interessent abspringen.

Gleich am nächsten Morgen flogen wir nach Schanghai.

»Ich finde, wir haben viel geschafft, meinst du nicht?«, fragte ich Marc.

»Ja, das stimmt. Und du wirst sehen, das mit dem Haus wird klappen. Ich hab das im Gefühl.«

In Schanghai empfing uns blauer Himmel und strahlender Sonnenschein. Als wir das Flugzeug verließen, waren es 38 Grad. In Berlin war es schon recht kühl geworden. Ich musste zugeben, so eine Sommerverlängerung war jetzt etwas Feines. Johanna verschwand fortan jeden Tag mit ihrer Freundin für Stunden im Pool, während wir an der Schule die neuen Kollegen begrüßten. Jonas hatte das große Glück, an einem vierwöchigen Schüleraustausch mit Chile teilzunehmen. Er würde nachgereist kommen.

Das Schicksal meinte es gut mit uns. Wenig später bekamen wir den Zuschlag und kauften unser Traumhaus. Alles schien sich zu fügen.

Nun konnten wir uns auf unser letztes halbes Jahr in Schanghai konzentrieren. Beide Kinder hatten Großes vor. Sie waren in die nähere Auswahl für das Ostasienspielteam gekommen. Diesmal würden die 3. Ostasienspiele Mitte November in Tokio/Yokohama stattfinden, und die zehn besten Mädchen und die zehn besten Jungen der Schule würden mitkommen. Dafür mussten sie zweimal in der Woche hart trainieren und darauf hoffen, am Ende dabei sein zu dürfen. Sie hatten sehr starke Konkurrenz. Ich war eine der vier Trainerinnen, die das Team begleiten würden. Damit hatte ich eine schwere Rolle, denn ich war auch für die Auswahl der Sportler zuständig. Es musste absolut fair zugehen, sonst würde es böse Zungen geben.

Dieses halbe Jahr würde ganz bestimmt nicht langweilig werden.

52.

Abschied

Der Umzugscontainer war bestellt, die Heimatflüge im Februar gebucht. Noch vor den Weihnachtsferien sollte der Container kommen, um unser Hab und Gut erneut über die Weltmeere zu schippern. Diesmal mit ein paar chinesischen Möbeln und ein paar Buddhafiguren mehr im Gepäck als damals, als wir von Berlin aufbrachen.

Wie gedacht, verging das letzte halbe Jahr wie im Flug. Zwischenzeitlich gab es wieder Heimwehphasen und Zeiten, in denen die Luft unerträglich war und wir uns wünschten, bereits in Berlin zu sein. Die schlechten Luftwerte überstiegen die Rekordwerte des letzten Winters. An manchen Tagen mochte man gar nicht vor die Tür, obwohl die Sonne schien. Der Feinstaub und der Gestank schnürten einem die Kehle zu.

Zum Glück fanden die Ostasienspiele vor der Heizperiode statt, in der es immer besonders schlimm wurde mit der Luft. Ich konnte die Spiele dreifach genießen: als Kollegin in einem tollen Team, als Trainerin für die Mannschaft und als Mutter. Tatsächlich hatten es Jonas und Johanna ins Team geschafft. Es wurde eines der emotionalsten Ereignisse, die ich je miterlebt habe. Die fünf Tage in Tokio vergingen, als befände man sich in einem Rauschzustand. Und wir waren gut. Sogar richtig gut. Wir verteidigten den Titel und holten den Pokal wieder nach Schanghai zurück.

Auch die Klassenfahrten waren für alle Beteiligten

ein tolles Erlebnis. Jeder konnte für sich noch einmal Abschied von China nehmen.

Dass während der Herbstferien zwei ganz enge Freundinnen mit ihren Kindern aus Berlin zu Besuch nach Schanghai kamen, war ein großes Abschlussgeschenk. Nur wer hier gewesen war, konnte nachvollziehen, was wir meinten, wenn wir von der Stadt erzählten und von dem Leben, das wir hier geführt hatten.

In viereinhalb Jahren hatten wir viele Menschen kommen und gehen sehen, viele traurige Abschiede miterlebt. Nun war unsere Zeit gekommen.

»Du wirst auch noch weinen«, hörte ich meine Taitais immer wieder sagen.

Vielleicht war der Endspurt so gespickt mit Highlights, mit so vielen Dingen, die geplant, durchdacht und abgearbeitet werden mussten, so voll an Vorfreude auf das eigene Heim und das Leben in Berlin, dass keine Zeit zum Trauern blieb.

So viel durften wir in unserer Zeit in dieser nie schlafenden Stadt erleben, so viele interessante Menschen kennenlernen. Sehr glücklich war ich über all die Reisen, die wir zu viert machen konnten, die Begegnungen mit Weltenbummlern aus der ganzen Welt. Von unschätzbarem Wert waren die Erfahrungen, die wir an einer deutschen Auslandsschule sammeln konnten. Ich würde die tollen Schüler vermissen, die den Globus als ihre Heimat erlebten, weil sie bereits an so vielen verschiedenen Orten gelebt hatten. Auch die Kollegen würden mir fehlen, da war ich mir sicher.

Viele Facetten Chinas würde ich vermissen. Die Gelassenheit vieler Chinesen und ihre Umtriebigkeit. Ihr Lachen, ihre Offenheit und Neugier. Die lustigen Mode-Trends und die Elektroroller auf den Straßen. Auch die Atmosphäre des Aufbruchs, des Neubeginns, des

Anpackens. Natürlich würde mir das Essen fehlen, die vielen spannenden Restaurants und unzähligen Bars und Kneipen an den ausgefallensten Orten.

Mir würden meine Freunde fehlen, die ich in Schanghai zurücklassen musste. Die Welt war für uns ein Dorf geworden, denn an so vielen wunderbaren Orten lebten nun Freunde, die wir gewiss wiedersehen würden und mit denen wir unschätzbare Erinnerungen teilten, mit denen gemeinsam wir durch Shanghighs und Shanglows gegangen waren.

Aber nun war die Zeit reif, in die Heimat zurückzukehren, um sich vielleicht irgendwann wieder zu neuen Ufern aufzumachen. Mit Kindern waren wir damals gegangen, mit Teenagern und einem Rucksack voller Eindrücke und Erfahrungen kehrten wir zurück. Einen großen Teil ihrer Kindheit hatten Johanna und Jonas in der Ferne verlebt. Ich wünschte mir von Herzen, dass sie dies nie bedauern und immer positiv an unsere gemeinsame Zeit in Schanghai denken würden.

Wir sagten nun bye-bye, auf Wiedersehen und zai jian und waren dankbar, dass wir all dies gemeinsam erleben durften.

Dank

Ich möchte mich ganz herzlich bei all denjenigen bedanken, die uns in der Zeit in China unterstützt haben. Das waren zum einen die Freunde und die Familie in Berlin. Zum anderen waren es aber auch die vielen lieben Menschen, die wir in den viereinhalb Jahren auf unserem Weg getroffen und kennengelernt haben. Sie waren treue Wegbegleiter und haben uns in der Ferne das Gefühl von Geborgenheit gegeben.

Mein besonderer Dank geht an Claudi, die mich mit ihren lieben Mails immer wieder aufgefangen hat, wenn das Heimweh mich förmlich aufzufressen drohte. Auch den anderen treuen Schreibern gilt mein Dank und denen, die nie aufgegeben haben, mit uns per Skype zu kommunizieren, obwohl die Verbindung oft so schlecht war. Sie alle waren der Draht zur Heimat. Sie alle gaben uns das Gefühl, dass wir in der Ferne, in der man sich oft auch einsam fühlt, nicht vergessen waren.

Ein weiterer Dank geht an Martina, die als großer Fan meine Rundmails gelesen hat und ihre Familie daran teilhaben ließ. Nur deswegen ist die Idee, aus den Mails ein Buch zu machen, entstanden. Denn ihre Tochter Anja machte daraus ein Uniprojekt: vom Manuskript zum Buch. Und wie es der Zufall so wollte, landete diese Idee bei meiner zukünftigen Agentur Landwehr und Cie., von wo aus mich Diandra Schulze immer wieder dazu ermunterte, die Idee in die Tat umzusetzen. Ein Dank gilt auch ihr. Liebevoll und empathisch half sie mir dabei, ein Exposé für die Buchmesse vorzubereiten, auf der sich der Ullstein Verlag dazu entschied, mich zu verlegen. Das Team Landwehr und Cie. unterstützte mich großartig. Ganz, ganz herzlichen Dank.

Und ich möchte mich auch besonders beim Ullstein Verlag für sein Vertrauen bedanken und bei meiner Lektorin Marieke Schönian, die mich geduldig beriet und den nötigen Schliff in das Manuskript brachte. Und ich danke Alice Huth, die alles stilistisch abrundete. Außerdem Sabine Liu und Jens Hürter, die mir als Chinesischlehrer bei sprachlichen Fragen stets geduldige Ansprechpartner waren.

Ein großer Dank geht an meine Eltern, die mich stets darin unterstützten, wenn es mich wieder einmal ins Ausland zog. Als reiselustige Segler haben sie mir die Freude am Reisen wohl in die Wiege gelegt.

Ich danke auch Natalie und Hjalmar, den besten Geschwistern der Welt, ihren Familien und meiner lieben Schwiegermama Waltraud. Sie alle haben uns immer tatkräftig und moralisch unterstützt.

Mein allergrößter Dank geht an Marc, weil er diese verrückte Idee hatte, nach China zu gehen, und nicht lockerließ, mich davon zu überzeugen. Und natürlich, weil er der beste Ehemann ist, den man sich vorstellen kann. Und Jonas und Johanna, weil sie die besten Kinder sind und zu allem bereit waren und alles mitgemacht haben, was ihre Eltern sich immer wieder ausgedacht haben.

Helmut Schmidt im Gespräch mit Frank Sieren

Nachbar China

ISBN 978-3-548-36974-7
www.ullstein-buchverlage.de

1975 reiste Helmut Schmidt als Bundeskanzler zum ersten Mal nach China. Seither hat er das Reich der Mitte regelmäßig besucht und steht bis heute in engem Kontakt mit der Führung in Peking. Im Dialog mit Frank Sieren, »einem der führenden deutschen China-Spezialisten« *(Die Zeit)*, erzählt er, warum ihn das Land so fasziniert, und beschreibt die Herausforderungen, auf die Europa eine Antwort finden muss.

»Altkanzler Helmut Schmidt kennt, wie kaum ein Zweiter im Westen, China und die chinesische Führung von Mao bis heute.«
Frankfurter Allgemeine Zeitung

»Es ist wohl der kennerischen Kongenialität der beiden Dialogpartner zu verdanken, dass ein insgesamt hochinteressantes Panorama der Entwicklung Chinas deutlich wird.«
Deutschlandradio Kultur

US289

ullstein